主编 阎纯德 吴志良

北京语言大学
列国汉学史书系
Sinological History Series

汉学视域——中西比较诗学要籍六讲

吴伏生 著

学苑出版社

图书在版编目（CIP）数据

汉学视域——中西比较诗学要籍六讲/吴伏生著.—北京：学苑出版社，2016.4
（列国汉学史书系 / 阎纯德，吴志良主编）
ISBN 978-7-5077-4999-1

Ⅰ.①汉… Ⅱ.①吴… Ⅲ.①比较诗学－研究－中国、西方国家 Ⅳ.①I207.22 ②I106.2

中国版本图书馆CIP数据核字（2016）第080074号

责任编辑：杨　雷
封面设计：徐道会
出版发行：学苑出版社
社　　址：北京市丰台区南方庄2号院1号楼
邮政编码：100079
网　　址：www.book001.com
电子信箱：xueyuanpress@163.com
联系电话：010-67601101（销售部）　67603091（总编室）
经　　销：新华书店
印　刷　厂：三河灵山红旗印厂
开本尺寸：710×1000　　1/16
字　　数：250千字
印　　张：15.25
印　　数：1500册
版　　次：2016年5月第1版
印　　次：2016年5月第1次印刷
定　　价：50.00元

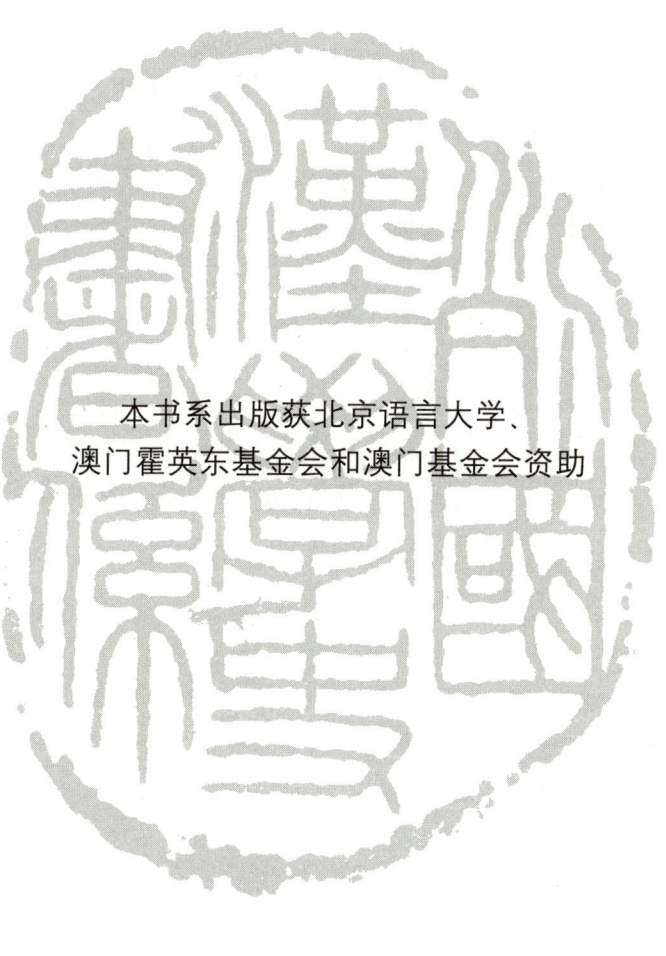

本书系出版获北京语言大学、
澳门霍英东基金会和澳门基金会资助

北京语言大学列国汉学史书系
编辑委员会

顾　　问：季羡林　李学勤　汤一介　王路江　李宇明
主　　任：崔希亮
副 主 任：韩经太　曹志耘
主　　编：阎纯德　吴志良
编　　委：王晓平　乐黛云　安平秋　许光华　刘顺利
　　　　　吴志良　张国刚　严绍璗　李明滨　李海绩
　　　　　陈开科　侯且岸　柴剑虹　钱林森　耿　昇
　　　　　阎纯德　阎国栋　熊文华

序 一

经过近 30 年多位学者的辛劳努力,现在我们可以说,国际汉学研究确实已经成长为一门具有特色的学科了。

"汉学"一词本义是对中国语言、历史、文化等的研究,而在国内习惯上专指外国人的这种研究,所以特称"国际汉学",也有时作"世界汉学""国际中国学",以区别于中国人自己的研究。至于"国际汉学研究",则是对国际汉学的研究。中外都有学者从事国际汉学研究,但我们在这里讲的,是中国学术界的国际汉学研究。

自从改革开放以来,国际汉学研究改变了禁区的地位,逐渐开拓和发展。其进程我想不妨划分为三个阶段:一开始仅限于对国际汉学界状况的了解和介绍,中心工作是编纂有关的工具书,这是第一个阶段。到了 20 世纪 90 年代,出现国际汉学研究的专门机构,大量翻译和评述汉学论著,应作为第二个阶段。在这两个阶段里,学者们为深入研究国际汉学打好了基础,准备了条件。新世纪到来之后,进入全面系统地研究国际汉学的可能性应该说业已具备。

今后国际汉学研究应当如何发展,有待大家磋商讨论。以我个人的浅见,历史的研究与现实的考察应当并重。国际汉学研究不是和现实脱离的,认识国际汉学的现状,与外国汉学家交流沟通,对于我国学术文化的发展以至于多方面的工作都是必要的。我曾经提议,编写一部中等规模的《当代国际汉学手册》,便于我们的学者使用;如果有条件的话,还要组织出版《国际汉学年鉴》。这样,大家在接触外国汉学界时,就不会感到隔膜,阅读外国汉学作品,也就更容易体味了。必须指出的是,国际汉学有着长久的历史,因此现实和历史是分不开的,不了解各国汉学的历史传统,终究无法认识汉学的现状。

我们已经有了不少国际汉学史的著作及论文。实际上,公推为中国最早的汉学史专书,是 1949 年出版的莫东寅《汉学发达史》,尽管是通史体裁,也包含了分国的篇章。这本书最近已有经过校勘的新版,大家容易看到,尽管只是概述性的,却使读者能够看到各国汉学互相间的关系。由此可见,有组织、有系统地考察各国汉学的演进和成果,将之放在国际汉学整体的背景中来考察,实在是更为理想的。

这正是我在这里向大家推荐阎纯德教授、吴志良博士主编的这套"列国汉学史书系"的原因。

阎纯德教授在北京语言大学主持汉学研究所工作多年,是我在这方面的同行和老友,曾给我以许多帮助。他为推进国际汉学研究,可谓不遗余力,所做出的重要贡献是学术界周知的。在他的引导之下,《中国文化研究》季刊成为这一学科的园地,随之又主编了《汉学研究》,列为《中国文化研究汉学书系》,有非常广泛的影响。其锲而不舍的精神,我一直敬服无地。特别要说的是,阎纯德教授这几年为了编著这套"列国汉学史书系"所投入的心血精力,可称出人意想。

在《汉学研究》第八集的《卷前絮语》中,阎纯德教授慨叹:"《汉学研究》很像同仁刊物,究其原因,是从事这个领域研究的学者太少,尤其是专门的研究者更是少之又少,所以每一集多是读者相熟的面孔。"现在看"列国汉学史书系",作者已形成不小的专业队伍,这是学科进步的表现,更不必说这套书涉及的范围比以前大为扩充了。希望"列国汉学史书系"的问世成为国际汉学研究这个学科在新世纪蓬勃发展的一个界标,让我们在此对阎纯德教授、这套书的各位作者,还有出版社各位所做出的劳绩表示感谢。

李学勤

2007 年 4 月 8 日

于清华大学国际汉学研究所

序 二
汉学历史和学术形态

汉学历史和学术形态历史是既抽象又具体的存在,是浩瀚无边的过去、现在和未来。历史会让我们兴奋,也会使我们悲哀,有时会令人觉得它又仿佛是一个梦。但是,当我们梦醒而理智的时候,便会发现——自然史、时间史、太阳史、地球史、人类社会史,一切的一切,不管是曾经存在过的恐龙,还是至今还在生生不息的蚂蚁社群,天上的,地下的,看得见的,看不见的,一切都有自己的历史。一切都有过发生,一切都还在发展,一切都还会灭亡。

任何事物的发生都有一个有形或无形的孕育过程,"汉学"(Sinology)也是这样,其孕育和成长,就是中国文化与异质文化相互交媾浸淫的历史。这个历史,始于公元1世纪前后汉代所开通的丝绸之路,接下来是七八世纪的大唐帝国、十四五世纪的明代、清末的鸦片战争和"五四"新文化运动,这种文化的碰撞和交流之潮时起时伏直到今天,还会发展到永远。这是历史,是汉学的昨天、今天和未来,是其孕育、发生和成长的过程显现出的文化精神。但是,昨天有远有近,我们可以循着蛛丝马迹探讨找回其真;而今天,只是一个过渡,一俟走过,便成为昨天的陈迹。写作汉学史是一件艰难的劳作,尤其对象是遥远的昨天,尤其是"遗失"在异国他乡的昨天,更非一件易事。时至今日,朦胧面纱下的汉学还不为一些学人所认识,因此有必要取下面纱,让人们看个究竟。

从20世纪70年代中期之后,尤其90年代以降,"汉学"(Sinology)便逐渐成为学术界耳熟能详的学术名词。中国大陆重提"汉学"(Sinology)至今,汉学就像隐藏在深山里的小溪,经过30年的艰辛跋涉之后,才终于形成一条奔腾的水流,并成为中国文化水系不可或缺的组成部分。这个变化是时代和历史变迁带来的结果,也是文化自己发展的规律。

那么,究竟什么是汉学(Sinology)呢? 首先,这里的汉学非指汉代研究经学注重名物、训诂——后世称"研究经、史、名物、训诂考据之学"的"汉学",而是指外国人研究中国历史、语言、哲学、文学、艺术、宗教、考古及社会、经济、法律、科技等人文和社会科学领域的那种学问,这起码已是200多年来世界上的习惯学术称谓。李学勤教授多次说:"汉学,英语是Sinology,意思是对中国历史文化和语言文学等方面的研究。在国内学术界,'汉学'一词主要是指外国人对中国历史文化等的研究。有的学者主张把它改译为'中国学',不过'汉学'沿用已久,在国外普遍流行,谈外国人这方面的研究,用'汉学'比较方便。"① Sinology 一词来自外国,它不是汉代的"汉",也不是汉族的"汉",不指一代一族,其词根 sino 源于秦朝的"秦"(Sin),所指是中国。

在历史长河里,汉学由胚胎逐渐发育成长。当汉学走过少年时代,在西学东渐和中学西传互示友情后,中学开始影响西方而成为人类文明史上的伟大事件。中世纪以来,欧洲视中国为"修明政治之邦",对中国充满了好奇与好感,当"中国热"蜂起欧洲,19世纪初期法国便成为西方汉学的中心,巴黎成为"汉学之都"。戴密微(Paul Demiéville)曾说汉学的先驱是葡萄牙、西班牙和意大利。但是,汉学作为学术研究和一种文化形态,举大旗的则是法国人。1814年12月11日,雷慕沙(Jean Pierre Abel Rémusat)在法兰西学院首开"汉语和鞑靼——满语语言与文学讲座",启开了西方真正的汉学时代。但指代汉学的"Sinologie"(英文"Sinology")一词则出现在18世纪末,应该早于雷慕沙主持第一个汉学讲座的时间,更不会晚于1838年。从此之后,"Sinology"便成为主导汉学世界的图腾、约定俗成的学术"域名"。在世界文化史和汉学史上,外国人把研究中国的学问称为"汉学",研究中国学问的造诣深厚的学者称为"汉学家"。因此,我认为,我们不必要标新立异,根据西方大部分汉学家的习惯看法,"Sinology"发展到如今,这一历史已久的学术概念有着最丰富的内涵,绝不是什么"汉族文化之学",更不是什么汉代独有的"汉学",它涵盖中国的一切学问,既有以儒释道为核心的传统文化,也包含"敦煌学""满学""西夏学""突厥学"以及"藏学"和"蒙古学"等领域。但是一直以来人们对汉学的理解和解释相

---

① 李学勤《国际汉学漫步·序》,石家庄:河北教育出版社,1997。

左,因此便有了"中国学""海外汉学""海外中国学""域外汉学""国际汉学""世界汉学""国际中国文化"等不同的叫法;如果咬文嚼字,推演下来,一定还会有"国内汉学""国内中国学",甚至"北京汉学""河南汉学"等。由于汉学的发展、演进,以法国为首的"传统汉学"和以美国为首的"现代汉学",到了20世纪中叶之后,研究内容、理念和方法,已经出现相互兼容并包状态,就是说Sinology可以准确地包含Chinese Studies的内容和理念;从历史上看,尽管Sinology和Chinese Studies所负载的传统和内容有所不同,但现在却可以互为表达、"雌雄同体"同一个学术概念了。话再说回来,对于这样一个负载着深刻而丰富历史内涵的学术"域名",我以为还是叫它Sinology最好,因为,Sinology不仅承继了汉学的传统,而且也容纳了Chinese Studies较为广阔的内容。另外,中国人对中国文化的研究应该称为国学,而外国学者研究中国文化的那种学问则称为汉学。汉学是国学的有血有灵魂的"影子",而汉学不是国学,是介于中学与西学两者之间,本质上更接近西学的一种文化形态。说它与国学同根而生,说它们是一条藤上的两个瓜,都不为过,然而瓜的形象与味道却不相同,一个是"东瓜",一个是"西瓜"。我认为这样认识汉学,既符合中国文化的学术规范,又符合世界上的历史认同与学术发展实际。

汉学的历史是中国文化与异质文化交流的历史,是外国学者阅读、认识、理解、研究、阐释中国文明的结晶。汉学作为外国人认识中国及其文化的桥梁,是中国文化和外国文化撞击后派生出来的学问,实际上也是中国文化另一种形式的自然延伸。但是,汉学不是纯粹的中国文化,它与中国文化有着密不可分的血缘关系,既是中外文化的"混血儿",又是可以照见"中国文化"的镜子,是可以攻玉的"他山之石"。"'Sinology'是一门在国际文化中涉及双边或多边文化关系的近代边缘性的学术,它以'中国文化'作为研究的'客体',以研究者各自的'本土文化语境'作为观察'客体'的基点,在'跨文化'的层面上各自表述其研究的结果,它具有'泛比较文化研究'的性质。"[①]以上两种表述虽有不同,但学理一致,基本可以厘清我们对于Sinology(汉学)的基本学术定位。

法国汉学家马伯乐(Henri Maspero)说过:"中国是欧洲以外仅有的这

---

① 严绍璗《我对Sinology的理解和思考》,载《世界汉学》2006年第4期。

样的一个国家:自远古起,其古老的本土文化传统一直流传至今。"法国哲学家弗朗索瓦·于连(François Jullien)也说:"中国文明是在与欧洲没有实际的借鉴或影响关系之下独自发展的、时间最长的文明……中国是从外部审视我们的思想——由此使之脱离传统成见——的理想形象。"①他在《为什么我们西方人研究哲学不能绕过中国》中提出:"我们选择出发,也就是选择离开,以创造远景思维的空间。人们这样穿越中国也是为了更好地阅读希腊。"为了获得一个"外在的视点",他才从遥远的视点出发,并借此视点去"解放"自己。这便是一个未曾断流、在世界上仅存的几种古老文化之一的中国文明的意义。中国文明是一道奔流不息的活水,活水流出去,以自己生命的光辉影响世界;流出的"活水"吸纳异国文化的智慧之后,形成既有中国文化的因子,又有外国文化思维的一种文化,这就是"汉学"。也就是说,汉学是以中国文化为原料,经过另一种文化精神的智慧加工而形成的一种文化。从某种意义上说,汉学既是外国化了的中国文化,又是中国化了的外国文化;抑或说是一种亦中亦西、不中不西有着独立个性的文化。汉学作为一门独立的具有跨文化性质的学科,是外国文化对中国文化借鉴的结果。汉学对外国人来说是他们的"中学",对中国人来说又是西学,它的思想和理论体系仍属"西学"。

汉学研究是指对外国汉学家及其对中国文化研究成果的再研究,是中国学者对外国学者研究中国文化的反馈,也是对外国文化借鉴的一个方面。凡是对历史或异质文化进行研究,都有一个价值判断和公正褒贬的问题。因此,对于外国汉学家对我们中国文化的研究,必得有我们自己的判断,然后做出公正的褒贬。我们说汉学是可以攻玉的"他山之石",但是这句箴言并非只是适用于中国人,对外国人也是一样。汉学也像外国的本体文化一样,对我们来说有借鉴作用,对西方来说有启迪作用——西方学者以汉学为媒介来了解中国,汲取中国文化的精华,完善自己的文明。人类由于文化背景差异和文化语境的不同,思维方向和方式也会不同,因而就会得出不同的结论,讲出不同的道理。"西方学者接受近现代科学方法的训练,又由于他们置身局外,在庐山以外看庐山,有些问题国内学者司空见惯,习而不察,外国学者往往探骊得珠。如语言学、民俗学、考古学、人类

---

① [法]弗朗索瓦·于连(François Jullien)《迂回与进入》,香港:三联书店,1998。

序 二

学、社会学诸多领域,时时迸发出耀眼的火花。"①汉学的学术价值往往不被国人重视,并利用汉学家对于中国文化的一些误读贬低汉学的价值。其实,这并不公平,有些汉学家对于中国文化确实有其独到的见解,能发中国人未发之音。法国汉学家马伯乐(Henri Maspero,1883—1945)对中国上古文化和上古宗教的研究就有独到的贡献,被称对中国宗教研究有"先河"之功。他研究中国宗教的宗教社会学的方法,促进和推动了中国学者采用宗教社会学来研究中国宗教,被称为"中国宗教社会学研究的真正创始人"。瑞典汉学家高本汉(Bernhard Karlgren,1889—1978),终生的最高成就是根据研究古代韵书、韵图和现代汉语方言、日朝越诸语言中汉语借词译音构拟汉语中古音和根据中古音和《诗经》用韵、谐声字构拟古音,写出了著名的学术专著《中国音韵学研究》《汉语中古音与古音概要》《古汉语字典重订本》《中日汉字形声论》《论汉语》《诗经注释》《尚书注释》和《汉朝以前文献中的假借字》等,他对汉语音韵训诂的研究是不少中国学者所不及的,并深刻影响了对于中国音韵训诂的研究。20 世纪著名的日本学者津田左右吉关于中国文化的研究著述甚丰,他认为中国文化是一种"人事本位文化",其核心是"帝王文化",其他认识上尽管有偏颇,但也有其独异性和深刻之处。这就是"他山之石"的意义和价值。当然,不可否认,汉学家对于中国文化的误读或歪曲也是常见的,诸如瑞典考古学家安特生(John Gunnar Andersson)于 1921 年 10 月对河南仰韶文化遗址发掘之后,便说中国彩陶制作技术源于西方,并在他的《甘肃考古记》和《黄土儿女》著作中反复强调他的这一错误观点。这一观点亦为"西方文化东移造成中国文化之说"提供了说辞。日本学者石田幹之助也推波助澜,闭门造车地推测出西方文化东渐的路线;甚至连我们的国学大师章太炎、刘师培也被"忽悠"得认可了"中国文化西来说"。② 美国现代汉学(中国学)的奠基人费正清对中国历史尤其近代史的研究独具风采,为美国人民认识中国搭建了一座桥梁;但他在研究上的所谓"冲击—回应"模式,却近乎荒谬,认为是西方给中国带来了文明,是西方的侵略拯救了中国。综上所述,对于汉

---

① 季羡林《汉学研究·序》第七集,北京:中华书局,2003。
② 《章太炎全集·〈訄书·序〉·〈种姓篇〉》,上海:上海古籍出版社,1985;刘师培《刘申叔先生遗书·〈思念祖国〉·〈华夏篇〉·〈国土原始论〉》。

学成果的研究,只有冷静、公正、客观、全面,才能在沙中淘得真金,拥抱"他山之石"。

在中国,汉学的接受与命运,诚实地说,在20世纪80年代初期之前,基本上是无视它的学术价值,更没人把它看作是中国文化的延伸。此外,由于民族心理上的历史"障碍",我们还曾视汉学为洪水猛兽,甚至觉得它是仇视中国、侮辱中国的一个境外的文化"孽种"。这种"观点",虽嫌偏颇,但也不是空穴来风。因为自19世纪"鸦片战争"前后,直至20世纪40年代,偌大的中国曾经惨遭蹂躏,整个历史写满了炮火压迫和宗教怀柔,其间也不乏为列强殖民政策服务的传教士、"旅行家"和"学者"深入中国腹地,以旅行、探险、考古之名而实行搜集社会情报、盗窃和骗取中国大批文物。

人类思想的飞翔,是受社会和历史禁锢的,山高水远的阻隔也使得人类互相寻找的岁月特别漫长。交流是人类文化选择的自然形态,汉学就发生在这种物质交流和文化交流之中。

公元前后,中国人被称为赛里斯(Seres),中国叫赛里加(Serice),这是陆路交往关于中国最初的叫法,时间较早;另一种叫法,把中国人称为秦尼(Sinai),中国叫秦(Sin),这是海路交往关于中国的叫法,时间较晚。由商人输往西方的中国丝绸绢绘是当时帝王贵族倾慕的奢侈珍品,Seres和Serice两字系由阿尔泰语所转化,是希腊罗马称谓中国绢绘的Serikon、Sericum两字简化而来。西方人当时称中国为"秦"(Sin),称中国人为"秦尼"(Sinai),则是源于秦朝。①

人类在互相寻找的初级阶段,中国和西方试探性的商业交往还很原始,那时的人类,不同的国家、民族和族群处于相对落后和封闭的状态,人类各个角落的不同文化还处于相对不自觉或是相对蒙昧的历史时期。在人类最早的沟通中,中国人走在最前边。公元前139年,张骞奉汉武帝之命,越过葱岭,亲历大宛、康居、大月氏、大夏、乌孙、安息等地,直达地中海东岸,先后两次出使中亚各国,历时十多年,开创了古代和中世纪贯通欧亚非的陆路"丝绸之路",为人类交往开了先河,也为汉学的萌发洒下最初的雨露。

---

① 莫东寅《汉学发达史》,北京:北平文化出版社,1949,第3页。

序 二

在文化史上,以孔孟儒家学说为核心的中国文化最先影响朝鲜半岛,然后才是日本和越南等周边国家。这些周边国家与中国的关系复杂,甚至被说成同种同文,因此可以说它们的文化与中国文化有着很深的"血缘"关系。522年,中国佛教渡海东传日本,从那时开始,中国典籍便大量传入日本,但这只是一种"输入",只是日本创建自己文化的借鉴,并没有形成对于中国文化的深层研究。及至唐代,由于文化上承接了汉朝的开放潮流,那时与异质文化的交流相对更加频繁,商贸往来和文化沟通有了发展,西方和中国周边国家或地域的人士通过陆路和水路进入中国腹地,长安、洛阳、扬州、广州、泉州等城市,都是中外贸易和文化交汇的重要都会,尤其是前者,更是当时世界最大的商业文化之都;而后者,由于东南沿海经济崛起、人口增多、手工业发达、农田水利的改善,为海外贸易发展创造了条件,再由于唐代中期"安史之乱"切断了陆路"丝绸之路"的缘故,曾称为"鲤城""温陵""刺桐城"的泉州,便成为联结亚洲、欧洲和非洲的海上丝绸之路的"东方第一大港",是那时以丝绸、金银、铜器、铁器、瓷器为主的国际贸易之都。通过频繁的往来和交流,外国人对中国文化的认识越来越多、越来越深,汉学也便在这种交流中不知不觉慢慢衍生。

但是,源远流长的汉学,人们习惯地认为其洪流和网络在西方,西方是汉学的形象代表。这一看法一是源自近代以来西方强势文化和中国人的崇洋心理;二是西方汉学的某些特征也确实有别于朝鲜半岛、日本和越南的汉学。其实,如果我们从世界汉学历史发展的角度看,日本、朝鲜半岛和越南的汉学要早于西方的汉学,比如日本在十四五世纪已经初步形成了汉学,而那时西方的传教士还没有进入中国。因此,对于汉学的研究,无论是西方还是东方(朝鲜半岛、日本和越南),我们都不能顾此失彼,要以同样的关注和努力探讨其历史。当然,汉学的历史藏在文献里,而隐性源头却在文献之外。

文化往往伴随经济流动,其交流也会在不自觉或无意识状态下发生。到了明代初年,郑和率舰队出使西洋,前后七次,历经二十八年,到过三十多个国家,最远抵达非洲东岸和红海口,真正拓展了海上"丝绸之路"。

在公元八九世纪至十六七八世纪期间,关于中国,多见于西方商人、外交使节、旅行家、探险家、传教士、文化人所写的游记、日记、札记、通信、报告之中,这些文字包含着重要的汉学资源,因此有人把这些文献称为"旅游汉学"。这些来源于文艺复兴,因为思潮的开放影响了欧洲人的思想和生活,他们或通商,或传教,或猎奇,但了解和研究中国文化却是一致的,于是汉学便在葡萄牙、西班牙、意大利、法国、荷兰、英国、德国、俄罗斯等主要的西方国家逐步发展起来。

这类游记和著作较早的有约在851年成书的描述大唐帝国繁荣富强的阿拉伯佚名作者的《中国与印度游记》,吕布吕基斯的《远东游记》(1254),意大利的雅各·德安克纳的《光明城》,贝尔西奥的《中华王国的风俗与法律》(1554),《利玛窦中国札记》,亚历山大·德·罗德的《在中国的数次旅行》(1666),南怀仁的《中国皇帝出游西鞑靼行记》(1684),费尔南·门德斯·托平的《游记》,李明的《关于中国现状的新回忆录》(1696)和《中华帝国全志》(《中国通志》)等,以及罗明坚、金尼阁、汤若望、卫匡国等名士的著作,还有大量名不见经传的传教士、商人、旅行家、探险家的各种记述,都成为日后汉学兴旺发达的必然因素。这类著作主要涉及中国的物质文明,较多描述、介绍中国的山川、城池、气候以及生活起居、饮食、服饰、音乐、舞蹈,也涉及一些中国的观念文化。这些"旅游汉学"著作中,影响最大的是《马可·波罗行纪》(《东方见闻录》)。马可·波罗(Marco Polo)于1275年随父亲和叔父来中国,觐见过元世祖忽必烈,1295年回国后出版了这本书,它以美丽的语言和无穷的魅力翔实地记述了中国元朝的财富、人口、政治、物产、文化、社会与生活,第一次向西方细腻地展示了"唯一的文明国家"——"神秘中国"——的方方面面。

这些包罗万象的文献,不仅记录了不同时代的中国,还以自己的文化视角开始了中西文化最初的碰撞。作为文献,这些游记、日记、札记、通信和报告,有赞美,有误读,也有批评,但因为其中包含大量中国物质文化及政治、经济、历史、地理、宗教、科举等多方面的文化记载,而成为汉学的重要组成部分,在学术史上有重要价值。

汉学的发生、发展与经济、政治、交通以及资讯分不开。有学者把汉学的历史分为"萌芽""初创""成熟""发展""繁荣"几个时期,也有的分为"游记汉学时期""传教士汉学时期"和"专业汉学时期"三个阶段。但汉学的真正形成是在明末兴起的"西学东渐"和"中学西传"的互动之中。

从16世纪到十八九世纪,在数以千计的散布在中国各地的传教士中,有不少人成为名载史册的汉学先驱,他们为汉学的发展做出了重大贡献。

自1540年罗耀拉（S. Ignatins de Loyola）、圣方济各·沙勿略（Francisco Xavier）等人来华，开始了以意大利、西班牙传教士为主的第一时期的耶稣会的传教活动。接着，意大利的范礼安（Alexandre Valignani）、罗明坚（Michel Ruggieri）等著名传教士来华。1583年，即明朝万历十一年，罗明坚将利玛窦神甫（Matteo Ricci）带到中国，从此，耶稣会士在中国的宗教活动无论是对于西方或是东方，都开始了一个新的历史时期。西班牙的胡安·冈萨雷斯·德·门多萨（Juan Gonzalez de Mendoza）的《中华大帝国史》于1588年问世，这部世界汉学史上的第一部汉学著作，名副其实地对中国的政治、历史、地理、文字、教育、科学、军事、矿产、物产、衣食住行、风俗习惯等做了百科全书式的介绍，具有相当的学术价值，以七种文字印行，风靡欧洲。以利玛窦为核心的耶稣会士的历史意义在于他们开始了对中国文化的全面"开垦"，不仅著书立说，还把《大学》《中庸》《论语》《孟子》等中国文化经典译成西文，不仅开西学东渐之先河，也推动了中学西传，使中国文化对西方科学与哲学产生重要影响，因此这位思想家当仁不让地被视为西方汉学的鼻祖。与其先后到达中国的著名的传教士都著书立说、传播中国文化，对推动西学东渐和中学西传做出了贡献。在世界汉学史上，除了以上提及的，还有许多汉学家的名字十分响亮，诸如曾德照、柏应理、卫匡国、殷铎泽、南怀仁、汤若望、龙华民、金尼阁、罗如望、熊三拔、李明、张诚、白晋、马若瑟、宋君荣、钱德明、翟理斯、安特生、雷慕沙、儒莲、德理文、安东尼·巴赞、蒙田、冯秉正、尼·雅、比丘林、巴拉第·卡法罗夫、瓦西里耶夫、沙畹、伯希和、马伯乐、葛兰言、斯文赫定、马礼逊、斯坦因、理雅各、翟理斯、李约瑟、韦利、霍克斯、卫礼贤、福兰阁、孔拉迪、高本汉、卫三畏、费正清、戴密微、石泰安、谢和耐、欧文等。他们和东方日本、朝鲜半岛的富有建树的汉学家以及当今散布在各国的汉学家，对中国文化的独特理解，铸造成汉学史上的思想学术之碑，开垦了汉学成长的沃土。

"西方的汉学是由法国人创立的。"但是，在欧洲全面研究中国文明的问题上，"法国的先驱是葡萄牙、西班牙和意大利"。① 戴密微把以上三个国家誉为汉学的先锋，"他们于16世纪末叶，为法国的汉学家开辟了道路，

---

① 戴密微《法国汉学研究史》，载耿昇译《法国当代中国学》，北京：中国社会科学出版社，1998。

而法国的汉学家稍后又在汉学中取代了他们"，真正建立起作为学术的汉学传统。就传统汉学而言，法国是汉学家最多的国家之一，有许多汉学界的学术巨擘，不断为汉学的崇高而添砖加瓦。

中外文化交流的结果不仅意味着中国文化"外化"的传播，也意味着异质文化对中国文化"内化"的接受。汉学家作为中外文化交流的桥梁和使者，在异质文化的交流中，也是人类和谐与进步的推动者。

汉学诞生在与异质文化碰撞、交流和相互浸淫之中。这个结果无异于一枚果子的成熟，只有"风调雨顺"才生长得好。和谐、宽容、理解与尊重，是异质文化彼此借鉴的保证。作为文化形态的汉学，其成长和生存离不开良好的国际语境。就中国而言，历史上凡是开放的时代，文化交流多，汉学就发展；反之，汉学就停滞，这似乎成为一种规律。

作为学术公器的汉学，文化上有其自己的成长过程。汉学是发展的，这一植根于中国文化土壤，生存于异国他乡的文化，同样深受不同时代语境的极大影响。这里所说的语境，既包括中国的历史演变，也包括异国和世界的历史变化。也就是说，不同的历史时期，不同的社会、政治、经济、文化背景，在很大程度上左右着汉学的发展方向和内容；换句话说，汉学的形成和发展，不仅受制于中国历史的更迭，也受制于他者社会的变化。这就是以历史悠久的中国文化为研究对象的汉学发展的基本轨迹。

汉学作为一种学术形态，总体上可以分为"传统汉学"和"现代汉学"。传统汉学以法国为中心，而现代汉学兴显于美国，20世纪中期以来，在西方其他国家葆有传统汉学的同时，现代汉学也很繁荣。随着中国与世界政治关系的变化，随着中国文化与世界文化交流的拓展，现代汉学有了显著的发展。

虽然20世纪的后五十多年，中国文化与世界各国文化接触开始多了起来，但就整体而言，1949年后有三十多年是一个相对"闭关锁国"的时期。公正地讲，这道意识形态的"长城"也并非就是中国的政策，是那时期以美国为首的国家在政治、经济、军事、文化上对我国全面封锁的结果。这个时期的"汉学"涂满了政治色彩，以法国为代表的汉学较多地保持着传统汉学的学术精神，而美国的"中国学"却成了充满政治意识的现代汉学的代表。美国的"中国学"所关心的不是中国文化，更不是中国的传统文化，而是中国的政治、经济、军事、教育和社会生活各个层面的问题。这种政治特征,是那个时期美国汉学的基础,这一特征也影响了其他国家汉学的研究方向和内容。

由于中国与世界的隔离,由于西方与中国少有交流,因此汉学家不了解中国最新的文化进展(比如新的考古发现),致使汉学处于断炊或"无米之炊"的状态,没有中国文化的支持,西方汉学要想取得研究上的突破也很困难。陌生感和神秘感困扰着汉学家,这不仅是文化的尴尬,也是汉学家的难堪。

人类文化包含了物质文化和观念文化等。物质文化表现在衣食住行生活方面,是一种看得见、摸得着又极易变化的"具象"文化,如饮食、服饰、住房、音乐、舞蹈等;观念文化是一个民族的核心,表现在人的价值观、道德观、家庭观、宗教观等诸多方面,以及关于自由、平等、民主的理解,观念文化是一个民族的思维经过高度抽象后形成的思想、观念和精神,它通过文化灵魂——哲学、文学、语言、宗教、历史等来表达。① 观念文化,一俟进入外国汉学家的研究视野,他们的研究也就进入了对中国文化核心的深层研究。

汉学家从对中国物质文化到观念文化的研究,其领域越来越广越来越深。现在,汉学不仅包括对中国的哲学、文学、宗教、历史领域的研究,还包括社会学、政治学和自然科学。Sinology(汉学)和 Chinese Studies(中国学),它们已经发展到可以"异名共体"的地步。

时至今日,传统汉学和现代汉学这两种汉学形态不仅同时存在着、共荣着,而且还互相浸透着。

19 世纪末至 20 世纪初,美国汉学悄然嬗变为中国学,并以自己独有的个性特点和极强的生命力出现在世人面前。美国汉学始自 1830 年东方学会(American Oriental Society)的建立,这个学会虽然代表了欧洲那种对东方学文学的兴趣,但这个学会"从一开始就有一种与众不同的使命感"——"为美国国家利益服务,为美国对东方的扩张政策服务"。② 这个特点也与"美国海外传教工作理事会"向中国派出基督教传教士的宗旨相

---

① 任继愈《汉学发展前景无限》,载《中华读书报》2001 年 9 月 19 日。
② 侯且岸《费正清与中国学》,载李学勤主编《国际汉学漫步》(上),石家庄:河北教育出版社,1997。

一致。可见,美国汉学一开始就和美国的国际战略和对华政策联系在一起。卫三畏(Samuel Wells Williams)1848年出版的百科全书式的《中国总论:中华帝国的地理、政府、教育、社会、生活、艺术、宗教及其居民观》就带有较为浓厚的社会科学特点,与欧洲具有人文科学特征的汉学颇有差异,但它依然属于 Sinology 的范畴。

美国从南北战争后的统一中走向强大,加入强国之列。八国联军对中国的侵略行径,是列强联合的第一次尝试。从那时起,承担着相当"政治"角色的传教士进入中国。真正美国式的"汉学"——中国学,就从那时开始,而奠基人和开拓者是之后的费正清(John King Fairbank)。作为美国首席中国问题专家的费正清,他的中国学研究不仅影响了美国,也对其他国家的汉学研究或中国学研究有强烈的影响。

在西方,费正清的魅力在于,没有谁能像他那样以更清晰、更富于洞察力的笔触来表述中国。"在使美国人了解中国,了解中国的传统、中国纷扰不安的近代史,以及中国神秘莫测的现状等方面,谁的贡献也没有像他那样大。"费正清等一批知名的美国中国学家都参与过战时情报工作,在战后作为美国政府的智囊而直接为制定对华政策服务。费正清的研究虽然充满了实用和功利色彩,立场和观点也有偏见,但这并不妨碍他在历史上作为一个贡献巨大的汉学家和中国人民的朋友的光辉。美国学者从事研究的根本出发点是"使命感""学术个性"和"反唯理智论倾向","蔑视学问,更为强调实用性知识","更为明显同自己以外的社会,即政治家、实业家及其实践家始终保持紧密的联系"。① 这就是美国中国学家的基本心态,他们讲究功利和实用,不理会学术上的理智倾向,这与法国汉学家的学术心态、学术个性与学术传统几乎大相径庭。

传统汉学(Sinology)和现代汉学(Chinese Studies)的差异在于前者是以文献研究和古典研究为中心,它们包括哲学、宗教、历史、文学、语言等;而以美国为中心的现代汉学(中国学)则以现实为中心,以实用为原则,其兴趣根本不在那些负载着古典文化资源的"古典文献",而重视正在演进、发展着的信息资源。但是,汉学发展到21世纪,其研究内容和方式已经出现了融通这两种形态的特点。这种状况既出现在欧洲的汉学世界,也出现

---

① [美]赖肖尔《近代日本新观》,北京:生活·读书·新知三联书店,1992。

在美国的中国学研究之中,可以说世界各国汉学家的研究中,都兼有以上两种汉学形态。

汉学(Sinology)对中国研究者来说,被尘封得太久,所以它的空白很多,浩如烟海的资源还有待于深入开掘。这种开掘,不仅可以收获汉学,还可以无意中发现被历史"放逐"和"遗失"在异国他乡的中国文化。编撰"列国汉学史书系"的目的和宗旨,不仅是为了梳理已有的汉学资源,在世界范围内追踪中国文化的外传历史状况、经验及影响,同时探究汉学的产生、成长、发展与繁荣,还要尽可能厘清这块"他山之石"对于中国文化的作用。当然,"列国汉学史书系"还期望对推动中国文化与世界文化的交流有所裨益。

"列国汉学史书系"作为一个文化工程,其撰写的难度非一般学术著作所能比拟。严绍璗教授谈到 Sinology 的研究者的学识素养时提出四个"必须":①必须具有本国的文化素养(尤其是相关的历史、哲学素养);②必须具有特定对象国的文化素养(同样包括历史、哲学素养);③必须具有关于文化史学的基本学理素养(特别是关于"文化本体"理论的修养);④必须具有两种以上语文的素养(很好的中文素养和对象国的语文素养)。这几点确实都是汉学研究者必须具备的文化和语文素养,否则很难进入汉学研究的学术境界。

写作"列国汉学史"艰难,而出版可谓难上加难。人间的事好像天上的云、地上的风,飘忽不定没有根,铁板钉钉是没有的,因为钉子可以用"权力"拔出来,一切承诺和协议,都可以化为乌有。虽然"列国汉学史书系"一直受到经济的困扰,但它终没有自毙于摇篮之中,冬天之后是春天,接着便是收获的季节。这套富有创意和价值的书系,将对中外文化交流和汉学的发展及其比较研究产生深远影响。

有人认为"汉学史中国人写不了",当然这是一个很奇怪的"立论"。日本人石田幹之助写了《欧人的中国研究》(1932)、莫东寅写了《汉学发达史》(1949),接下来又有严绍璗的《日本中国学史》(1991),张国刚的《德国的汉学研究》(1994),张静河的《瑞典汉学史》(1995),何寅、许光华主编的《国外汉学史》(2002),刘正的《图说汉学史》(2005)和李庆的《日本汉学史》(2005)相继面世。在人类的文化长廊里,无论是中国还是外国,各种史书琳琅满目,这其中有外国人写中国的各类历史,也有中国人写外国的各类历史。历史,是往事,是记录,是选择,并有相对独立的评论和褒贬。但是,事实上任何一部历史都不是最后的历史,历史随着时光的流逝而演进,修史很难一步到位,它需要一代代学者"积跬步"才能"至千里",只有"积土成山,积水成渊",方能"风雨兴""蛟龙生"。学问之事非一夕之功,非得有前赴后继者敢于赴汤蹈火"流血牺牲",才会达至光明顶峰。

开拓者也许会在某个时候将自己的真诚劳作化为欢乐,因为在以后的岁月里,定会有人踏着自己的肩膀或是踩着自己的鼻子和头顶攀上高峰,以鸟瞰美丽风光。21世纪是经济的大空间,对汉学来说也是一个"大空间"。但是,要探索这个"大空间",需要有个和谐的"太空站",需要大家联袂共建;当然世界上需要多元文化和谐相处的历史语境,共同创造彼此接近、认识、理解、尊重、沟通、借鉴与融合的机会,这个机会,就是汉学研究发展的机会。

时间在行走,历史在行走。人类创造过历史,书写过历史,但是没有最后的历史。汉学有历史,而且还正在创造新的历史,汉学及其研究将以自己的品格和个性在人类文化的世界里放出异彩。

阎纯德
2006年12月5日
于北京半亩春

自 序

2014年,我有幸被天津师范大学文学院聘为天津市千人计划讲座教授,收在这本书中的六个章节,便是2015年夏我在那里授课的讲稿。当时的课程题目为"比较诗学视域下的中国古典诗歌研究",其目的是要把英语世界研究中国古典诗歌的主要观点和方法介绍给中国学生。把这个题目通知给师大的同仁之后,我才意识到所面临的困难和挑战。首先,很难把海外中国古典诗歌研究的观点和方法概括成几种清晰的类型,因为这一领域中的学者在背景和兴趣方面都很不同,他们的研究重点和策略同样也有很大差异。为此,我决定选几本具有影响的著作作为切入点,这样我便能既介绍它们的观点和方法,同时也可对它们本身的特点进行深入的评析。在学术研究中,我一般宁愿少而精,而不是宽而泛。与其笼统概括某种文学或学术现象的所谓基本特征,不如深入研读能够代表这一现象的几本重要著作,因为通过后者所获得的知识,乃是切身体会,而不是拾他人之牙慧与饭余。不仅如此,耐心、深入地研读一部著作或一首诗,还可训练我们通过文本分析进而达到理论综合的独立思考能力。在当今这个因急功近利而盲从跟风的世界中,这也正是文学研究和鉴赏的重要价值和意义。

需要说明的是,本书并非是对中西比较诗学的系统研究。我本人的兴趣主要在中国古典诗歌,因此所选的著作与文章,都集中在这一方面。不仅如此,它们成为被本书所选中的"要籍",也完全凭借我个人的一己之见。本书尤其关注那些通过比较诗学视域来研究中国古典诗歌、因而对中国读者具有启发作用的观点与方法。这样一来,它也便排除了那些采用传统方法来研究汉诗的重要著作。相对而言,英语世界的中国古典诗歌研究始终呈现出一种稳重的倾向。面对西方学术界名目众多的理论流派,不少学者始终是我行我素,不为所动,孜孜不倦地从事他们的历史、考证、注释等传统研究。我对这些学者和他们的著作怀有很深的敬意,但是,限于本书的范围,也只好割爱。另外,本书所涉及的比较诗学,并非纯粹的理论,而是比较文学视域下的诗歌研究与批评,更关注文本分析。为此,它也没有收选那些侧重理论的比较诗学著作。

本书六个章节按照相关著作出版年代的顺序排列,但这并非是我最初的计划。实际上,我首先写出的,是"宇文所安的《传统中国诗歌与诗学》"那一节,因为宇文氏此书提出了中西比较诗学研究中的一些基本问题,在西方汉学界影响深远,争论也很多。用它作为首章,似乎是在情理之中。至于本书现在的首章,"刘若愚的《中国诗歌艺术》",乃是我最后写出的部分。按照目前的学术标准,刘若愚此书未免令人感到笼统和缺乏深度,甚至在有些地方不够严谨。但是,他当时写作此书的目的,便是向一般西方学者介绍中国古典诗歌;因此,即使这部著作对当今的专家学者来说看上去过于宽泛肤浅,也无可厚非。不仅如此,由于这是第一本用英语从比较诗学的视角描述中国诗歌传统与特点的著作,它对中西比较诗学的贡献也不言自明。为此,我决定将其收入本书,并放在开首。当然,这样一来,也便须相应调整其他章节的顺序。令我惊喜的是,对这些著作的历时排列竟令我们从中窥探出中西比较诗学与当代西方文学理论各种流派之间的姻缘。这不仅表明英语世界的中国古典诗歌研究毕竟未能脱离西方学术思潮的影响,也使得本书多少具有了某些"史"的特征。刘若愚和高有功、梅祖麟的著作(即本书的前两章)发表于20世纪六七十年代,这是新批评、结构主义语言学统领西方文学研究的时期。他们对"文字分析"(verbal analysis)、作品"张力"(tensions)和"有机统一"(organic unity)的强调与重视,正反映了新批评和结构主义文学批评的基本价值取向。20世纪80年代以后,随着后结构主义、后现代主义,尤其是解构主义的兴起,西方的文学批评开始关注文学作品与意识形态和权力体制之间的纠葛与联系,尤其是文本当中那些不为作者所意识和掌控的"难点"(aporia)及"合谋"(complicity)。宇文所安、余宝琳以及叶维廉(本书后四章)的比较诗学研究,尤其是他们对"隐喻"(metaphor)的分析,都充分体现了这一点。在他们之前,刘若愚和高用功、梅祖麟都曾讨论过隐喻在诗歌中的作用,但他们都把它当作一种语言与修辞现象。到了上面提到的三位学者,隐喻则成为中、西传统宇宙观和认识论的体现与缩影,并且被他们用来作为区分、对比中、西诗歌与诗学的关键切入点。张隆溪对他们的反驳,虽然立场不同,但也同样反映了西方理论界对这些问题的关注。因此,从本书六个章节中,我们多少可以看到英语世界里中、西比较诗学以及中国古典诗歌研究从20世纪中叶到20世纪末、21世纪初的发展轨迹。

值本书脱稿之际,我要感谢天津师范大学的各位同仁,是他们为我提供了在中国讲授中西比较诗学和海外汉学的机会。师大文学院的与课研究生们也在热烈的讨论中为我提供了许多启示。最后,我要再次感谢阎纯德先生。能够第三次在由他主编的《列国汉学史书系》中出书,令我感到十分荣幸。

2015 年末于盐湖城

目 录

一 中西比较诗学的开拓之作:刘若愚的《中国诗歌艺术》 ………… (1)

二 文本细读:高有功、梅祖麟的唐诗研究 ……………………… (25)

三 理论的展开与研究的深入:宇文所安的《传统中国诗歌与
　　诗学:世界的征兆》 …………………………………………… (51)

四 隐喻、寓言与中西比较文学:余宝琳、张隆溪的比较诗学
　　研究 …………………………………………………………… (102)

五 对比中的会合:叶维廉的比较诗学研究 ……………………… (147)

六 制作规范与言志诗学:宇文所安的《早期中国古典诗歌
　　的制作》 ……………………………………………………… (181)

参考书目 …………………………………………………………… (212)

一 中西比较诗学的开拓之作:刘若愚的《中国诗歌艺术》

在英语世界中,已故斯坦福大学教授刘若愚(James J. Y. Liu,1924—1986)是第一位通过英语系统地向西方读者介绍中国古典诗歌的汉学家与批评家。1962年,芝加哥大学出版社出版了刘氏的《中国诗歌艺术》(The Art of Chinese Poetry)(又称《中国诗学》)一书。① 长期以来,这本不足两百页的书一直是西方读者了解中国诗歌的启蒙著作,也是英美大学中国古典诗歌课程的必备教材之一,对在英语世界中普及中国诗歌发挥了巨大作用。在向西方读者介绍中国诗歌时,刘若愚除了采用一些英语读者熟知的语言和概念之外,还经常将中国诗歌与西方诗歌进行比较。因此,在某种程度上这本书也是一部比较诗学的著作。② 虽然这本书所针对的是一般读者,③ 介绍性较强,而且其中不少对中西诗歌的比较也非常笼统,甚至只是顺便提及,并没有充分展开,但它毕竟是中西比较诗学的开荒之作。因此,在本书的开始,有必要先对刘氏这一著作的主要内容做一简要综述。需要说明的是,下面的述评只涉及那些在比较诗学意义上对中国读者具有启发

---

① 刘若愚是位多产学者,还著有很多中西比较文学及中国诗歌研究方面的专著。它们包括:*The Poetry of Li Shang-yin: Ninth-century Baroque Chinese Poet* (Chicago: The University of Chicago Press, 1969), *Major Lyricists of the Northern Sung, A. D. 960—1126* (Princeton: Princeton University Press, 1974), *Chinese Theories of Literature* (The University of Chicago Press, 1975), *The Interlingual Critic: Interpreting Chinese Poetry* (Bloomington: Indiana University Press, 1982), *Language, Paradox, Poetics: A Chinese Perspective* (Princeton University Press, 1988).

② 刘若愚曾说过,任何人一旦采用英语来评论中国诗歌,他/她也便成为一位比较学者。参见 *The Interlingual Critic*, p. xi.

③ 参见 James J. Y. Liu, *The Art of Chinese Poetry* (Chicago: The University of Chicago Press, 1962), p. x.

意义的部分;至于那些中国读者已经熟知的内容,如汉诗的基本格律及形式,用典、对仗的手法等,倘若刘若愚只是单纯介绍,我们将予以从略。

《中国诗歌艺术》全书共分三部分,它们分别为"第一部分:作为诗歌表现媒介的中国语言"(Part I. The Chinese Language as a Medium of Poetic Expression),"第二部分:一些中国传统诗歌观念"(Part II. Some Traditional Views on Poetry),"第三部分:走向综合"(Part III. Towards a Synthesis)。虽然对于中国读者而言,前两部分的内容很多都是旧谈,但是,如上所言,刘若愚不时把中国语言和诗论的特点与西方进行比较,因此在不少方面仍然对我们具有启迪意义。

从20世纪初期开始,在西方诗坛乃至学术界便流传着一个对中国文字的美丽误解,即和仅仅作为抽象符号、与自然界无涉的西方字母文字不同,中国书写文字基本上都是象形文字;它所体现和代表的不是发音,而是物体的形象,是"自然运作的生动缩影"。[1]因此,与西方抽象及条分缕析的字母文字相比,汉字要更加接近自然与生活,因此更加具体,也更加适于诗歌写作。这一观点由美国学者费诺罗萨(Ernest Fenellosa, 1853—1908)首先提出,后经现代派诗歌领袖庞德(Ezra Pound, 1885—1972)鼓吹提倡,不仅成为现代派诗歌的座右铭,而且也深刻影响了西方各界人士对汉字的认识。刘若愚在其《中国诗歌艺术》中首先要做的,便是纠正这一误解,其第一部分的题目,"作为诗歌表现媒介的中国语言"(The Chinese Language as a Medium of Poetic Expression),便显然是有意针对费诺罗萨/庞德那篇著名文章的标题,即《作为诗歌媒介的中国文字》(The Chinese Written Character as a Medium for Poetry)。[2]

众所周知,象形文字虽然是汉字的最初形式,但只是极少数,而且汉字的发展史,也便是由具体走向抽象,逐渐将早期的象形字符融入更加复杂的形声、会意等复合字当中。经过秦、汉隶变后的汉字,已经不是早期的象形文字了。[3]中国读者在阅读汉字时,也已不再如同费氏和庞德所声称的那样,去刻意分解其中的具体形象与行为。当然,与西方字母文字相比,汉

---

[1] "The Chinese Written Character as a Medium for Poetry",载于 *Ezra Pound: Early Writings, Poems and Prose*(New York: Penguin, 2003),p.309. 原文:"It is based upon a vivid shorthand picture of the operations of nature."

[2] 此文由庞德根据费氏生前留下的笔记整理而成。

[3] 参见陈燕《汉字学概论》,天津:天津人民出版社,1998。

字毕竟保留了许多文字初期与自然事物的联系。由于诗歌的核心是形象思维与表现,说汉字更加适于诗歌创作也不无道理。问题在于,费诺罗萨与庞德过度夸大了汉字早期的象形特征,将阅读汉字的过程形象化为部首分解和图画鉴赏,因而造成了许多令人啼笑皆非,却生动如画的误读。例如,"人見馬"这一简单句,在费诺罗萨看来,是:

> 遵循了自然提示。首先有一个人站在两条腿上。然后,他的眼在空间移动:一个粗体图像,由一只眼下的两条腿体现,一幅改变后眼睛的图画,一幅改变后双腿的图画,但一旦看见,便难以忘掉。最后,是一匹马站在它的四肢上面。①

费氏进一步指出,这"三个字中都有腿:它们是活生生的。这一组字具有连续运动的图画性质。"②不仅如此,在费诺罗萨看来,就是连看似名词的汉字也具有动态特征。例如"東"字,因为是由"日"与"木"字组成,就被费氏想象理解成"太阳缠绕于树枝当中"。③

刘若愚指出,导致费诺罗萨对汉字上述误解的主要原因,便是他没有认识到汉字当中声符的作用。众所周知,在汉字的六书中,象形只是其中之一,单纯的象形字只占汉字的极少数,而最多的字则是依照"形声"原则所形成的复合字。不仅如此,随着时代的演进,"就连那些最初是象形的汉字在很大程度上也已失去了它们的图像特征,因为在它们现在的形式中已经看不出当初它们所描绘的物体"。④

虽然如此,刘若愚仍然赞同费诺罗萨与庞德对汉字的一个重要看法,即与英语这样的字母文字相比,"汉语是写作诗歌的一种更佳语言"。⑤之

---

① *Ezra Pound: Early Writings, Poems and Prose*, edited by Ira B. Nadel (New York: Penguin, 2003), p.309. 原文:"But the Chinese method follows natural suggestion. First stands the man on his two legs. Second, his eye moves through space: a bold figure represented by running legs under an eye, a modified picture of any eye, a modified picture of running legs, but unforgettable once you have seen it. Third stand the horse on his four legs."
② 同上。
③ 同上, p.329. 原文: "…east, which is the sun entangled in the branches of a tree."
④ Liu, *The Art of Chinese Poetry*, p.6. 引号中原文: "Moreover, even those characters which were originally formed on a pictographic principle have lost much of their pictorial quality, and in their modern forms bear little resemblance to the objects they are supposed to depict."
⑤ 同上, p.8. 引号中原文: "…Chinese is a better language for writing poetry."

所以如此，倒不是因为汉字的象形与图画特征，而是因为在汉语中一个字眼常常具有众多意义，因此容易产生英国批评家安普生（William Empson）所说的"歧义"（ambiguity）现象。①安普生认为，由于受格律等其他规范影响，诗人在写作中必须力求紧凑，甚至不惜为此打破语法；因此，与散文相比，诗歌中的歧义更多。虽然在一般语言功能来看这是一种"缺点"，因为它会导致意义上的晦涩和交流上的混乱，但在艺术表现上这却是一个优点和长处，因为它能够丰富作品的意义，在读者心中产生众多的联想。刘若愚此处对汉语和英语的比较，便是基于同样的逻辑和认识，即由于汉语的特点令其更容易产生歧义，因此它更接近诗歌，相比之下，英语则更接近散文。

汉字的上述诗意特征及其优点又在语法的层次上得到进一步的强调和发挥。由于汉语是一种孤立语言（isolating language），没有词形变化、关系代词、冠词等语法机制，在不少人看来，汉语似乎没有语法。意味深长的是，在欧洲语言当中，英语也是相对来说语法松散的语种。为此，英语也曾受到人们的非议，被认为"它缺少语法"。英国诗人、批评家西德尼（Philip Sidney，1554—1586）曾在其著名的《诗辩》中为英语辩护；他说：

的确，它【英语】有那个赞誉，它并不缺少语法，因为虽然它具有【语法】，但是它不并一定需要它；它【英语】很自如，没有词格、性别、语态和时态等那些累赘。②

在西德尼看来，对英语的这种指责实际上是一个"赞誉"（praise），因为语法中的种种限制对诗歌创作来说只是"累赘"（cumbersome）；正由于摆脱了它们，英语要比其他欧洲语言，如法语、意大利语等，更加"自如"（easy of itself）。刘若愚指出，西德尼的上述文字用来形容汉语更加准确，因为英语毕竟没有完全摆脱他所提到的那些语法限制。只有汉语，因为是一种"彻底的非屈折型语言"（a completely uninflected language），才真正具

---

① 安普生著有《歧义的七种类型》（Seven Types of Ambiguity）一书，专门讨论诗歌中的歧义现象。刘若愚曾在北京大学听过安普生讲课，深受其诗歌批评的影响。

② Sidney, "An Apologie for Poetrie," 引自 Liu, The Art of Chinese Poetry, p.39. 原文："Nay, truly, it has that prayse, that it wanteth not grammar; for Grammar it might have, but it needs it not; be so easie of it selfe, and so voyd of those cumbersome differences of Cases, Genders, Moodes, and Tenses..."

有西德尼所说的自由。

例如,由于汉语中的名词没有单、复数之分,动词也不具备时态,使得诗人能够全神贯注地发掘和表现眼下审美经验的普遍和永恒意义,而这也恰恰符合亚里士多德在其《诗学》中对诗歌特点的描述。①为了说明这一点,刘若愚特别举出王维《鸟鸣涧》中的如下两行诗句:"月出惊山鸟,时鸣春涧中。"他认为,此处"山鸟"和"春涧"究竟是单数还是复数都无关紧要。②同样,这两行中的几个动词,如"出""惊"和"鸣"也都不受时态限制。所有这些都使得诗人

> 能够不是从具体时间的视角,而是从永恒的方面来表现目前的景色:我们【读者】所要做的,不是面对由某人在某时所看到的某一春夜景色,而是去感受"春夜特质"的精华。③

汉语,尤其是诗歌语言中的另一特点是常常省略句中的主语,这也进一步巩固和渲染了汉诗中的普遍与永恒倾向。刘若愚此处再以王维的一首绝句《鹿柴》为例:

> 空山不见人,但闻人语响。
> 反景入深林,复照青苔上。④

由于第一、二两行没有使用主语,使得读者"感受到自然的整体存在,其中的山、人语、日光、青苔等都是平等之物"。⑤刘若愚进一步指出:

---

① 亚里士多德曾在其《诗学》(*Poetics*)中说过,诗歌比历史更具有哲学及普遍意义,因为它表现未来将要发生的事情,而不是像历史那样,只是描述过去已经发生的事情。
② 这两行一旦翻译成英语,我们便必须对此做出选择说明,要么将其译成"mountain bird""spring valley",或是"mountain birds""spring valleys"。这样一来,读者的注意便会被引向其中的细节,诗中的意境也便因此而缩小。
③ Liu, *The Art of Chinese Poetry*, p.40. 原文:"Moreover, the absence of 'tense' in Chinese enables the poet to present the scene not from the point of view of any specific time but almost *sub specie aeternitatis*; we are not invited to watch a particular spring night scene viewed by a particular person at a certain point in time, but to feel the quintessence of 'spring-night-ness'."
④ 同上,pp.40—41. 原诗见赵殿成笺注《王右丞集笺注》(上海:上海古籍出版社,1961),第243页。
⑤ 同上,p.41. 引号中原文:"…he is made to feel the presence of Nature as a whole, in which the mountains, the human voices, the sunlight, the mosses, are all equals."

如此省略主语使得诗人能够避免把他本人的个性强加于景色之上，因为缺席的主语可以轻易地与任何人等同起来，既可以是读者，也可以是想象当中的某人。为此，中国诗歌常常具有一种非个人性与普遍性，相比之下西方诗人则显得自我中心和囿于世事。华兹华斯曾写过："<u>我曾像一朵云那样独自漫游</u>"(*I wandered lonely as a cloud*)，此处一位中国诗人可能只是说"如云漫游"(Wander as cloud)。前者记录一个囿于空间与时间的个人经历，而后者则呈现了一种具有普遍意义的存在状况。①

除了主语之外，汉诗在句法上也允许省略动词，令几个名词意象和短语并置，把时间凝聚在某一强烈的审美瞬间，造成一种静止的画境，颇似英国诗人济慈(John Keats, 1795—1821)在其《希腊古瓮颂》(*Ode on a Grecian Urn*)中所描写的那样。②不仅如此，由于汉诗很少使用介词、连接词，更使得这些意象之间的关系游离不定，有如中国画中的散点透视，可由读者从不同视角介入与欣赏。这方面最著名的例子当然是马致远的《天净沙》。刘若愚此处征引了此诗中的前三行：

枯藤老树昏鸦，小桥流水人家，古道西风瘦马。③

刘若愚还提到汉诗中其他导致句法松散的现象，如倒装句、诗行节奏变换、一词多义等。当然，这些都是诗歌文体的普遍特征，在英语诗歌中同样大量存在，即英语中所谓"诗歌特权"(poetic license)。刘氏对汉语语法对汉诗写作影响的概括性结论是：

---

① Liu, *The Art of Chinese Poetry*, p.41.原文："Such omissions of the subject allows [sic] the poet not to intrude his own personality upon the scene, for the missing subject can be readily identified with anyone, whether the reader or some imaginary person. Consequently, Chinese poetry often has an impersonal and universal quality, compared with which much Western poetry appears egocentric and earth-bound. Where Wordsworth wrote '*I wandered lonely as a cloud*', a Chinese poet would probably have written simply 'Wander as cloud'. The former records a personal experience bound in space and time; the latter presents a state of being with universal applications."

② 参见 *The Art of Chinese Poetry*, p.42.刘若愚此处没有对这一比较做任何说明，也没有具体指出济慈诗中哪一部分与王维上面这首诗相似。

③ Liu, *The Art of Chinese Poetry*, p.41.原诗见《词综》卷三十，文渊阁版四库全书。

总之,汉语语法是流动型的而不是建筑型的。在拉丁语这样高度屈折的语言中,文字是实凿的砖块,用来建造复杂的句子与段落大厦;汉语中的文字则是化学元素,它们可轻易形成新的复合体。一个汉字无法被规定成某一"词类""性别""词格"等,因为它是一个动态单位,在不断的流动中与其他单位相互作用。这使得中国诗人能够最大限度地简洁写作,并且通过舍弃所有那些偶然的附带和限制,获得一种非个人与普遍的特质。①

在介绍了中国诗歌的语言和形式特征之后,刘若愚还在第一部分的最后一节中对影响中国诗歌创作的一些文化因素做了简要评述。此处,刘氏所讨论的既包括一些最根本的哲学与文化概念,如"自然"(nature),"时间"(time),"历史"(history),也有一些重要的生活态度与方式,如"闲逸"(leisure),"爱情"(love),"酒趣"(Rapture with Wine)等。如上所述,《中国诗歌艺术》是一本介绍中国诗歌的普及读物,在此,刘若愚自然无法对上述这些议题展开深入的探讨,只能对它们泛泛而论(对上述各题刘氏只分别用了一至二页的篇幅)。当然,这也便意味着他难免会对这些复杂的问题做出片面和简化的评述,从而使那些对中国文化所知不多的西方读者对中国文化产生片面的了解甚至误解。例如,在介绍中国传统自然观时,刘若愚指出,在陶潜、王维等人诗中,自然具有一种"更深的意义"(deeper significance),只是这种更深的意义与华兹华斯自然诗中的意义不同。之所以如此,是因为在华兹华斯诗中,自然是其创造者,也就是上帝的"具体体现"(physical manifestation),而对中国诗人而言,自然是"依靠其自身而然之物",这也便是汉语"自然"的字面意义。为此,中国人"似乎满足于把

---

① Liu, *The Art of Chinese Poetry*, pp. 47—48. 原文:"To sum up: Chinese grammar is fluid, not architectural. Whereas in a highly inflected language such as Latin, words are solid bricks with which to build complicated edifices of periods and paragraphs, in Chinese they are chemical elements which form new compounds with great ease. A Chinese word cannot be pinned down to a 'part of speech', 'gender', 'case', etc., but it is a mobile unit which acts on, and reacts with, other units in a constant flux. This enables Chinese poets to write with the greatest possible conciseness, and at the same time achieve an impersonal and universal quality by dispensing with all accidental trappings."

自然看成一个事实,而不是去寻找某种'第一动力'(primum mobile)。"①必须指出,刘氏此处的说法似乎前后矛盾,因为倘若中国诗人满足于把自然看成一个"事实",那也便意味着它不具备什么"更深的意义"——所谓"更深",当然是针对其自身而言。然而,正如刘若愚所说的那样,在中国诗人眼中,自然同样具有一种超越其自身的"更深意义",只是它所指的并非是西方诗人所谓上帝或"第一动力",而是无所不在的"道"。不仅如此,中国诗歌及艺术中的自然,也并非刘若愚所说的客观"事实",而是"道"的体现,即所谓"山水以形媚道"。② 上述刘氏所引的王维那首绝句正说明了这一点:对诗人而言,诗中的景色并非仅仅是作为客观"事实"的"自然",而是对"道"或佛理的"具体体现"(physical manifestation)。在这一点上,王维与华兹华斯的诗歌可谓完全相同。

为了说明中国诗歌的特色,刘若愚经常将其与西方诗歌进行对比。但是,他对西方诗歌的描述同样具有简化与片面之嫌。例如,他谈到中国诗人常常通过自然的永恒来衬托人生的短暂。由于他们不相信来世,使得他们对此发出的感叹具有悲剧色彩。相比之下,西方诗歌中的悲剧常常产生于人类与自然之间的冲突,以及人类因无法克服其自然局限而感到的挫折与失败。③但是,上述古希腊悲剧概念并没有能够左右所有西方诗人对自然的态度;反之,不少西方诗人也常常在自然中寻求慰藉和解脱,刘若愚经常提到的华兹华斯便是此方面的著名实例。他的下面这首诗便足以说明这一点:

    A slumber did my spirit seal,
    沉睡曾封住我的精神,
    I had no human fears.

---

① Liu, *The Art of Chinese Poetry*, p.49.相关原文:"…Nature to Chinese poets is not a physical manifestation of its Creator, as it is to Wordsworth, but something that is what it is by virtue of itself. The Chinese term for 'nature' is tzu-jan [zi ran], or 'Self-thus', and the Chinese mind seems content to accept nature as a fact, without searching for a primum mobile."

② 此语出自南朝宗炳《画山水序》,载《中国美学史资料选编》(北京:中华书局,1980),上册第177页。晋代诗人孙绰在其《游天台山赋》的序中也曾说过类似的话:"太虚辽阔而无阂,运自然之妙有,融而为川渎,结而为山阜。"参见李善《文选》(上海:上海古籍出版社,1986),第二册第494—495页。

③ 参见 Liu, *The Art of Chinese Poetry*, p.50.

我没有人世的恐慌。
She seemed a thing that could not feel
她似乎无法感受到
The touch of earthly years.
尘世岁月的手掌。

No motion has she now, no force,
此刻她寂然不动,没有力量,
She neither hears nor sees.
既无视觉也听不到声响。
Rolled round earth's diurnal course,
与尘世日程一同运转,
With rocks, and stones, and trees.①
伴随着岩石、土块和树木。

  显然,这里没有人类与自然的对抗和冲突;反之,与自然的最终融合似乎为诗中之"我"提供了安慰与力量,使他能够面对和接受所爱之"她"的死亡。这种境界,已经很接近中国道家的自然观与生死观了。

  在对比中西文化时,刘若愚的综述还呈现出另一个自相矛盾的倾向,那就是他常常先是对某种现象做出总体描述与概括,然后又不得不提到一些与这一总体概括相龃龉的"例外"。譬如,在讨论"历史"在中国诗歌中的重要性时,他提到李白《越中览古》一诗:

越王勾践破吴归,义士还家尽锦衣。
宫女如花满春殿,只今惟有鹧鸪飞。②

  此诗体现了中国怀古诗中的一个常见主题,即人世功名和富贵荣华的虚荣与脆弱。刘若愚指出,这一主题在西方诗歌中也很常见,只是"西方诗

---

① 参见 The Longman Anthology of British Literature(New York: Longman, 1999), Volume Two, p.339.
② Liu, The Art of Chinese Poetry, p.52. 原诗见《全唐诗》(北京:中华书局,1960),第六册第1846页。

人会把人世功名的脆弱与上帝的永恒力量进行对比,并做出道德评判,但中国诗人一般只会感叹前者【即人世功名的脆弱】,并到此为止"。① 但是,他随后又提到"有些信仰不可知论的欧洲诗人则与中国诗人的态度非常接近。例如,雪莱的《奥兹曼迪阿斯大帝》(Ozymandias)便是一首当之无愧的'怀古诗'"。② 显然,刘氏此处所举之实例并非对其论点的说明,而是颠覆。导致这一现象的原因,乃是刘若愚一方面要为他的读者概括出中西诗歌的某些总体特征,但同时又意识到这种概括的片面与局限,因为中西诗歌传统都不是单一的整体,因此,任何对它们的总体描述与概括都只能是挂一漏万。另外,刘氏此处同样没有引用雪莱的这首诗,当然更谈不上将李白的《越中览古》与之进行比较分析,而只是顺便提及。这种随意性乃是《中国诗歌艺术》的一个主要缺陷。

还应该指出,此处刘若愚对中国怀古诗特征的总体概括也并不准确。如上所述,刘氏认为西方诗人常常用上帝力量的永恒来对比人世功名的脆弱,而中国诗人则仅仅满足于对这种脆弱的感叹。言外之意,便是与西方诗人相比,中国诗人没有把对人世功名利禄之虚荣与脆弱的感叹与一个更高的参照系统联系起来。但是,在中国传统中,同样存在着一个与脆弱人类形成鲜明对比的永恒实体,那便是宇宙和自然,而且中国诗人也常常用这一实体来反衬人类的昙花一现。杜甫那两行著名的诗句,"尔曹身与名俱灭,不废江河万古流"(《戏为六绝·其二》),便是此方面尽人皆知的实例。总之,这一节涉及的内容非常广泛,但由于刘若愚采用的论述方式漏洞层出,它也是《中国诗歌艺术》一书中的最薄弱部分。

在第二部分中,刘若愚采用一些为英语读者熟悉的文字和概念,对中国传统诗歌理论的一些基本观点做了简要的概述。他首先提到中国传统诗论,尤其是诗话的随意与零散特征。此外,由于中国历代论者很少解释或说明他们所使用的概念和术语,因此很难对它们进行系统的梳理,要用外语来做这样的尝试,更是难上加难。为了克服这一困难,刘若愚提出围

---

① Liu, *The Art of Chinese Poetry*, p.53. 引号中原文:"But where a Western poet might moralize about the frailty of human achievements in contrast to the eternal power of God, a Chinese poet is usually content to lament the former and leave it at that."

② 同上。引号中原文:"Some agnostic European poets, however, come very close to the Chinese attitude. Shelley's *Ozymandias*, for instance, would pass admirably for a 'poem recalling antiquity'." 雪莱此诗参见 *The Longman Anthology of British Literature*, Volume Two, p.659.

绕两个根本问题对中国诗歌理论展开讨论：

> 第一个问题是，诗歌是什么，或应该是什么；第二个问题是，应该如何写诗，或更具体来说，在写诗时，什么最为重要，是灵感，感情，还是技巧等其他因素。①

以上述两点为线索，刘若愚把中国传统诗论分成如下四种："教化观：诗歌作为道德训诫和社会讽喻"（The Didactic View：Poetry as Moral Instruction and Social Comment），"个人观：诗歌作为自我表现"（The Individualist View：Poetry as Self-Expression），"技巧观：诗歌作为文学演练"（The Technical View：Poetry as Literary Exercise），以及"直觉观：诗歌作为沉思"（The Intuitionist View：Poetry as Contemplation）。下面我们便对它们分别进行扼要概括。

谈起诗歌与教化，自然令人联想起儒家的政教诗说。这方面的经典论述是《论语》中孔子对《诗经》所做的几个评论，如"诗三百，一言以蔽之，思无邪"，"兴于诗，立于礼，成于乐"，以及所谓诗可以"兴、观、群、怨"等。这一观点在《诗大序》中得到了进一步的阐发：

> 故正得失，动天地，感鬼神，莫近于诗。先王以是经夫妇，成教化，厚人伦，美风俗。②

刘若愚把上述观点进一步划分成几个方面。第一，诗歌可以影响一个人的道德品行。第二，诗歌能够反映人们对国家的态度，具有社会讽谏功效。第三，无论在内容和风格上，诗歌都要雅正。在诗歌创作上，"教化观"主张模仿古人的作品，因为这是达到雅正的必由之路。

刘若愚把传统诗论中"作为自我表现"的"个人观"追溯到《尚书·尧典》中"诗言志"这一古老命题。在《诗大序》中，它又被与诗歌的教化功能

---

① Liu, *The Art of Chinese Poetry*, p.63. 原文："The first question is what poetry is, or should be; and the second, how one should write poetry, or, more specifically, what matters most in the writing of poetry, whether it is inspiration, or emotion, or technique, or anything else."

② Liu, *The Art of Chinese Poetry*, p.66. 原文见郭绍虞主编《中国历代文论选》（上海：上海古籍出版社，1979），第一册，第63页。

联系起来,形成了中国传统诗论的两大支柱:一方面诗歌是言志或"情动于中而形于言"的产物,另一方面它也具有"经夫妇,成孝敬,厚人伦,美教化,移风俗"的作用。后代论者常常偏执一方,如汉儒与宋代道学家便强调诗的教化作用,而明清时期的一些人,如金圣叹、袁枚等,则一味提倡诗的抒情特征。刘若愚尤其提到袁枚的"性灵"说:

  诗者,人之性情也。近取诸身而足矣。其言动心,其色夺目,其味适口,其音悦耳,便是佳诗。①

  持有"个人观"的人,对诗歌创作自然也有不同的看法。他们反对模仿古人,主张按照个人的感受来做诗。他们也反对过多用典,因为这样会阻碍诗人直抒胸臆。

  作诗要讲技巧,因此对技巧的关注也是传统诗论的一个重要组成部分,只是因为它所涉及的是诗歌之"用",而不是"体"。尽管如此,刘若愚同样把这种诗歌观念追溯到传统诗论中的经典与核心。孔子在称赞《诗经》兴观群怨的作用时,还提到它可教人"以鸟兽草木之名"。刘若愚认为,孔子的这句话可以被看作是诗歌技巧观的滥觞,因为其中隐含着如下观点,即"诗歌主要是书本知识和文字技能,也就是说,它是一种文学演练,其中技巧至为重要"。②需要补充的是,孔子还讲过,"言而无文,行之未远",同样是在强调技巧的重要,但是刘若愚没有提到这一点。

  技巧派也提倡模仿前人,但是这种模仿与教化派所讲的模仿非常不同。首先,这里的模仿侧重作诗的技巧,而不是作诗理念。再者,教化派所要模仿的是经典与秦汉以前的作品,而技巧派所要模仿的则是唐代诗人甚至更晚的佳作。这中间著名的论者,当是宋代的黄庭坚和清代的翁方纲。前者之"脱胎换骨"论,后者之"肌理"说,都是技巧派的杰出代表。

  最后,把诗歌看作"沉思"的所谓"直觉观",乃是指以宋代严羽为代表的诗歌观念。众所周知,严羽在其《沧浪诗话》中以禅喻诗,提出诗要"入

---

① Liu, *The Art of Chinese Poetry*, p.73.原文见《随园诗话》(北京:人民文学出版社,1982),下册第565页。

② Liu, *The Art of Chinese Poetry*, p.77.引号中原文:"...that poetry is mainly concerned with book-learning and sheer verbal ingenuity—in other words, a kind of literary exercise where technique reigns supreme."

神"。刘若愚认为,严氏所说的"入神",也便是英国浪漫主义诗人济慈曾经提到的"消极能力"(negative capability)。它要求诗人虚以待物,通过静默沉思达到审美经验中的物我同一。在中国诗歌传统中,虽然这一观念并非主流,却影响深远。清代王夫之的"情景交融",王世贞的"神韵",以及现代王国维的"境界"等重要概念,都可溯源到严羽的上述观念。

应该指出,刘若愚此处只是要把中国传统诗论中的主要内容介绍给西方读者,他所引用的,也基本上都是那些为人熟知的经典章节。对于中国读者来说,这一部分的意义,或许便是它用另外一种语言对传统诗论进行了新的划分与组合。

在第三部分,"走向综合"(Toward A Synthesis)中,刘若愚试图从比较诗学的视角对上述中国传统诗论中的主要观点进行整理与归纳。他认为,"教化观"和"个人观"的最大缺陷,便是本末倒置,把诗歌的内容看成诗歌本身,因而无视诗歌的艺术创造特质。倒是"技巧观"与"直觉观"给刘氏以最大的启发,因为虽然它们都各有偏颇,但合为一体则最能体现诗歌的根本特征,即它是通过语言对个人经验进行艺术表现。以此为基础,刘若愚提出了他从传统诗论中所综合出来的诗歌理念,即诗歌是对诗人所经历之世界与所使用之语言的"双重探索"(double exploration)。①诗人作诗,便是寻找最贴切的语言来最生动地体现自己在某种情境、事件中的感受。一首诗,无论其内容如何,只要能够令读者对其所使用的语言和所表现的世界刮目相看,有所领悟,便称得上是成功之作。刘若愚指出,这种诗歌理念能够帮助我们超越传统的内容与形式之分。一般都认为,作诗总是先有一个内容,然后再为其配上语言与诗歌形式。但是,在刘氏"双重探索"理论的视野下,诗中的"世界"和"语言"都不是现有之物,而是经过诗人不断"探索"后所创造出来的艺术作品。

此处,刘若愚对他用以划分和概括中国传统诗论的词汇做了说明。他指出,他本来可以用"古典主义"(classicists)"浪漫主义"(Romanticists)"形式主义"(Formalists)和"象征主义"(Symbolists)这些西方文学术语来说明中国传统诗论中的基本观点。他之所以没有这样做,乃是因为这些术语在西方文学中都有专门的指称与含义。例如,欧洲浪漫主义在强调自我表现上似乎与中国那些"个人主义"诗人的观点相似,但是前者在"政治和

---

① Liu, *The Art of Chinese Poetry*, p.97.

伦理上的理想主义"则是后者所没有的。为此,用"浪漫主义"来概括中国传统诗歌中的"个人观",势必会引起误解。①基于这一点,刘氏认为,虽然他采用的那些字眼看上去"特别"(ad hoc)和"笨拙"(awkward),却相对来说"更加安全"(safer)。②

接下来,刘若愚提出从如下几个方面对中国诗歌进行所谓"文字分析"(verbal analysis):"意象与象征"(Imagery and Symbolism)、"典故、引语和出处"(Allusions, Quotations, and Derivations),以及"对仗"(Antithesis)。意象与象征是诗歌的核心,刘氏在此方面的讨论也最为充分,因此将是我们评述的重点。

在中国诗歌传统中,与意象和象征相对应的术语是"比、兴"。但是,刘若愚此处并未提及比、兴,而是集中讨论意象与象征在汉诗中的构成和作用。他首先试图澄清围绕意象的一些混乱。一般来说,意象有两个含义:

> 一方面它是指某种文字表述方式,它能够在【读者】心中引发一个图像,或是唤起一种并不只局限于视觉的感觉。另一方面,【意象】这个字被用来指一种包括两种元素的表述方式,例如隐喻、明喻等。③

为了避免这一混乱,刘若愚提议把意象分成两种。第一种是"简单意象"(simple imagery),第二种是"复合意象"(compound imagery):

> 作为一种文字表述,简单意象引发一种感觉,或是在【读者】心中唤起一种图像,但并不涉及另外一个物体。复合意象包括两个物体的并列或比较,或是一个物体对另外一个物体的替代,或是把一种经验转换成另外一种。④

---

① Liu, *The Art of Chinese Poetry*, p.92.
② 同上。
③ 同上,p.101.原文:"On the one hand, 'image' is used to denote a verbal expression that evokes a mental picture or recalls a physical sensation, not necessarily visual. On the other hand, the word is used to mean an expression, such as metaphor, simile, etc., that involves two elements."
④ 同上,p.102.原文:"A simple image is a verbal expression that recalls a physical sensation or evokes a mental picture without involving another object; a compound image is one that involves a juxtaposition or a comparison of two objects, or a substitution of one object for another, or a translation of one kind of experience into another."

一　中西比较诗学的开拓之作：刘若愚的《中国诗歌艺术》

也就是说，简单意象仅是通过文字引发一个客观物象和对它的感觉，而复合意象则包括几种不同但又相互关联的感觉与知觉过程，它们分别是："并列"（juxtaposition）、"比较"（comparison），"替代"（substitution），还有"转换"（transference）。应该指出，刘氏此处对复合意象的说明已经与隐喻（metaphor）的特质没有什么区别，只是他认为使用隐喻这个词来讨论中国诗歌，会引起混乱，因而想避免使用它。① 至于象征，刘若愚认为它与复合意象的根本区别便在于"复合意象只需涉及感官经验，而象征则是用一个感官物体来代表一种精神经验或抽象概念"。② 当然，刘若愚也承认，象征与意象之间的上述区别并非泾渭分明，而是随时可能相互转换。

接下来的问题是，如何把简单意象、复合意象以及象征这些概念应用于对中国诗歌的文字分析。刘若愚先是对它们分别举例说明，然后提出它们实际上在诗歌文本中同时并存。此处他举的例子，是温庭筠那首《菩萨蛮：小山重叠金明灭》：

小山重叠金明灭，鬓云欲度香腮雪。
懒起画蛾眉，弄妆梳洗迟。

照花前后镜，花面交相映。
新帖绣罗襦，双双金鹧鸪。③

下面便是刘若愚对这首词的解析：

对那些不熟悉此类中国诗词的读者来说，这一首词看上去可能只是一个漂亮女郎的漂亮画面。实际上不止如此。第一行中的山指画在或刻在床边屏风上的景色，这类屏风一般都有几层，并且交错排列。因此，这些山是"重叠"的，不仅因为它们是画成

---

① 隐喻将成为20世纪七八十年代中西比较诗学的热门话题。详见本书中的其他章节。
② Liu, *The Art of Chinese Poetry*, pp.103—104. 原文："In short, a compound image need not involve more than physical experience, while a symbol is a physical object representing a spiritual experience or an abstract idea."
③ 同上，p.110. 原诗见《花间集》卷一，文渊阁版四库全书。

这样,还因为它们在重叠的屏风之上:由于一半屏风向光,另外一半在阴影当中,它们造成一种明暗对比,并使得这些山"明灭"交错。"金"字可能指阳光,也可能指装饰屏风的金属,或是二者兼指。无论我们把它看成是描写金属装饰的简单意象,还是把阳光比作金色的复合意象,它都与山一起生动地描绘了一个富贵、高雅、闲适的闺房景色。不仅如此,第一行中的自然意象轻易地引出了下一行中的复合意象:云鬓和腮雪。通过这两行中的自然意象,诗人已经不知不觉地把现实世界与想象世界融合起来:屏风上的小山、阳光,想象中的云和雪,它们相互汇合,形成了一个自成一体的单纯世界。词的下阕使用了一些并列意象。花是要对应女郎,而罗襦上成双成对的金鹧鸪则形成一种对照。女郎正在看前面的镜子,用手拿着另一面镜子在头后,同时往头发上插花。花的纤巧和美丽令她若有所思,令她想起其自身美丽与青春的脆弱,与此同时,罗襦上成双成对的快乐禽鸟与她那孤独的境遇构成讽刺性的对照。总体来说,这首词不仅描绘了一位漂亮女郎,而且还表现了一位年轻女郎对初爱的朦胧觉醒。①

---

① Liu, *The Art of Chinese Poetry*, pp. 110—111. 原文:To anyone unfamiliar with this kind of Chinese poetry, this poem may seem just a pretty picture of a pretty girl. It is in fact more than that. In the first line, the hills refer to the scenery painted or carved on a bedside screen consisting of several panels and usually arranged in a zigzag fashion. Hence, the hills are "manifold" not only because they are painted so but also because they are on a manifold screen; and since half of the panels face the light and the other half are in the shade, they create a chiaroscuro effect and make the hills look alternately "golden" and "dark". The word "golden" could refer to the sunshine, or to the gold decorating the screen, or to both. In any case, whether we take it as a simple image describing the golden decoration or a compound image comparing the sunshine to gold, together with the hills it gives a leisured milieu. Moreover, the image of Nature in the first line leads easily to the compound images in the next line: the *cloud* of her hair and the *snow* of her cheeks. By using images drawn from Nature in both lines, the poet has imperceptibly blended the actual world with the imaginary: the hills on the screen, the sunshine, the imagined cloud and snow, all merge into one another to form a homogenous world of its own. In the second stanza, images of juxtaposition are used. The flower is intended as an analogy to the girl, while the embroidered pairs of golden partridges call attention to a contrast. The girl is looking into a mirror in front, while holding another mirror behind her head, as she tries to put a flower on her hair. The delicate beauty of the flower gives her a wistful feeling and reminds her of the fragile nature of her own beauty and youth, while the happy pairs of birds embroidered on her jacket form an ironic contrast to her solitary state. The whole poem is seen to be not merely a portrait of a pretty girl but an expression of a young girl's half-understood, first awakening to love.

这真可称是细致入微的"文字分析"(verbal analysis)。它也说明,刘若愚所提出的简单意象与复合意象之分,不仅有助于我们理解诗歌中的意象结构,而且在诗歌批评与鉴赏中也是行之有效的概念与范畴。刘氏此处没有提到象征,但是不难看到,他最后对这首词总体意义的解读已经是在象征或隐喻的层次上了。

刘若愚还把简单与复合意象的观念应用于解释与说明中国诗歌的历史演变。他认为,在唐代以前的诗歌中,所用的意象以简单意象居多;即使涉及复合意象,也只是采用并列的方法,很少出现在比较、替代和转化的范围。此外,在早期诗歌中,对意象的使用大多很随意和简单,不像唐代以后的诗人那样对此煞费苦心。让我们看一下他为说明这一差别所举的两个例子。第一个出自魏晋之交诗人阮籍笔下:

> 夜中不能寐,起坐弹鸣琴。
> 薄帷鉴明月,清风吹我襟。
> 孤鸿号外野,翔鸟鸣北林。
> 徘徊将何见,忧思独伤心。①
> ——《咏怀诗·其一》

虽然不少后代论者试图把阮籍的《咏怀诗》与当时的历史附会起来,认为其中充满了对时局的针砭,并因此赋予诗中意象以曲折的象征意义,如以"孤鸿"为自况,以"翔鸟"喻司马氏等小人,刘若愚则认为此诗中的意象既"自然"(natural)又"简单"(simple),基本都在描写层次上运作。纵使"孤鸿"是在比附诗人,他们之间的关系也很自然,因为他们都同时处在一个彼此呼应的语境当中,而不是由诗人经过特殊努力把他们牵连在一起。

但是,在晚唐诗人贾岛的如下诗中,情形却非常不同了:

> 一日不作诗,心源如废井。
> 笔砚为辘轳,吟咏作縻绠。
> 朝来重汲引,依旧得清冷。

---

① Liu, *The Art of Chinese Poetry*, p.115. 原诗见逯钦立编《先秦汉魏晋南北朝诗》(北京:中华书局,1983),第一册,第 496 页。

书赠同怀人,词中多苦辛。①
——《戏赠友人》

贾岛在此诗中把作诗比作从井中汲水,但是,这两个意象既不同时出现于一个共同的语境,二者之间也没有历史或文类的关联。此处,它们之所以被用来相互比附,完全凭借诗人的独特想象。不仅如此,贾岛还把这一复合意象进一步展开,令其统领全诗,更加突出了其人为复杂的特征,颇令人想起英国玄学派诗人所惯用的"曲喻"(conceit),把那些彼此并不相关的事物依靠诗人的想象与才智强行牵合在一起,以达到耸人视听的目的。

从阮籍的《咏怀诗》到贾岛的《戏赠友人》,我们的确可以看到诗人所用的意象在结构与运作方式上都非常不同。因此,透过意象的简单与复合之分来分析中国诗歌的发展和演变,不失为一个新颖有效的观点和策略。

前面已经提到,象征与意象的区别在于象征总是指向一个抽象的经验与概念。在中国传统诗论中,"意象"并不陌生。《文心雕龙·神思》篇便说过,"玄解之宰,寻声律而定墨;独照之匠,窥意象而运斤"。此处所谓"意象",便是意中之象之意,与西文 image 和 imagery 文意相同。而"象征"(symbol,symbolism)则完全是西方文学的词汇与概念了。在西方诗歌中,象征主义更是一个重要的流派,自有其自身的特点与传统。因此,在使用"象征"这一术语来讨论中国诗歌时,自然会把象征主义诗歌的一些期待与规范带入对汉诗的认识当中。刘若愚似乎并不为此而有所顾虑。他显然认为象征主义是一种跨文化的现象,同样存在于中西诗歌当中,并且常常与复合意象相互汇合,难以区分。象征一般分为两类。一类是传统公共象征;它已经具有约定俗成的规范意义,如在西方玫瑰象征爱情,在中国松柏象征正直。另一类是个人象征;它被诗人用来体现他的个性与追求,尚未成为公共规范之一部分。个人象征既可是诗人有意为之,也可能形成于审美经验中的意会之际。

对于诗歌而言,具有表现功能与作用的当然是个人象征。刘若愚指出,在中国诗歌传统中,最早使用象征的是屈原,他的《离骚》中便充满了各种道德象征,如人们所熟知的美人香草等。后代论者试图为这些象征确

---

① Liu, *The Art of Chinese Poetry*。原诗见《全唐诗》第 17 册,第 6626 页。

定具体的所指对象,如美人指楚怀王或国君,香草指诗人或贤臣,等等。这样的做法,乃是把象征简化成寓言,结果是扼杀了象征诗歌的生命力。在优秀的象征诗歌中,其所指对象常常若隐若现,不可固定与规范,例如杜甫《画鹰》一诗:

> 素练风霜起,苍鹰画作殊。
> 㧑身思狡兔,侧目似愁胡。
> 绦镟光堪摘,轩楹势可呼。
> 何当击凡鸟,毛血洒平芜。①

刘若愚认为,鉴于尾联中所表现出的力度,我们很难把这首诗仅仅视为对一只苍鹰或画中苍鹰的描绘。言外之意,便是《画鹰》是一首具有象外之意的象征诗篇。但是,他同时又指出,我们也无须像某些中国论者那样,把"苍鹰"看成杜甫的象征,或是把"凡鸟"理解为小人的隐喻。杜甫在写作这首诗时或许的确如其标题所提示的那样,只是要用文字去描绘一幅苍鹰的图画。但在写作当中,画中苍鹰这一意象激发了他的想象力,最终在他笔下"成为一个英雄气概和凶暴美丽的象征"。②这也便是它之所以打动我们,令我们浮想联翩的缘由。

如何把一个象征,尤其是已经进入公共领域的象征保留在个人范围内,并令其在特定语境中继续发挥抒情言志的作用,关系到在诗歌中如何推陈出新这一重要问题。这在中国传统中尤其重要,因为与西方相比,中国语言和文化都更加强调保守与因袭。刘若愚用了不少篇幅来探讨这一问题。下面让我们关注一下他对"菊"这一古诗中常见象征意象所做的评论。首先使用这一意象的,当然是屈原的《离骚》:

> 朝饮木兰之坠露兮,夕餐秋菊之落英。③

刘若愚认为,此处的"秋菊"似乎象征道德纯洁与节操高尚。他没有

---

① Liu, *The Art of Chinese Poetry*, p.126. 原诗见《全唐诗》第7册,第2394页。
② 同上,p.126. 引号中原文:"...became a symbol of heroic strength and violent beauty."
③ 同上,p.128. 原诗见洪兴祖《楚辞补注》(北京:中华书局,1983),第12页。

对此进行说明,但这可由《离骚》全诗的主题佐证,而且随后两行更是为这种解读提供了具体的语境:"苟余情其信姱以练要兮,长顑颔亦何伤"。他还指出,上文中的秋菊也可能与长生有关,因为在此之前诗人曾提到他对岁月流逝的忧虑,即"老冉冉其将至兮,恐修名之不立"。总之,菊这一意象在这里显然不仅具有具体的描写功能,而且还具有抽象的象征意义。

汉武帝在其《秋风辞》中也使用了菊的意象:

兰有秀兮菊有芳,怀佳人兮不能忘。①

这两行采用的是楚辞的形式和格律,其中"菊"的意象,自然令人想起《离骚》中的那两行。但是,刘若愚认为,《秋风辞》中的"菊"与道德节操无关,而是象征诗中"佳人"的美丽。它或许也与长生有关,因为此诗最后一行为"少壮几时兮奈老何"。

在中国诗歌中,与菊联系最多、最紧密的当然是陶渊明。"采菊东篱下,悠然见南山"这两行诗几乎已经是家喻户晓。陶渊明继承了楚辞的传统,但又有所创新和发展。在他的笔下,菊不仅代表道德节操,而且还是归隐的象征,即周敦颐所说"花之隐逸者也"。如《饮酒·其七》中的如下几行:

秋菊有佳色,裛露掇其英。
泛此忘忧物,远我遗世情。②

从屈原到陶渊明,菊的象征意义基本已经确定。后代诗人大多只能按照他们的轨迹进行创作,如王安石的《黄菊有至性》一诗:

团团城上日,秋至少光辉。
积阴欲滔天,况乃草木微。
黄菊有至性,孤芳犯群威。

---

① Liu, *The Art of Chinese Poetry*, p 129. 原诗见《先秦汉魏晋南北朝诗》上册,第 94 页。
② 同上,p.129. 原诗见《先秦汉魏晋南北朝诗》,中册,第 998 页。

采采霜露间,亦足慰朝饥。①

此处,王安石显然是模拟屈原,把"黄菊"作为道德节操的象征。尾联"采采霜露间,亦足慰朝饥"也无非是对《离骚》中"苟余情其信姱以练要兮,长顑颔亦何伤"两行的改写,只是相比之下王诗中这两行仍然是所描写景物的一部分,仍然具有描写功能,而《离骚》那两行则从景色中脱离,在抽象的层次上运作。刘若愚说王安石这首诗"恢复了【菊花】最初所具有的道德节操与力量"。②虽然如此,我们也只能将其视为一首因袭之作。

倒是在女诗人李清照的笔下,菊花这一意象被赋予了新的象征意义。下面便是两个例子:

满地黄花堆积,憔悴损,如今有谁堪摘。
——《声声慢》
帘卷西风,人比黄花瘦。③
——《醉花阴》

在这里,我们已经看不到菊花的传统象征意义,因为它只是憔悴、衰老诗人的自我写照,象征一位敏感、脆弱的女性对其本人青春美丽不再的感叹。意味深长的是,虽然写的是菊花,李清照却回避使用"菊"字,似乎有意与屈原、陶渊明这些男性诗人划清界限,分庭抗礼。如今,提起"黄花",人们便会想起上述李清照的这几首词,以及它们所描绘的萧索意境,这足以证明她对"菊"这一传统象征的成功改造。④

上述这些实例表明,即使是那些具有传统规范意义的公共象征,诗人仍然可以通过个人努力为其建立特殊语境,借此对其进行改造,并为其注入新的生命和意义。

在"跋语"(Epilogue)中,刘若愚又对中国诗歌的总体特征做了几点归纳。他提醒西方读者,虽然他在书中所提到的那些古诗创作于数百年前,

---

① Liu, *The Art of Chinese Poetry*. 原诗见《王荆公诗注》卷十一,文渊阁版四库全书。
② 同上,p.129. 引号中原文:"… its original significance of moral integrity and strength is restored."
③ 同上,pp.129—130. 原诗见《漱玉词》,文渊阁版四库全书。
④ 此乃本书作者的意见,刘若愚没有提到这一点。

但是对于中国读者来说,它们仍然具有一种"现代性"(contemporaneity),并且能够被他们所理解和欣赏。之所以如此,是因为两千年以来汉字几乎没有什么变化,而不是像欧洲语言那样,在几百年间便已面目全非。为此,英语读者切不可因为年代久远,就认为《诗经》像《贝尔武夫》(Beowulf)这部创作于 7 世纪的史诗那样不可卒读。这也就意味着,在阅读中国古典诗歌时,西方读者要"重新调整他们的历史视角"。① 的确,与英语和其他欧洲语言相比,汉语与汉诗的稳定与连续性堪称绝无仅有,它们与我们的距离也要比任何欧洲语言和诗歌都近得多,虽然它们的历史要更为悠久。

刘若愚接着提到,中国诗歌长于抒情反省,多是一些短篇,却不擅长叙事与戏剧表现,因此很少有长达数百行的叙事诗和戏剧诗。因此,中国诗歌缺少西方诗歌中两个主要类型,即史诗与悲剧。刘若愚对造成这种现象的原因提出了一些意见,我们不妨对此稍加关注。

在世界文学,尤其是西方文学中,史诗是一种最普遍、最古老的文类。它是一个民族早期历史与文化传统的来源和记录。而在中国这个文化悠久的国度,竟没有出现一部史诗。长期以来,这一现象一直困惑着从事中西比较文学研究的学者。当然,从当今学术思潮来看,这一困惑正说明了以往中国学者对西方中心主义的屈服,因为他们是从西方文学的视角来观察与评价中国诗歌。倘若他们从中国传统出发,这一"缺陷"当然也便不复存在。虽然如此,中国没有造就出像荷马史诗和《贝尔武夫》这样的作品,乃是客观事实。固然,在今天的多元文化语境中,我们已经不必因此而感到若有所失。但是,探讨其中的原因,却可以帮助我们更加全面深刻地认识自己的文化传统。这也正是比较诗学的意义和价值。

刘若愚认为,造成史诗②没有在中国产生的原因有如下几种。首先,汉语本身便不适于创作鸿篇巨制,因为它采用单音节文字或双音节词组,并且音调顿挫,不像英语等欧洲语言那样多使用多音节字,更适于连续吟咏。另外,汉语中同音字很多,也不利于写作长篇诗歌,因为所需要的韵语不用多久便已用光。再者,中国的人生观与思维感受方式也不利于产生史诗和悲剧。中国人重实际,轻教条。他们敏于感受,遇事应对,并不想把预先构成的概念强加给眼下的经验。这种生活态度可追溯到中国古代思想,

---

① Liu, *The Art of Chinese Poetry*, p.152;引号中原文:"...readjust their historical perspective."
② 限于本书的范围,此处我们只讨论史诗。

因为儒、道以及后来的释家都倡导一种随遇而安的生活态度与方式,而不是像西方哲学家那样,试图从生活经验中建构出一个体系,并以此去观照和体验生活。具体到诗歌创作,中国诗人也是即兴感遇,捕捉片段,而不是像西方诗人那样,按照一个预先构建的体系和组织来进行创作。这一点,只要比较一下杜甫和但丁(Dante,1265—1321)或弥尔顿(John Milton,1608—1674),便昭然若揭。此外,中国诗人总是力求在诗中表现审美经验的核心与精华,捕捉一时的意境和精神,却忽略细节,这当然也不利于长篇制作。

刘氏的上述观点当然带有很大的推测性质。汉语的特点自然与汉诗的审美风格息息相关,但是它是否决定了汉诗的篇幅,自是不得而知。意识形态与生活态度是否与某种文学现象,尤其是某种文学形式之间存在着直接的因果关系,至今也无定论。此处,我只想提出一个建议:倘若我们从比较诗学的角度来探讨这一现象,或许能够取得一个更加令人满意的答案。

众所周知,史诗是记录某一民族早期历史与文化的长篇叙事诗。在西方,它与诗歌同源,因为它采用的是诗歌的形式。但是,在中国,诗歌的性质与功能是"言志",而叙事的功能则由"书"或散文承担起来。早在先秦时期,便有了对"诗"和"书"这两种文体的不同定义与分工:

《诗》以道志,《书》以道事,《礼》以道行,《乐》以道和,《易》以道阴阳,《春秋》以道名分。
——庄子《天下》

圣人也者,道之管也,天下之道管是矣。百王之道一是矣,故诗书礼乐之归是矣。《诗》言是其志也,《书》言是其事也,《礼》言是其行也,《乐》言是其和也,《春秋》言是其微也。
——荀子《儒效》

也就是说,六经各司其职。如果我们把六经视为六种不同的"文类"(genres),那么《诗经》的职能便是"言志",而《尚书》则承担起了记事和叙述的任务。所谓"志",当然是指诗人的意念与感受,而"事"则是指历史事件。把"志"与"事"如此清楚地分开,并令它们分属两种不同的文体,无疑会影响到人们对"诗""书"的认识与实践。中国诗歌从一开始便注重内心表现,忽略外部描写,其根本原因,恐怕便在于它所具有的这种"抒情诗"(lyric)特征,以及由此产生的要与记事与叙述分开的要求和愿望。一首诗的核心,往往是诗人对某种外部环境和事件的内心感受,而不是引起这种感受的外部环境和事件。这样一来,当然也就产生不了像史诗那样注重描写和叙事的鸿篇巨制。同样,在西方文学中,抒情诗也基本上是短篇,其原因,也正在此。

  由此看来,在中国传统中,并不是没有像《伊利亚特》《奥德赛》和《贝尔武夫》那样的史诗,只是它是以《尚书》这样不同的文体形式而出现的。除了《尚书》以外,先秦时期的其他散文记事著作,如《左传》《国语》等,皆可做如是观。不仅如此,中国式的史诗经由《史记》的进一步发扬,始终是中国文学的一个重要组成部分。当然,与西方的史诗相比,上述这些文本自有它们独特的地方。例如,在叙述相关的事件时,它们相对来说更加注重历史事实,不大强调想象与虚构。① 但是,可以说,西方的史诗和中国的"书""传"都在各自文化中担负了相同的使命。因此,比较中西史诗时,我们需要首先确定相应的文类,从"书",而不是"诗"中来发掘与 epic 或"史诗"相对应的文本及其相关现象。这不仅仅是比较诗学研究的先决条件,同时也令"为何唯独中国没有史诗"成为无的放矢的问题。

---

 ① 必须指出,《尚书》和其他史书中所记之事多少也经过了艺术制造与夸张。孟子所谓"尽信《书》,则不如无《书》"便是此方面的最好例证。

二 文本细读：高有功、梅祖麟的唐诗研究

20世纪70年代，高有功、梅祖麟两位华裔教授在《哈佛亚洲研究学刊》(Harvard Journal of Asiatic Studies)上发表了两篇研究唐诗的长文，即《唐诗中的句法、字汇和意象》("Syntax, Diction, and Imagery in T'ang Poetry", 1971)和《唐诗中的意义、隐喻和典故》("Meaning, Metaphor, and Allusion in T'ang Poetry", 1978)。顾名思义，这两篇文章所关注的，乃是唐诗的语言、修辞等所谓文学"形式"上的问题。在20世纪70年代，新批评(New Criticism)和结构主义(Structuralism)这两种形式主义批评已经呈现出式微的迹象，正在逐渐为新兴的后结构主义(Post Structuralism)和后现代主义(Post Modernism)所取代。相比之下，后结构主义、后现代主义更加注重文学的政治、文化以及历史语境，虽然它们都在不同程度上继承了新批评和结构主义的文本分析的策略和方法。高、梅两位学者则似乎并未受到当时这种学术潮流的影响，因为他们所从事的，仍是狭义的文学"形式研究"(formal studies)，几乎没有触及政治、历史和文化方面的议题，而且他们的目的，便是要"说明文字和句子如何在一首诗的有机统一中运作"。①的确，他们所自我标榜的，正是新批评的宗旨与方法，这在下面的引文中清楚可见：

> 过去的语文学批评可定义为社会语境、历史背景和文学出处，所有这些都在诗歌本身之外，因而是"离心"的。新批评之所

---

① Yu-kung Kao and Tsu-lin Mei, "Syntax, Diction, and Imagery in T'ang Poetry", *Harvard Journal of Asiatic Studies*, Vol.31(1971), p.52. 原文："to show how the words and sentences function together in an organic unity of an individual poem."

以新,便在于它坚定地避开外在的倾向。根据安普生、弗莱等人,文学批评所关注的,应当是文字之间的向心关系。①

安普生(William Empson)、弗莱(Northrop Fry)均是新批评和结构主义文学批评的领衔人物,分别著有《歧义的七种类型》(*Seven Types of Ambiguity*)和《批评的解剖》(*Anatomy of Criticism*)等影响深远的著作。按照目前西方学术界的理念和标准,高、梅在上文中所提到的文学研究中"离心"与"向心"之分未免简单武断,把一首诗视为"有机统一"也未免天真幼稚,并且仅仅关注"文字之间的向心关系"业已成为陈旧的理论与实践。但是,正如文本批评乃是文学研究的基础,对文学语言、修辞的关注仍然是任何文学研究的起点,而且在所谓文化研究(Cultural Studies)成泛滥之势的今天,它更具有拨乱反正的重要意义。下面我们将会看到,高、梅两位学者利用西方语言学与修辞学的概念和方法来剖析唐诗,令我们对其美学与形式特征刮目相看,不愧为中西比较诗学研究的成功范例。

高、梅的唐诗研究主要集中在近体格律诗。与传统的诗律学不同,他们并不是要勾勒近体诗的格律与规则,而是要探讨究竟是哪些语言现象和手法形成了唐诗乃至整个中国传统诗歌的基本风格。在《唐诗中的句法、字汇和意象》一文中,他们开宗明义地指出,在本文中他们所要研究的对象,乃是"近体诗的艺术材料,即文字和句子"。②具体到标题中的句法、字汇和意象,他们并不是要把它们分开讨论,而是要说明不同的句法和字汇如何造就了不同的意象。用他们本人的话,他们所要探讨的,是如下这些问题:

> 在一首诗中的哪些部分某类诗行通常出现?那类诗行的作用为何,是造就彼此孤立的意象,还是将它们联合起来?它们造就什么样的意象,是静止的,还是动态的?句法和字汇如何影响

---

① Kao and Mei, "Syntax, Diction, and Imagery in T'ang Poetry", p.91.原文: "The domain of philological criticism of the past may be defined as social context, historical back-ground, and literary sources-all of which, lying outside the poem itself, come under the term 'centrifugal.' What is new in New Criticism is the decisive turn of the critic's attention away from the out-ward direction. The proper concern of literary criticism, according to Empson, Frye, and many others, is the centripetal relations among words."

② 同上,p.52.引号中的原文: "…the artistic material of Recent Style poetry, namely, words and sentences."

到一行中意象的在场或缺席？它们如何造就不同种类的意象？①

根据三位西方批评家的见解，高、梅把诗歌中的句法分成三大类。第一类是"孤立句法"(isolating syntax)，其倡导者是霍尔姆(T.E.Hulme)。霍尔姆认为，散文中句法严格，它将读者按照抽象的逻辑程序快速由起点带到终点，使读者无暇注目途中的景物，有如乘坐火车。诗歌则不同，它如同徜徉漫步，要人驻足注目，欣赏途中的景物。②诗歌之所以能够做到这一点，便是因为它可以通过行使其"特权"(poetic license)，减少、避免甚至打乱通常的句法。由此，霍尔姆得出了如下结论，即句法乃是"非诗意的"(unpoetic)。英美意象派诗歌便试图减少甚至排除句法的作用，如庞德那首著名的《在地铁站》(In a Station of the Metro)：

The apparition of these faces in the crowd;
人群中这些面庞的幻影；
Petals on a wet, black bough。
湿、黑树干上的花瓣。

由于剔除了两行之间的系动词，此诗所剩下的只是两个名词短语，句法的作用因此大为减少。唐诗中类似的例子当然很多。高、梅提到了张继《枫桥夜泊》中的前两行："月落乌啼霜满天，江枫渔火对愁眠。"他们尤其指出，"江枫""渔火"与"Petals on a wet, black bough"(湿、黑树干上的花瓣)相似，都是"两个名词各自完全孤立，每个都传达出具体的视觉印象"。③必须指出的是，相比之下庞德这首英诗的句法成分要比汉诗更加突出。"江枫""渔火"才是"各自完全孤立"，而"Petals"(花瓣)与"湿、黑树干"(a wet, black bough)之间已经被介词"on"(在……之上)定义成为从

---

① Kao and Mei, "Syntax, Diction, and Imagery in T'ang Poetry"。原文："In which part of a poem do lines of a certain type usually occur? What is the function of that type of line, to make isolated images or to unify them? What kind of image does it make, static or dynamic? How do syntax and diction affect the presence or absence of imagery in a line? How do they make different kinds of images?"

② Hulme, *Speculations*, 引自 Kao and Mei, pp.52—53.

③ Kao and Mei, "Syntax, Diction, and Imagery in T'ang Poetry", p.54. 原文："two nouns standing in complete isolation, each of which conveys a concrete visual impression."

属关系。当然,造成这一现象的原因,乃是汉、英两种语言之间的差异;对于这一点,高、梅在下文中另有论述。

有关句法的第二种理论,"作为行动的句法"(syntax as action),来自费诺罗萨(Ernest Fenollosa)。他认为英、汉两种语言中的最基本句法形式,即 agent(主体)+act(行为)+object(客体)(如"farmer pound rice","农夫打麦"),最能体现"自然中行为的普遍形式。它令语言接近事物;通过着力依靠动词,它把所有言语都建立成为一种戏剧性诗歌"。①高、梅指出,费诺罗萨对句法的认识显然与霍尔姆相反,因为他强调句法,至少是上述这种基本句法在诗歌中的作用。这两种观点应用在诗歌当中,便会产生两种不同的现象,即后者会产生静止的物体意象,而前者则更能反映自然过程中的行动和力量。在诗歌当中,二者都不可或缺。

美学家苏珊·朗格(Susan Langer)也重视句法在诗歌中的作用,但她将其比作音乐中的"节奏";作为一种"手法"(artifice),它具有"统一和包容一切"(unifying all-embracing)的作用。②在其《形式与情感》(*Form and Feeling*)一书中,朗格更是指出,音乐中的音符总是在彼此之间的相互关联中运作,倘若没有这种关联,便一无所有。③高、梅把这种句法理论概括为"统一句法"(unifying syntax),它与第一种"孤立句法"的区别同样显而易见。

高、梅提出上述三种句法理论,旨在为他们对唐代诗歌的探讨做出铺垫。他们认为,这些对句法的不同认识与描绘在唐代近体诗中皆可得到说明,只是它们分别出现于一首诗中的不同部分,因而发挥的作用也不尽相同。例如杜甫《江汉》一诗:

> 江汉思归客,乾坤一腐儒。
> 片云天共远,永夜月同孤。
> 落日心犹壮,秋风病欲苏。

---

① Fenollosa,"The Chinese Written Character as a Medium for Poetry",引自 Kao and Mei,p.54.原文:"The form of the Chinese transitive sentence, and of the English (omitting particles), exactly corresponds to this universal form of action in nature. This brings language close to things, and its strong reliance upon verbs it erects all speech into a kind of dramatic poetry."

② Langer,*Philosophy in a New Key*,引自 Kao and Mei,p.57.

③ 引自 Kao and Mei,p.57.

二 文本细读:高有功、梅祖麟的唐诗研究

古来存老马,不必取长途。

首联中的两行分别由两个名词组并列构成,几乎没有什么句法成分,逻辑关联最弱。颔联和颈联都使用了动词谓语,因而具备了句法形式,但相比之下颔联由于采用了倒装句法(它们的正常语序应为"片云共天远,永夜同月孤"),句法的功能和语流受到了阻碍。到了尾联,句法的功能彻底发挥出来,因它采用了跨行(enjambment),从而使这两行一起构成了一个完整的句子:"古来存老马"是主语,"不必取长途"是谓语;在语流与节奏上,这一联也最为通畅。这种由支离散漫到组织连贯的过渡过程,正体现了句法"统一和包容一切"的功用。

应该指出的是,中国学者一向用起、承、转、合来描述律诗中四联的分工。把尾联的作用描述成"合",已经是在强调其"统一和包容一切"的功能与特点。但是,这种描述并没有说明各联的语言特征。高、梅则由上述观察,得出了如下结论,即"随着此诗的展开,意象的效果减少,与之相应,陈说的力度有所增加"。①他们进而提出用"意象轴"(imagistic pole)和"陈说轴"(propositional pole)来区分唐代近体诗语言的基本特征。某一诗行的句法越弱,其意象效果便越强,陈说功能也便越弱,因而属于意象轴;反之,其句法越强,陈说功能也便越强,意象效果也便越弱,因而属于陈说轴。在语流和节奏上,意象轴的诗行一般比较破碎支离,陈说轴的诗行则相对连续流畅。上述《江汉》这首诗便可说明这一点。首联几乎没有句法,使得诗中的各个意象自成一体,呼之欲出。颔联和颈联由于采用了基本的句法,将其中的各个意象串联起来,使得它们的意象效果有所减弱,尤其是颈联,已经不完全是描写景物,而且由于使用了"犹""欲"这样的副词,出现了某些陈说的成分。到了尾联,句法更是起到了核心作用,将两行组织成一个完整的句子,读起来一气呵成;与此相应,这一联的意象效果也基本消失,为陈说力度所取代。尤其是"不必"这一副词,使得此处的焦点完全由前三联的描写转入尾联的申说,因为它并非指向读者的视觉和感官,而是诉诸其理性与判断。

律诗中的各联在句法上自成一体,因而具有相对独立性。尤其是颔联

---

① Kao and Mei, "Syntax, Diction, and Imagery in T'ang Poetry", p.59. 原文:"As the poem proceeds there is a de-crease in imagistic impact correlative to an increase in propositional force."

和颈联必须使用对仗,更是令它们变为自成一体的世界,因为它不仅要求对仗的各项之间在语法功能、词义种类上相同或相对,而且"总是把句法的流动回复到其本身之上"。① 在《江汉》一诗中,由于诗人在首联中也采用了对仗,因而使得其前三联愈加显得支离松散,虽然各自的意象鲜明,却缺乏彼此之间的组织关联。高、梅认为,"一首成功的诗必须是一个有机的整体",② 而达到这一境界,便成为尾联的任务:它必须把前三联"合"为一体。高、梅对"古来存老马,不必取长途"两行的解析颇细致入微,兹征引如下:

> "古来"接起了第 4~6 行中引进的时间因素;"老马"是诗人对自己的谦称,已经以思乡的腐儒[形象]出现,虽然多病,但心绪犹壮;"长途"回应第 1~3 行提示的空间隔离;"老马不必取长途"同时表达了第 5~6 行中暗示的希望和恐惧。因此,当陈说在连续的节奏中将其各个组成部分横扫而起时,它同时也把反映在这些部分中,但却彼此分离的意象和主题融为一体,也就是说赋予全诗以统一的特质。③

这样的解析令尾联与前面三联前后呼应,确实令人感到全诗构成了一个"有机的整体"。高、梅还指出,属于意象轴的语言,即诗的前三联,由于着意景物描写,个人成分较少,因而客观性较强,所用句式,以描述型为主。与此相对照,属于陈说轴的语言,即尾联,由于侧重诗人的感受和理解判断,因而具有强烈的主观特征,所用句式,则大多是疑问、假设、感叹、祈使等类型。据此,高、梅把《江汉》一诗的展开脉络与结构总结为如下四种"相互关联的轴线":意象型/陈说型(imagistic/propositional),破碎型/连续型(discontinuous/continuous),空间型/时间型(spatial/temporal),客观型/

---

① Kao and Mei,"Syntax, Diction, and Imagery in T'ang Poetry", p.58. 原文:"…parallelism always recycles the syntactic flow backwards onto itself."
② 同上,p.61. 原文:"…a successful poem must be an organic whole."
③ 同上,p.61. 原文:"'Since antiquity' takes up the temporal note introduced in lines 4~6;'old horse' is a deprecating reference to the poet himself, who earlier appears as homesick and book-worn, ill in health but hale in heart; 'long road' echoes the spatial separation suggested by lines 1~3; 'old horse no need to take the long road' expresses both the hopes and fears earlier indicated in lines 5~6. Thus as the proposition sweeps up its component parts in a continuous rhythm, it also integrates the separate images and themes reflected in these parts-in other words, imparts a wholeness to the entire poem."

主观型(objective/subjective)。①它们虽然具有不同特质,但经过彼此作用后最终在尾联的主观陈说中构成一个整体。新批评理论在解析诗歌的结构时尤其强调各个部分之间因不同而产生的"张力"(tensions);它们不但不会失控,而且是构成一首诗多样统一魅力的必备条件,即美学上所说的"多样中的统一"。高、梅此处对《江汉》一诗的解读正是体现了这一倾向。

高、梅用上述对《江汉》一诗的讨论作为引子,接下来便进一步探讨其中涉及的主要概念与现象。由于汉语属于所谓"孤立"(isolating)语言,因此前面提到的"孤立句法"在汉语中作用非常突出;诗歌,尤其是唐代近体诗的一些习俗与规则(如平仄、对仗等)更是令这一现象踵事增华,使得唐诗中充满了相对孤立与独立的名词性简单意象。例如,在律诗中,除了尾联可以使用跨行之外,其余各联中每一行基本都是一个独立的句子单位。当这些独立的单位组成对仗的一联时,更是使它构成了一个孤立世界,与其他各联相对独立,因为"对联的形式总是阻止前行的趋势,使两行中对仗的文字彼此互相粘引"。②不仅如此,每行中的停顿也促使其中的各个部分相对独立;例如在五言诗中,一般都要在每行第二个字后做一停顿,使得由前两个字组成的双音词组形成孤立之势。《江汉》一诗中的前三行皆可说明这一点:

江汉/思归客,乾坤/一腐儒。
片云/天共远,永夜/月同孤。
落日/心犹壮,秋风/病欲苏。

由此产生的结果,便是上述六行中每前两个字都是名词词组,形成了所谓"简单意象"(simple images);由于它们从诗行中相对"孤立"出来,因而鲜明生动。

高、梅把导致这一现象的孤立句法概括为三种。第一种是名词并列;它导致语流上的"断裂"(discontinuity)。第二种是一行同时具有两种以上的语法关系;它导致语义上的"歧义"(ambiguity)。第三种是语序错乱;它

---

① Kao and Mei, "Syntax, Diction, and Imagery in T'ang Poetry", p.60.
② 同上,p.64. 原文:"the couplet form always stops the forward drive and induces an attraction between corresponding words in two lines."

导致句子"错位"(dislocation)。它们的共同特点,便是妨碍诗行按照正常的语流展开,因而使其组成部分孤立出来,更加引人注目。当然,这方面最著名的例子还要算杜甫《秋兴八首·其七》中的如下两行:"香稻啄余鹦鹉粒,碧梧栖老凤凰枝。"由于这一联囊括了上述三种句法,因而歧义众多,人们对它的理解也是众说纷纭。高、梅此处提到了两种解读。第一种是将这两行看成是等同句,即"香稻"便是"啄余鹦鹉粒","碧梧"便是"栖老凤凰枝";第二种认为它们是倒装句,正常的语序应为"鹦鹉啄余香稻粒,凤凰栖老碧梧枝"。无论我们如何解读,都必须先排除上述句法上的障碍,并且把每行中的各个部分按照 2+2+2+1 的组合进行排列。这样一来,这一联中的名词便被孤立起来,并因此而变得突出(foregrounded),成为自成一体的简单意象。

  前面所讨论的是近体诗的句法如何造就了大量的简单意象。接下来的问题是:这些由名词和名词词组构成的意象本身有何特征?一般来说,人们都认为诗歌中的简单意象不仅具体,而且指向实物。①但是,高、梅则认为唐诗中的意象所体现的并非现实中的客观实物,而是某类实物的"属性"(quality)。之所以如此,是因为唐诗中的意象一般都是由形容词+名词或名词+名词构成。形容词的语法作用,便是表示它所修饰的名词之性质。同样,当一个名词被用来修饰另一名词时,它通常也是表示所修饰的名词之某种性质,如"玉笛"中的"玉"字。不仅如此,与英语相比,唐诗的语言在句法结构上极其松散,而且没有英语中赖以对名词进行层层修饰的相对代词(relative pronoun)、冠词(articles)和定语从句(attributive clause)。英语可以借由上述语法手段对某一物象进行详细、累积的描绘与说明,例如华兹华斯那首著名的《我像一朵云独自漫游》(I Wandered Lonely as a Cloud)中的第一节:

    I wandered lonely as a cloud,
    我像一朵云独自漫游,
    That floats on high o'er vales and hills,
    漂浮在溪谷和山丘之上,

---

  ① 高、梅此处提到了霍尔姆和刘若愚的有关论述。参见 Syntax, Diction, and Imagery in T'ang Poetry), pp.70—71.

二　文本细读：高有功、梅祖麟的唐诗研究

When all at once I saw a crowd,
突然间我看到一群、
A host, of golden daffodils;
一簇金黄的水仙；
Beside the lake, beneath the trees,
在湖水旁边, 在树木之下,
Fluttering and dancing in the breeze.
在微风当中翩然起舞。

其中对"水仙"（daffodils）这一中心意象的描绘，便借助了四个后缀介词短语，借以对其所处之场所和各种姿态进行充分再现："在湖水旁边, 在树木之下,／在微风当中……"相比之下，在汉诗的语言中没有类似的后缀修饰机制，只有靠前缀形容词，而且由于汉语中没有冠词，更把对名词的描绘和修饰限制在最基本的层次。如在上述这首英诗中，对"水仙"这一意象，倘若在唐诗中，恐怕只会有"金黄"（golden）作为它的修饰语了。这类形容词+名词的简单意象在唐诗中的确比比皆是，如李白的《宫中行乐词》：

柳色黄金嫩，梨花白雪香。
玉楼巢翡翠，金殿锁鸳鸯。

由上述观察，高、梅得出了如下结论，即英诗中的意象指向具体物象；反之，唐诗中的意象则指向物象的属性。因此，在唐诗中：

> 我们所看到的是一种非常不同的具体性。简单意象是具体的，因为它们唤起生动的属性。但它们也是抽象的，因为它们并不扎根于实物当中，尤其是如下这类实物：它们的各个部分以及与其他实物的关系都已经被进一步说明。[①]

[①] Kao and Mei, "Syntax, Diction, and Imagery in T'ang Poetry", p.73.原文："What we have here is a very different kind of concreteness. Simple images are concrete in the sense that they evoke vivid qualities. They are abstract, however, in the sense that they are not rooted in things—in things whose parts or relations to other things are further specified."

为了说明这一重要发现,他们对上述李白一诗做了详细的分析。此诗后面还有四句:

> 选妓随雕辇,征歌出洞房。
> 宫中谁第一,飞燕在昭阳。①

用高、梅本人的说法,这一部分当属陈说轴,故此处不在讨论之列。在句法上,第一、二行乃是所谓"题释"(topic-comment)句,即"柳色嫩","梨花香"。与英语的主谓句相比,汉语的题释句由于省略了系动词,因而更加松散,使得"题"或主语,即"柳色""梨花"相对独立,并且赋予形容词"嫩"和"香"以动词的特征。②这一本来松散的句式又被插入其中的"黄金"和"白雪"打断,使得这两个修饰词组也孤立出来,变成了简单意象。在唐诗中,像"黄金""白雪"这样由形容词+名词构成的简单意象举不胜举,如"明月""白露""长河""绿水"等。在此类词组中,形容词的功用并不是要限制所修饰名词的范围,而是要强调这些名词的基本属性,即"金"一般都是"黄"的,"月"通常是"明"的,等等。当然,第三、四两行中的"玉楼""金殿"亦可作如是观。由此,高、梅得出了一个总体性的结论,即"唐代抒情诗在属性的领域中运作"。③

与此相连的另一种现象,便是唐诗中的简单意象常常采用一些"原型性字汇"(archetypal terms)。例如王维的《鸟鸣涧》:

> 人闲桂花落,夜静春山空。
> 月出惊山鸟,时鸣春涧中。④

诗中的三个主要意象,"人""夜""月",都是没有修饰的名词。另外两

---

① 原诗见高步瀛《唐宋诗举要》(上海:上海古籍出版社,1959),下册第455页。
② 语法上这类形容词被称为"静态动词"(static verb)。用英语的句式,"柳色嫩"当写作 the willow's color is tender(柳色是嫩的);相比之下要比汉语的题释句更加拘谨和静止。
③ Kao and Mei,"Syntax, Diction, and Imagery in T'ang Poetry", p.74.原文:"T'ang lyric poetry moves in a field of qualities."
④ 原诗见《唐宋诗举要》下册,第753页。

个名词,"山"和"鸟",虽然有"春""山"作为修饰语,但只是用来提示时间与地点,而不是限制它们的范围。因此,"这首诗的主题乃是由人、鸟、花、山等构成的整个世界",①具有超越具体个人及其经验范围的普遍与原型意义。另外,从这首诗中我们还可看到,汉语,尤其是诗歌语言没有动词时态、名词数格,极少使用代词,这些语言特征都与汉诗中的普遍原型意境和意义密切相关。它与英语诗歌的区别,可由对王维此诗的如下翻译中见出:

Walking at leisure we watch laurel flowers falling,
闲步中我们看到桂花落下,
In the silence of this night the spring mountain is empty.
在静谧的此夜中春山空荡。
The moon rises, the birds are startled,
月亮升起,群鸟被惊动,
As they sing occasionally near the spring fountain(valley).②
它们不时在春涧旁鸣叫。

　　这当然是翻译理论中所谓"过译"(over translation)的一个极端例子,却充分说明了高、梅此处想要论证的问题,即原诗中的普遍原型意义在译诗中已经丧失殆尽。究其原因,乃是因为译诗用"我们"(we)代替"人",用"此夜"(this night)代替"夜",用复数的"群鸟"(birds)代替"鸟"。所有这些,加上众多英语所特有的介词和冠词(at, in, near, the),都使得原诗中普遍的意境变得更加具体。用中国传统诗论的语言,便是原诗中虚实相生的意境在译诗中变得过于坐实,完全没有了空灵的韵味。而这也进一步说明,原型性、普遍性和空灵缥缈是唐诗意象的一个基本特征。

　　由此引出的一个问题是,既然唐诗中的简单意象并不指向具体物象,而是指向物象的属性,那么它们是否便是抽象的?前面已经提到,高、梅的确认为这些意象是抽象的,因为它们并不像英诗中的意象那样,"扎根于实

---

① Kao and Mei, "Syntax, Diction, and Imagery in T'ang Poetry", p.82.原文:"The subject matter of the poem is therefore the World, constituted by Man, Bird, Flower, Mountain, etc."
② Robert Payne, *The White Pony*, 引自 Kao and Mei, p.82.

物当中"。此处,他们还进一步指出,由于唐诗中的"名词意象不为细节所累,它很少起到真实再现的作用"。①这也便意味着,杜甫《江汉》一诗中的"江""汉"两个意象只是用来泛指江河,与诗人的亲身经历并无关联。②这种说法显然有待商榷,因为它似乎违反了中国传统中诗言志的诗学理念和知人论世的解读方法。例如,《杜甫诗选》的编者便首先确定此诗乃杜甫"大历三年秋漂泊于江陵时所作",然后指出"江汉"所指的乃是"长江、汉水",因为"江陵属江汉流域地"。③显然,这两位读者认为"江汉"这两个意象具有"真实再现的作用"。不仅如此,在许多读者看来,这一作用还体现了诗中的历史真实,可以帮助我们了解杜甫其人其世,因而正体现了杜甫诗歌的"诗史"意义。高、梅此处的失误,乃是囿于新批评中的"向心"倾向,把对文本的内在语言分析当作诗歌判断的唯一标准,因而忽略了诗歌,尤其是中国诗歌的历史、文化等"外在"因素。于此,我们可以看出新批评理论与实践的局限。对于这首诗而言,更加全面的解读,应当同时顾及"江汉"这类意象的普遍原型意义以及其具体现实作用,而这也正是杜甫诗歌的伟大之处:它源于诗人的个人经历,同时又能超越其个人局限,获得一种普遍的原型意义。

据此,我们可对高、梅对唐诗中意象的探讨做一修正和补充。他们认为,"倘若一个名词不指向这个或那个个体,乃是因为它所指的并非个体,而是类型"。④由于汉语便具有这种特征,因此它"在指称上是一种抽象的语言"。⑤的确,与句法缜密的英诗相比,句法松散的汉诗的确造就了大量的原型意象,而且与英诗中那些被层层累积修饰的具体意象相比,它们的确显得宽泛和空灵。但是,至少在优秀的实例中,这种空灵乃是所谓虚实相生,游离于个人与原型、真实与想象、具体与抽象之间,既不拘泥坐实,也不虚无缥缈。这也便是为什么中国传统诗歌一向注重境外之象,言外之意。它所欣赏的,是一种打破个人与原型、现实与艺术之间界限的境界,有如《老子·二十二》所言之道,其中阴阳两元,相反相成,"惟恍惟惚"。以

---

① Kao and Mei,"Syntax, Diction, and Imagery in T'ang Poetry", p.93.原文:"Unencumbered by details, the noun-image serves little of the function associated with realistic representation."
② 同上,p.95.原文:"The scene has no realistic spatial-temporal location."
③ 邓魁英、聂石樵《杜甫诗选》,上海:上海古籍出版社,1983,第345页。
④ Kao and Mei,"Syntax, Diction, and Imagery in T'ang Poetry", p.95.原文:"If a noun does not refer to this or that individual, it is because its reference is not an individual but a type."
⑤ 同上。原文:"...Chinese is a referentially abstract language."

此观之,高、梅的分析未免令人想起西方思想理论,尤其是结构主义中的对立两分法(binary opposition);这种非此即彼的分析和思维方式未免过于机械武断,不符合汉诗的情形。①

以上讨论集中在名词以及名词性词组和从句在制造意象上的作用与功能。当然,一首诗若完全由名词和它们所形成的简单意象构成,那么便会缺乏生命与活力,因而变得索然无味。要想让其生机盎然、栩栩如生,还要依赖诗中的动词。不仅如此,在句法上,动词作为谓语还是将诗中的各个意象和成分联系起来的枢纽和关键。为此,高、梅在本文中用了相当的篇幅来讨论唐诗中动词的作用。特别值得注意的是,在讨论名词在唐诗中的作用时,高、梅并未将其与中国传统认识论与哲学联系起来。②而在讨论动词时,他们首先提到《周易》中"生生不息"以及《老子》中"道生一,一生二,二生三,三生万物"这些著名论述,并指出,"一个在中国思维方式中如此根深蒂固的概念当然要被表现在中国诗歌之中"。③这也便是为什么在中国绘画理论中,能够令静止的画面"气韵生动"乃是最高的境界。诗画同源,"气韵生动"同样被认为是诗歌中的佳境。谢灵运《登池上楼》中"池塘生春草,园柳变鸣禽"这两行诗之所以成为千古绝唱,便是因为它们正体现了这种艺术理想和追求。

当然,上面这两行诗借以体现自然界生动气韵的关键,便是"生"和"变"这两个动词。它们分别把"池塘""春草""园柳""鸣禽"这些自然中的物象联系起来,并且凭借其自身的句法功能和语义为这些物象注入了生机与活力。历代中国论者早就对"池塘生春草"一行赞叹不已,却很少有人具体明确地指出造成这一境界的语言机制。据说谢灵运于梦中因梦到从弟谢惠连得此佳句,故言"此语有神助,非吾语也"。④显然,这种描述无助于我们理解这行诗的妙处,但它却成为后代论者在对其表示赞赏时所反复使用的陈词。对此,金代王若虚批评说:"世多不解此语为工,盖欲以奇

---

① 必须指出的是,高有功充分意识到解构主义理论在应用到汉诗研究时的局限。参见其中文论文集《美典:中国文学研究论集》(北京:三联书店,2008),特别是其中《中国文字对诗歌的影响》一文。

② 一般来说,在讨论"意象"这一类议题时,人们往往要提到中国传统中有关"言""象""意"的观念和论述,如本书第四章中提到的余宝琳。

③ Kao and Mei, "Syntax, Diction, and Imagery in T'ang Poetry", p.96. 原文:"A concept so deeply rooted in the Chinese way of thought must surely be expressed in Chinese poetry…"

④ 参见顾绍柏校注《谢灵运集校注》(郑州:中州古籍出版社,1987),第65页。

求之耳。此语之工,正在无所用意,猝然与景相遇,借以成章,故非常情所能到。"①可是,他同样也没有在语言上指出这一行如何做到了"语工"。明代谢榛曾用"有声有色"来形容这一行诗,但也没有指出其所以然,最终也只用了"造语天然"这样笼统的说法。②总之,中国古代的诗歌评论往往停留在鉴赏的层次上,仅仅指出了诗中的语言给读者造成的印象,却没有指出造成这一印象的具体语言机制。高、梅此处虽然没有对谢灵运的这两行诗做进一步深入的探讨,但由于他们将其纳入了对诗歌中动词作用的分析,因此也就把我们的视线引向了这两行中"生""变"这两个字。

必须指出的是,并不是所有的动词都表现运动和力量。有些动词表现属性和状态,因而是静止的。这也便是为什么动词有及物与非及物之分。在唐诗中,它们常常互为表里,共同造就一个阴阳互补、动静相生的境界,如杜甫《绝句二首·其一》:

迟日江山丽,春风花草香。
泥融飞燕子,沙暖睡鸳鸯。③

高、梅认为,此诗的前两行体现了一个"静止与普遍"的世界,因为"江山""花草"乃是所谓"原型意象","丽"和"香"既是表征属性的形容词,也是所谓"静态动词"(static verbs)。与此相对照,呈现在后两行之中的境界则是上述普遍世界中的一个缩影,却充满了生机与活力,因为此处我们所看到的,乃是在具体地点("泥融""沙暖")从事具体活动("飞""睡")的具体生灵("燕子""鸳鸯")。不难看出,后两行中所体现的境界之所以比前两行更加生动,乃是因为"飞""睡"这两个动态动词。在句法上,这两行有两种不同的读法。第一种读法是把"飞"和"睡"看成致使动词,即"融泥"使得"燕子""飞","暖沙"使得"鸳鸯""睡";第二种读法是把这两行看成倒装句,因而每行由两个独立句子组成,并且有两个动词,即"泥融,燕子飞""沙暖,鸳鸯睡"。④无论是哪一种情形,都突出了动词的作用,尤其是其

---

① 《瀛南诗话》,第490页。
② 《四溟诗话》,第497页。
③ 原诗见《全唐诗》,第2475页。
④ 必须指出的是,这两行还有另外一种读法,即把"泥融"和"沙暖"看成状语,表示地点(在融泥中,在暖沙中)或时间(当泥融时,当沙暖时)。

中的倒装句法,更是令读者在阅读中停顿踌躇,字字斟酌,这样便使得句中每个字,尤其是那些动词的作用和意义都充分凸显出来。

高、梅对"拟人法"(personification)的讨论值得我们稍加留意。在英语和其他欧洲语言中,在采用拟人法时一般都通过人称代词和明喻,如雪莱(P.B.Shelley)的《西风颂》(Ode to the West Wind)中的首行:"啊狂傲的西风,你是秋天生命之气息"("O,Wild West Wind,thou breath of Autumn's being")。但是,在唐诗中,人称代词和明喻都很少见,而拟人同样是一种常用的手法。这也就意味着,诗人是通过其他手段来做到这一点的,并且它们都与动词有关。首先是像"自""具""独""相"等一类副词;如李白《独坐敬亭山》中"相看两不厌,只有敬亭山",把山拟作诗人的同伴和知己。除此之外,一些表示感觉和认知的动词也可起到拟人的作用,如岑参《寄左省杜拾遗》中"白发悲花落,青云羡鸟飞",其中"悲"和"羡"为"白发"和"青云"注入了人类的认知与情感。①在传统诗话中,这一类词被称为"诗眼",因为它们具有画龙点睛的作用。总之,由于与英语相比,汉语,尤其是诗歌语言在句法和用字上都相对简洁紧凑,使得中国诗人在运用拟人法时更多采用了与英诗不同的手段。

《唐诗中的句法、字汇和意象》一文所探讨的另一个要点,是诗人在一首诗的不同部分所使用的两种不同语言。一般来说,律诗的前三联,尤其是中间两联,侧重感性与客观的描写,因而采用的是"意象语言"(imagistic language)。尾联则不同,由于它要总结全篇,因此更加强调理性与主观的言说,因而往往采用"陈说语言"(propositional language)。这种归类自然令人想起传统诗话中所谓"景语"和"理语"之分,前面已经多次提到的杜甫《江汉》一诗便能充分说明这一点。让我们先看这首诗的前三联:

> 江汉思归客,乾坤一腐儒。
> 片云天共远,永夜月同孤。
> 落日心犹壮,秋风病欲苏。

每一行都有至少一个鲜明的意象,而且每行在句法上自成一句,彼此并

---

① 这也就是英语中的所谓"pathetic fallacy"(感觉误置),即赋予自然现象以人类的感觉与认知。高、梅此处没有指出这一点。

列。此处的重点,在于描绘出一种苍茫的意境,以衬托诗人的孤独。尾联则不同,"古来存老马,不必取长途"是在申说诗人从前面的意境中所领悟出的道理,其中"不必"一语的争辩意味尤其突出。如果诗人在前三联中只是隐身于意象描绘之中,虽然颈联中的"犹"和"欲"已经出现了由意象语言向陈说语言过渡的迹象,那么在尾联中诗人则完全从背景中走出,直接面对读者,明确向他们表述自己对人生,尤其是晚年的理解和信念,并以此为全诗作结。在句法上,这一联也与众不同,因为此处的跨行把两行合为一句,进一步凸显了其说理与逻辑功能和特征。至于前三联与尾联在句法、节奏上的区别,即前者支离顿挫,后者连续流畅,至此已经是我们熟知的话题了。

高、梅还从美学和心理学的角度对唐诗语言中的这两个基本特征进行了论述。卡希尔(Ernst Cassirer)在其《语言与神话》(*Language and Myth*)一书中曾把人类的思维分为"理论"(theoretical)和"神话"(mythical)两种。顾名思义,"理论思维"便是用理性逻辑对宇宙人生中的各种现象进行区分、归纳和整合,其特点是客观与现实。与此相反,"神话思维"则基于感性与直觉;其最高境界是宗教式的迷狂和投入,所追求的是物我两忘,万物一体。高、梅坦承,他们的"陈说语言"和"意象语言"便是取自卡希尔的上述理论。不仅如此,他们还把"意象语言"和"陈说语言"与弗洛伊德的"快乐原则"(the pleasure principle)和"现实原则"(the reality principle)联系起来,得出了不少令人深思的观察与结论,兹详细征引如下:

> 意象语言是未经区分的,陈说语言是经过区分的。这是它们之间的根本区别。从这些区别中又分演出了其他区别。
>
> 对于诗中的意象部分而言,[读者]自动搁置怀疑乃是[阅读的]先决条件;在这里想象便是真实,根本不存在真实和谎言之间的区别。那部分诗是被无意,而不是故意听到的,因为诗人便是听众。自我与世界处于他们最初的和谐之中,孩童尚未发育到我/你关系的阶段。对于一位神秘主义者、精神病患者、原始人、孩童,以及诗人中的孩童,现在便是全部时间;只有现在才充满着快乐、至福和意象,而且是越集中、越纯粹越好……在诗歌中,这种态度体现为支离断破的节奏、彼此并置的意象和孤立的句法。意象语言所体现的是我们每人都有的天真话音、过去[经历]和孩童,甚至在我们害怕辨认他的时刻。

但是，那个由认同主宰的赤子天堂不可能永远持续。世界从自己分出，自我从本我分出……区分是不可避免的。重新联合已经被区分[的现象]便是句法的功能之一，尤其是具有陈说语言特点的句法；在履行这一功能时，句法成为论述言说的工具。论述便意味着为宽泛的[经验]而放弃强烈的[经验]，也就是把眼下的内容作为出发点，而不是迷狂聚焦的中心。言说也便是把部分看成部分，然后明确指出它们之间的关系。如果快乐原则掌控着意象语言，那么现实原则便掌控着陈说语言：说这种[陈说]语言的乃是那些谙熟世故、再历重生和身经患难的人。①

也就是说，在唐诗语言中，意象语言体现了人类孩提时代和潜意识中的痴情与天真，陈说语言则体现了人类成年后面对现实与社会时的理性与成熟。律诗中的结构发展，即由前三联，尤其是颔联和颈联中的意象描绘到尾联中的总结陈说，也恰恰体现了这一过程。

必须指出的是，上面这些论述已经超出了对诗歌语言的"向心"探究，进而触及心理学、美学和哲学等方面的议题。的确，虽然高、梅两位学者所关注的是语言、形式等诗歌之"内在"因素，但他们并非没有意识到新批评

---

① Kao and Mei, "Syntax, Diction, and Imagery in T'ang Poetry", pp.128—130. 原文：Imagistic language is undifferentiated. Propositional language is differentiated. This is their basic distinction, out of which flows all the other differences. Willing suspension of disbelief is the prerequisite attitude for the imagistic part of a poem, in which the imaginary is the real, and the distinction between truth and falsehood simply does not exist. That part of the poem is overheard but not heard because the poet is the audience. The Ego and the World remain in their primordial state of union, and the child has yet to progress into the I-thou relation. For the mystic, the psychotic, the primitive, the child, and the child in the poet, the present is all of time; it is the only moment capable of being endowed with pleasure, beatitude, and imagery, in as concentrated and as pure a form as possible...In poetry, this attitude manifests itself as discontinuous rhythm, juxtaposed images, and isolative syntax. The imagistic language embodies the voice of innocence, the once born, the child in every one of us even when we are afraid to recognize him. But that infantile paradise presided over by identity cannot last forever. The world splits off from the self, and the Ego from the ld. But the perpetual child in the poet stubbornly holds onto that ever-perishing oneness... Differentiation is inevitable. To reunify what has undergone differentiation is one of the functions of syntax, especially the kind of syntax characteristic of propositional language; and in performing this function, syntax becomes an instrument of discursive articulation. To be discursive is to forego the intensive for the extensive; it is to treat the immediate content only as a point of departure, and not as the focus of rapt attention. To articulate is to spell out the parts as parts, and then indicate, explicitly, their inter-relationship. If the pleasure principle governs imagistic language, then the reality principle governs propositional language—a language that speaks the voice of experience, the twice born, the man who has gone through trial and tribulation.

理论的局限,这一点在他们唐诗研究的第二篇长文,即《唐诗中的句法、字汇和意象》中体现得更加清楚。

如上所述,高、梅第一篇长文所探讨的是构成一首诗局部意象的语言因素与规则。相比之下,他们的第二篇文章主题更广,是要探究一首诗的整体意义以及这种意义借以产生的修辞方法与途径,即隐喻和典故。在《唐诗中的句法、字汇和意象》一文中,高、梅所采用的是新批评理论的所谓"向心"策略。他们在《唐诗中的意义、隐喻和典故》一文中所遵循的指导理论,乃是结构主义理论家雅各布森(Roman Jakobson)所提出的"对等原则"(principle of equivalence)。下面便是雅各布森对这一原则的论述:

> 什么是任何一首诗所必须具备的内在特征?要回答这个问题,我们必须记住语言行为所使用的两个基本组织模式,即选择(selection)与合并(combination)。如果某一信息的主题是"孩子"(child),那么说话者便会从现有和多少相似的名词中选择一个,如小孩(kid)、年轻人(youngster)、幼儿(tot)等,所有这些都在某一方面对等;然后,在评述这一主题时,他会选择一个在语义上同源的动词,如睡觉(sleeps)、瞌睡(dozes)、打瞌睡(nods)、打盹(naps),等等。两个被选择的字在语链中合并起来。选择的产生是基于对等性、相同与不同、同义与反义;而合并,也就是[句子]次序的建立,则是基于临近性。诗歌的功能把对等原则从选择轴投射到合并轴。对等性被提升成为[句子]序列的组成手段。①

---

① Roman Jakobson, "Linguistics and Poetics", in Seymour Chatman and Samuel R. Levin, eds., *Essays on the Language of Literature*(Boston: Houghton Mifflin, 1967), pp.303—304.引自 Kao and Mei, "Meaning, Metaphor and Allusion in T'ang Poetry", *Harvard Journal of Asiatic Studies*, Vol.38, No.2 (December 1978), pp.284—285. 原文:…what is the indispensable feature inherent in any piece of poetry? To answer this question we must recall the two basic modes of arrangement used in verbal behavior, selection and combination. If "child" is the topic of the message, the speaker selects one among the extant, more or less similar, nouns like child, kid, youngster, tot, all of them equivalent in a certain respect, and then, to comment on this topic, he may select one of the semantically cognate verbs—sleeps, dozes, nods, naps. Both chosen words combine in the speech chain. The selection is produced on the base of equivalence, similarity and dissimilarity, synonymity and antonymity, while the combination, the build up of the sequence, is based on contiguity. The poetic function projects the principle of equivalence from the axis of selection into the axis of combination. Equivalence is promoted to the constitutive device of the sequence.

这是结构主义诗学的一段著名论述。结构主义语言学的一个基本观点，便是把语言及其运作视为一个由不同语言成分构成、相互依存的系统。它把字汇按照"纵"（vertical）和"横"（horizontal）两个方向组合在一起。例如在上述雅各布森的论述中，"孩子"（child）一字便与"小孩"（kid）、"年轻人"（youngster）、"幼儿"（tot）等形成了一种纵向关系；在这个关系网中选择"孩子"，便意味着摒弃其他相关的字眼，并且虽然那些被摒弃的字眼在句中并不出现，但是它们还是会影响到我们对所选之字的理解。在纵向"选择"了一个名词，也就是主语之后，下一步便是在横的方向令其与一个谓语，即上文中提到的"睡觉"（sleeps）等动词"合并"起来，这样才能组成一个完整的句子或"语链"（speech chain），进而达到语言交流的目的。雅各布森还指出，"选择产生的基础是对等性、相同与不同、同义与反义"。在语言交流中，倘若过多依赖"选择"轴，便会产生众多字汇之间的并列，因而削弱甚至剔除它们之间的句法和语法关系，造成所谓"纵向聚合"（paradigmatic）的短语和断裂式句子。相反，"合并"则是"[句子]次序的建立"，其作用，是说明前后字汇之间的句法关联，因此造成所谓"横向聚合"（syntagmatic）的完整和连续句子。雅各布森认为，在诗歌当中，占据主导地位的是"纵向聚合"式的短语断裂句，而不是"横向聚合"式的完整连续句；用他本人的话，便是"诗歌的功能把对等原则从选择轴投射到合并轴"。

前面我们已经看到，在讨论唐诗中的句法、字汇和意象时，高、梅曾用"意象语言"和"陈说语言"来形容律诗中不同部分的语言特征。此处，根据雅各布森的上述理论，他们又从"对等性"（equivalency）这一不同角度提出了"隐喻式语言"（metaphoric language）和"分析式语言"（analytic language）这两个概念。由于中国诗歌，尤其是律诗语言当中的句法成分相对松散薄弱，因此造成了隐喻语言为主、分析语言为辅的现象。为此，他们认为雅各布森对诗歌语言特征的论述对研究中国诗歌尤其具有启发作用。

如上所述，雅各布森的"对等"原则包括相同与不同、同义和反义，这一点也是基于结构主义语言学的基本观点。在结构主义语言学看来，一个字汇的意义并不在于其本身，而是取决于它与同一语言系统中其他字汇的关系。例如在雅各布森所用的实例中，被选择的"孩子"（child）一字不仅仅与其同义词发生关联，还与其反义词，如"青年"（youth）、"老人"（old man)等形成对比;同样,"睡觉"(sleeps)的意义,也只有在与其他动词,如"走路"(walks)、"跑步"(runs)等的对比中才能充分表现出来。因此,在理解"孩子睡觉"(the child sleeps)这一句子时,我们不仅要考虑被选择、或"在场"(in praesentia)的字汇,即"孩子"与"睡觉"之间的横向句法和合并关系,同时也要考虑它们那些未被选择,或"缺席"(in absentia)的字汇之间的纵向选择关系。总之,"当两个语言单位并列出现时,相同和对比总是同时并存"。①这一点在诗歌阅读与鉴赏中,尤其是在探讨诗中的隐喻和典故时极其重要,因为隐喻和典故都依靠两种现象之间的相同和对比来产生意义,而且其中的一个现象往往不被明确提出,因而"缺席",须由读者凭借自己的知识与想象进行补充。

例如,"浮云游子意,落日故人情"(李白《送友人》)这两行诗便体现了雅各布森的对等原则。这里,没有横向合并的句法成分,使得"浮云"和"游子意"、"落日"和"故人情"这四个语言单位各自并列,造就了高、梅所说的"隐喻语言"。此处,意义产生于这些语言单位之间所形成的对等关系。"浮云"和"游子意"单独看上去彼此无关,但一旦并置在一起,便相互作用,形成了彼此说明的关系:"浮云"与"游子"同样具有漂泊不定的属性,因此互为表里;"落日"与离去的"故人"同样令人感到若有所失,因而彼此相同。也就是说,要全面把握这两行诗的意义,我们便要从两个层次去解读其中"浮云"与"落日"这两个意象:它们既是对诗中景物的"在场"实写,也是对诗人心境的"缺席"象征;前者属于字面层面,后者则属于隐喻层面。如果李白上述两行诗说明了对等原则中的相同一面,那么杜甫《江汉》中"江汉思归客,乾坤一腐儒"则体现了其对比性质。"思归客"和"一腐儒"本身并没有渺小之意,但一旦与"江汉"和"乾坤"这些苍茫的意象并列在一起,形成对等关系并相互作用,其渺小的性质和意义便跃然纸上。

高、梅利用上述两个例子来说明,"隐喻关系乃是对等原则的一种特殊情形"。②他们认为,任何在相同与对比的基础上对两个语言单位进行比较的语言现象都可视为隐喻。至于典故,尤其是中国诗歌中运用最多的历史

---

① Kao and Mei, "Meaning, Metaphor, and Allusion in T'ang Poetry", p.288. 原文: "Similarity is almost always co-present with contrast when two linguistic units occur side by side."

② 同上,p.290. 原文: "...metaphoric relation is a special case of the principle of equivalence."

二 文本细读:高有功、梅祖麟的唐诗研究

典故,其构成与隐喻基本相同,因为它同样涉及两个因素或事件之间的相同与对比关系。高、梅此处用王维《息夫人》一诗作为例证:

> 莫以今时宠,能忘旧日恩。
> 看花满眼泪,不共楚王言。

此诗表面上是在重述《左传》中的一个故事。楚文王在灭掉息国之后,将息夫人据为己有。息夫人终日无语;楚王问其故,息夫人回答说:"吾一妇人而事二夫,纵弗能死,其又奚言?"然而,这只是此诗的字面意义,其暗讽的,则是《本事诗》中记载的另一则故事。唐朝宁王李宪凭势抢夺一位饼师之妻;岁后李贤问她是否仍念旧夫,饼师妻默然不对。一日李宪把饼师招来,并令其与妻会面;饼师妻面对旧夫,"双泪垂颊,若不胜情"。①显然,此诗的意义取决于诗中的典故,而这一典故的运作则又基于两个性质相同之历史事件之间的相互作用,借此产生诗中的意义,即权势可以抢夺一个人的身体,却征服不了其内心的感情。换言之,息夫人的历史故事乃是诗人时代现实状况的一个隐喻。倘若我们把对此诗的理解局限在息夫人的故事之内,那便是被其字面意义所囿,从而忽略了其深层隐喻意义。由此看来,典故与隐喻的结构与运作完全相同,都是基于对等原则中两种因素的比较关系。

高、梅对唐诗中隐喻的讨论完全集中在语言与修辞方面,可以说是继承了西方自亚里士多德到雅各布森的传统。但是,根据唐诗中的隐喻现象和特点,他们也对亚里士多德的隐喻观念做了一些补充和修正。亚氏对隐喻的定义是:"隐喻是为某物起一个本属于他物的名字。这种迁移或是从种到类,或是从类到种,或是以类比为依据。"高、梅认为,这种理论和观念过于注重隐喻所牵涉的各个方面,也就是语法上的名词,却忽视了其中包含的行为及其性质,也就是句中动词和形容词的作用。他们特别指出:"要理解隐喻,必须了解被比较的两项具备什么样的性质和行为。"②例如"浮云游子意"一行含有"浮云"和"游子"两个意象,被比较的是"云"与"子"

---

① 参见《唐宋诗举要》,下册第755页。
② Kao and Mei, "Meaning, Metaphor, and Allusion in T'ang Poetry", p. 303. 原文:"To understand a metaphor, it is essential that we know the quality or action with respect to which two items are being compared."

这两个名词。但是，"云""子"这两个名词意象本身之间的关系并不明确，我们也很难把握它们所形成的隐喻意义。然而，一旦加上"浮""游"这两个形容词，"云"和"子"便被赋予了特定的性质，而读者便可通过"浮""游"这两个形容词之间的相同或不同之处来理解"云"与"子"之间的关系，进而把握这一行诗的意义。同样，在"云笼远岫愁千片，雨打归舟泪万行"（李煜《渡中江望石城泣下》）这两行中，是"笼"和"打"这两个动词向我们透露了其中的隐喻或深层意义，即"哀愁如覆盖山峰的云朵一样笼罩，眼泪如击打船只的雨水一样执着"。①据此，高、梅也对雅各布森的对等原则做了如下补充："并不是对等原则能够独自构成隐喻；标志和指示［字汇］……也起一定的作用。"②前面提到的形容词"浮""游"和动词"笼""打"便起到了标志和指示作用。

  形容词和动词之所以能够起到标志和指示的重要作用，乃是因为它们的字义要比名词稳定得多。为此，它们往往能够令所描绘和修饰的名词就范，使之按照它们的字义改变或获取新的隐喻意义。例如，杜甫《春望》中"感时花溅泪"一行，便是动词词组"溅泪"令名词"花"获取了人的感情，进而成为一个隐喻。同样，在"东风无力百花残"（李商隐《无题》）一行中，"无力"和"残"这两个形容词性修饰语乃是把"东风"和"百花"拟人化，因而形成隐喻的关键。类似的例子在西方文学中也不胜枚举。如第二章中引用过的荷马《奥德修》中"And in the dazzling goblet laughs the wine"（在令人目眩的杯中酒在笑）一行，便是借助"笑"这一动词令名词主语"酒杯"取得了人的特质，从而创造出了一个隐喻；本章中所引华兹华斯《我像一朵云独自漫游》一诗中对水仙花的描述，"Fluttering and dancing in the breeze"（在微风当中翩然起舞），亦可作如是观。前面已经提到，在中国传统诗话中，这一类词往往被称为"诗眼"，因为它们具有为全诗画龙点睛的功效。高、梅对这一现象的敏锐观察和深刻论述，显然得力于他们对中国传统诗歌及其鉴赏的谙熟。他们的分析纠正了西方隐喻研究中的偏颇，对我们全面理解隐喻这一现象的确具有启发作用。

---

  ① Kao and Mei,"Meaning,Metaphor,and Allusion in T'ang Poetry",p.304.原文："…sorrow is as encompassing as the clouds shrouding the peaks, and the tears are as insistent as the rain beating upon the boat."

  ② 同上,p.304.原文："Thus it is not quite true that the principle of equivalence alone constitutes a metaphor; markers or pointers…also have a role to play."

二　文本细读:高有功、梅祖麟的唐诗研究

在近体诗,尤其是五言近体诗中,由于句法紧凑、用字简练,造成了大量纵向聚合的隐喻型语言,这使得雅各布森的对等原则在解析这类诗歌时尤为切实可用。前面已经多次提到的杜甫《江汉》一诗便是明显一例。即使在那些句法完整的诗中,雅氏此方面的论述也可找到用武之地。例如李白那首著名的五言绝句《玉阶怨》:

　　玉阶生白露,夜久侵罗袜。
　　却下水晶帘,玲珑望秋月。①

高、梅认为,这首诗在两个方面体现了雅氏的对等原则。首先,诗中的名词"玉阶""白露""罗袜""水晶帘"和"秋月"这些名词意象表面看来既无相似之处,也不在一个语链上临近或形成语法上的关联,但是,它们却被全诗"玲珑"的意境聚拢在一起,相互作用。之所以如此,是因为在此诗的特定环境中,它们都与"玲珑"的女主人公有关,因此都被赋予了"玲珑"的特质。也就是说,在此诗中,这些在横向句法上彼此并不相关的名词被它们的相同性质和作用按照纵向选择关系连接起来,恰恰说明了雅各布森那句名言,即"诗歌的功能把对等原则从选择轴投射到合并轴"。

前面已经提到,高、梅认为唐诗中的典故同样可用对等原则进行分析,因为它同样涉及对两个相同或不同事件的比较或对比。此处的"典故"是对英语"allusion"一词的翻译,它通常指对某种现象的间接指向或提示。在中文中,"典故"的另一说法是"用事",特别指在诗文中直接或间接使用历史事件或人物,以便达到以古喻今的目的。高、梅对唐诗中典故的分析,正是在这一层面上展开的。我们已经看到,王维《息夫人》一诗通过《左传》所记载的息夫人故事,来暗讽当时唐宁王李宪的劣行;其基本构成,乃是两个历史事件之间的相似之处。唐代和中国诗人"用事"的另一方法,是通过今昔对比,来委婉表达诗中的意义,如李商隐《重有感》一诗:

　　玉帐牙旗得上游,安危须共主分忧。
　　窦融表已来关右,陶侃军宜次石头。
　　岂有蛟龙愁失水,更无鹰隼与高秋。

---

①　《唐宋诗举要》下册,第764页。

昼号夜哭兼幽显,早晚星关雪涕收。

领联中的两行各包含一个历史人物。窦融和陶侃为汉代和六朝时期的将领。根据《后汉书》和《晋书》中的本传,他们都曾在兵乱之际挺身而出,保护朝廷。当然,这两个历史人物仅仅是对比关系中的一项,要让它们完全发挥典故的作用,还要看它们所对比或暗讽的另一事件。如同《息夫人》一诗那样,《重有感》没有明确挑明这一事件;因此,读者也便只有利用自己的历史知识,或是借助旁人的注释,按照知人论世的方法以及对等的原则,去在诗歌文本之外寻找线索。这样,我们便发现在李商隐时曾发生过所谓"甘露事变",导致唐文宗被宦官把持,国运危倾。当时大家都希望各路将领挺身而出,匡救朝廷。一位名叫刘从谏的将军曾向文宗保证,要在关键时刻带兵进京,但在事变后却按兵不动。李商隐的这首诗便是因此而发。① 显然,此处刘从谏的行为与窦融和陶侃截然相反,形成了鲜明对照。他的怯懦造成了当时的危势,既令诗人愤怒不已("岂有蛟龙愁失水,更无鹰隼与高秋"),也令他痛心疾首("昼号夜哭兼幽显,早晚星关雪涕收")。高、梅把诗人的这一态度称为"道德行为"(moral action),因为它体现了诗人对眼下政治与社会的针砭。他们还特别指出,运用历史典故乃是履行这种道德行为的有效途径,因为今昔对比本身便是这一行为的前奏。② 的确,此诗中的典故乃是造成上述意义的核心和关键;其构成与运作,正可用对等原则中的不同和对比进行说明。凭借这一手法,诗人便能够在律诗的有限空间内,以寥寥数笔启动繁复的历史故事和眼下事件,令它们在对比当中彼此作用和说明,并进而超越律诗自身的局限,达到以少言多、不着一字却尽得风流的艺术功效与境界。

  一个历史典故要发挥作用,要求读者熟知诗歌文本之内提到的历史人物/事件,以及它们与文本之外、诗人所暗讽的时事和环境的对等关系。这也便意味着,唐诗中"对历史典故的频繁使用乃是以诗人和他的读者之间的相互理解为前提,并且这一理解反映了一种他们所持的相同观点"。③ 这不禁令人想起《文心雕龙·知音》篇中所描述的作者——读者关系,即他

---

 ① 以上参见《唐宋诗举要》下册,第 626 页。
 ② Kao and Mei,"Meaning, Metaphor, and Allusion in T'ang Poetry",p.330.
 ③ 同上,p.333.原文:"The frequent use of historical allusion presupposes a mutual understanding between the poet and his audience, and that understanding is in turn based upon a shared outlook."

们是彼此的"知音",前者乃是"缀文者",因"情动而辞发";后者则是"观文者",需"披文以入情"。的确,如高、梅所言,唐诗乃至整个中国古典诗歌中对历史典故的偏爱正体现了这种作者与读者之间的默契,没有这种默契,诗中的典故便仅仅是空洞之物,无法产生意义。与此同时,历史典故的频繁出现还体现了中国诗歌乃至整个文化的历史特征。虽然某一典故所提及的历史人物和事件,如上述李商隐诗中的"窦融表已来关右,陶侃军宜次石头",都是具体与个别的,但是,它们既被用来与另一历史人物或事件进行对比或比较,说明它们已经被诗人赋予了某种普遍意义,因而能够发挥借古喻今的作用。为此,高、梅认为,"当一个历史典故在诗中出现时,[其]所指的并不仅仅是一个过去,或眼下与其相同的事件,而且还有超越时间的原型"。① 这正体现了中国文人以史为鉴、温故知新的历史态度。

  隐喻和典故的相同之处,在于它们都是在两个层次上产生意义。隐喻以此喻彼,典故借古喻今。它们的不同之处,是隐喻体现了人类的天真岁月和神话思维,要我们物我两忘,与周围环境浑然一体,因而属于高、梅所说的意象或隐喻语言轴。典故则不然,它体现的乃是人类的经验世界和理性思维,要我们对古今事件和人物之间的异同进行对比判断,因而属于所谓陈说或分析语言轴。当然,从结构主义的角度来看,它们都体现了雅各布森的对等原则。但是,高、梅也同时指出,雅氏的对等原则完全是针对语言现象本身而发,运用于分析诗歌中的声韵等内部因素尤其有效,但用其来分析隐喻,尤其是典故时不免会捉襟见肘。之所以如此,是因为隐喻,尤其是典故往往涉及文本之外的非语言因素。例如,在分析李商隐《重有感》一诗中的两个典故时,我们必须按照对等的原则去在诗歌文本之外寻找和分析它们所暗讽的事件。而要做到这一点,便需依赖读者的历史文化知识和素养。为此,高、梅提出在坚持结构主义语言学基本精神的同时,必须借助传统来弥补其上述缺陷。② 这对中国古典诗歌来说尤其重要,因为它对传统的依赖尤为显著。

  在《唐诗中的意义、隐喻和典故》一文的结尾,高、梅两位学者还就他们的研究方法做了一番反思与说明。他们的基本立场是,某一语言的特点

---

① Kao and Mei, "Meaning, Metaphor, and Allusion in T'ang Poetry", p.336. 原文:"When a historical allusion appears in poetry, what is referred to is not just a past event or a present event like it, but also the timeless archetype."

② 同上,p.349.

决定了其诗歌的特色,因此,唐诗中的一些基本特征也只能借助汉语的某些特点与规则来进行说明。由于他们是用英语来讨论汉诗,并且不时把汉诗/汉语与英诗/英语进行对比,因此他们的研究理应归入比较文学的范畴。但是,高、梅两位学者指出,用"对比研究"(contrastive study)来形容他们的研究要更加贴切。之所以如此,是因为当所研究的两种语言具有连带关系时,人们一般采用"比较"(comparative)和"历史"(historical)的方法;这种研究的目的是要重构这两种语言所共有的"本源语言"(proto-language),或是追述它们各自的历史发展和变化。但是,当所研究的两种语言(如汉语和英语)并不相关时,则最好采取"对比"的方法;其目的,则是要对这两种语言进行"类型归类"(typological classification)。同样,在文学研究中,"比较"的方法用于两种相关的文学,其目的是描述它们之间的历史关联、发展和相互影响。"对比"的方法则用于像中、英古典诗歌这样互不相关的文学,其目的则是去发现和说明究竟是什么因素导致了它们之间的区别与不同。在高、梅看来,汉语和英语不同的特质乃是导致中、英诗歌差异的根本原因,这也便是为什么他们把研究的焦点集中在汉、英两种语言,尤其是诗歌语言的性质与特点之上。

　　高有功、梅祖麟两位学者对中国诗歌研究的贡献,并不在于他们改变了我们对传统诗歌的认识与观点,而是在于他们借助西方文学批评,尤其是结构主义语言分析的方法,为我们理解和鉴赏传统诗歌的语言机制与特点提供了一个行之有效的方法与词汇,因而把我们对传统诗歌的理解带到了一个新的层次。他们的分析和评论一般都针对诗歌文本中具体可感的语言现象,因此弥补了传统诗歌评论,尤其是诗话中仅仅流于读者主观印象、空灵飘忽、令人无所适从的局限,为其注入了几分分析精神与方法,是对中国诗歌研究的重要贡献。

三 理论的展开与研究的深入：宇文所安的《传统中国诗歌与诗学：世界的征兆》

1985年，威斯康星大学出版社出版了哈佛大学教授宇文所安（Stephen Owen）的《传统中国诗歌与诗学：世界的征兆》(*Traditional Chinese Poetry and Poetics：Omen of the World*)一书。这是继刘若愚《中国诗歌艺术》之后第二部系统探讨中国传统诗学的著作。在此之前，宇文所安已经出版了《孟郊与韩愈的诗歌》(*The Poetry of Meng Chiao and Han Yu*, 1975)、《初唐诗》(*The Poetry of the Early T'ang*, 1977)和《盛唐诗》(*The Great Age of Chinese Poetry, High T'ang*, 1981)，奠定了他在中国诗歌研究领域的领先地位。《传统中国诗歌与诗学》可算是他对自己上述研究的理论概括；它把中国诗歌与诗学的研究推向了一个新的高度。在这部著作中，宇文所安经常从中西诗学的比较视野对中国传统诗歌进行评论。他所提出的许多观点在学术界影响很大，同时也引起了不少争论。

20世纪80年代正是西方学术界理论热的高峰时期。在文学研究中，各种后现代主义、后结构主义的理论，尤其是解构主义，风靡一时，无所不及。但是，在《传统中国诗歌与诗学》的序言中，宇文所安则明确声明此书只是"对中国诗歌艺术的一个介绍"，无意介入这些理论上的议题。[①]他甚至指出，此书所关注的是"诗歌，但不是批评"；更具体地讲，他所要探讨的

[①] 参见 Stephen Owen, *Traditional Chinese Poetry and Poetics：Omen of the World* (Madison：The University of Wisconsin Press, 1985), p.3. 引号中的原文："This book is an introduction to the art of Chinese poetry."

是"解读——即作为审美行为的解读"。① 宇文所安对中国古典诗歌的解读体现了他的独特见解与感受,正是此书的精彩之处。但是,从他的解读中我们可以看到许多中西文论的影子,尤其是他对一些诗篇的阐释令我们反思中国传统诗歌的本质和意义,以及它与西方诗歌的异同。所有这些都已经是批评甚至理论上的议题了。

在"序言"(Prologue)中,宇文所安对此书的宗旨做了简要介绍。一般认为,由于诗歌依赖语言而存在,因此它首先是一种语言艺术。宇文所安则声言,"诗歌……不是一种语言艺术:它'在语言中发生',但不'属于语言'。语言对诗歌是必要的,但只是一个必要的条件。"②之所以如此,是因为当我们在解读一首诗时,诗中的语言总是"试图要变得透明,不再'仅仅是文字'"。③诗歌语言千变万化,但它们都是要把我们带到语言以外的世界。因此,宇文所安指出:"简而言之,诗歌是一个事件,而不是一个实体。"④亦即是说,作为实体的语言必须引导读者进入作为事件的诗歌;前者只是一个媒介,后者才是诗歌本身。这本是个极为传统的定义,令人想起中西"言志""抒情"的诗歌理念。现代西方文论的一个重要倾向便是强调语言的作用与功能。语言不仅仅是个媒介,因为它可直接影响甚至制约我们的思想和表达。因此,在诗歌研究中,必须特别关注语言的作用。宇文所安对诗歌的上述定义,颇有反其道而行之的味道。难怪本书序言的副标题是"让你[读者]从近期这个世界的关注中脱身出来"。⑤他甚至指出,我们只是在停止解读一首诗时,才会注意到其语言的构成与功能。对这些

---

① Stephen Owen, *Traditional Chinese Poetry and Poetics: Omen of the World*, p.5;相关的原文:"This book is about poems, but it is neither criticism nor is it concerned with criticism... This book concerns reading—as an aesthetic act."英语的 reading 可译成"解读"或"阅读",相比之下前者更有分析鉴赏的成分。本书二者兼用。

② 同上,p.6.原文:"Poetry...is not an art of language: it occurs 'in language,' but it is not 'of language.' Language is necessary to poetry, but only as a necessary condition."

③ 同上。原文:"This language aspires to transparency, to disappear as 'merely words'."

④ 同上,p.7.原文:"Simply stated, poetry is an event, not an entity."

⑤ 同上,p.6.原文:"to persuade you away from the concerns of this late world."在本书中,宇文所安假设了一位质询者(interlocutor),不时与他辩论。上文中的"you"(你)便是指这位质询者或是本书的读者。

三 理论的展开与研究的深入:宇文所安的《传统中国诗歌与诗学:世界的征兆》

语言现象进行研究固然无可厚非,但那毕竟是舍本求末,"与诗歌无关"。①

既然诗歌是一个事件,而且在传统诗歌中这一事件早已成为历史,那么要解读一首诗便首先要"重构"(reconstruct)当时历史境况下的解读规则。这无疑是一项艰巨的任务,在跨文化、跨语言的比较文学中尤其如此。但是,宇文所安认为,我们必须坚信,通过解读我们能够让一首古诗"用它自己的声音说话"(speak with its own voice),②以便成为某种"征兆"(omen),使得我们能够通过它去解读其中的"世界"(world)。否则,"如果一首诗只是后来读者的建构,那么这样或其他类型的文学研究便没有任何意义。"③当然,我们必须承认,由于时间、文化、语言等障碍,我们的解读只能是"推测性"(speculative)的。诗歌解读,乃至整个文学研究的这种"推测性"都难免具有个人特征,因为每一位读者都必须对重构出的解读规则进行内在消化,然后将其应用于他对古诗的解读。宇文所安还进一步指出,我们不能把重构出的阅读规则仅仅视为外在的"物体"(object),而是要把它们"内化"(internalize),并用于具体实例当中,因为正如语言中的语法、词汇等规则在具体实例中才能够帮助我们学习语言,那些阅读规则也只有在对具体诗篇的解读当中才能够发挥作用。

第一章,"世界的征兆:中国抒情诗中的意义"(Omen of the World: Meaning in the Chinese Lyric)便是围绕几个实例展开的。宇文所安先是征引了杜甫的《旅夜书怀》一诗:

> 细草微风岸,危樯独夜舟。
> 星垂平野阔,月涌大江流。
> 名岂文章著,官因老病休。
> 飘飘何所似,天地一沙鸥。④

---

① Stephen Owen, *Traditional Chinese Poetry and Poetics: Omen of the World*, p.7. 相关的原文:"To concern ourselves with these mechanics of the received word is an interesting, even perversely satisfying occupation; but it has nothing to do with poetry."
② 同上,p.10.
③ 同上。原文:"…if the poem is only the construction of its later readers, then there is no point in this or any other kind of literary study."
④ 同上,p.12;原诗见聂石樵、邓魁英选注《杜甫选集》(上海:上海古籍出版社,1983),第257页。

在中国文学中，杜甫的诗歌一向有"诗史"之称；用它来说明汉诗乃是"世界的征兆"，的确是再恰当不过了。各代注家对此诗的年代背景皆有详细的注释。①宇文所安评论说：

> 杜甫的文字或许是一种特殊的日记，但比一般日记更加强烈和直接，它们表现一个在当时发生的经验。同日记一样，这首诗承诺一个历史经验的记录：虽然确切时间、确切地点、确切情形之间的关联已经永远失去，无法挽回，但是读者相信它们的历史真实性，并且依赖于这一真实性。此诗的伟大之处并不在于其在诗歌上的发明创造，而在于诗人与此时此境的惬然邂逅。②

宇文所安还特别指出，此诗题目中的"怀"说明诗中所描写的是诗人的切身感受。为此，尾联"飘飘何所似"一行中的"似"字虽然在修辞上是个明喻（simile），但其表现的也只是诗人的感受，或是他那"活生生心灵为自我发现对应物的一种行为，而不是一个写作诗歌的手法"。③应该指出，杜甫本人颇以自己在诗歌艺术上的努力和成就感到自豪。"为人性僻耽佳句，语不惊人死不休"便是著名一例。④在中国诗歌诗中，杜甫被誉为"诗圣"，在很大程度上也是因为他的诗歌除了真实地反映与表现社会自然之外，还是诗歌艺术的集大成者。⑤对此，宇文所安当然清楚。此处，他之所

---

① 如聂、邓对此诗的题注："此诗为永泰元年五月，携家离成都后，乘舟下乐山、渝州（今重庆市）、忠州（今四川省忠县）途中所作。"

② Owen, *Traditional Chinese Poetry and Poetics*, p.13.原文："Tu Fu's words might be a special kind of diary entry, differing from common diary in their intensity and immediacy, in their presentation of an experience as occurring at that very moment. Like diary, the poem promises a record of historical experience: the exact time, the exact place, the exact conjunction of circumstances may be lost beyond recovery, but the reader trusts their historical reality and depends on it. The greatness of the poem emerges not through poetic invention but through the happy chance of this poet meeting this moment at this scene."

③ 同上。引号中的原文："…not as a device of poetry but as the act of a living mind—discovering an analogue for the self."

④ "江上值水如海势，聊短述"；参见《杜甫选集》，第190页。

⑤ 如清代吴汝纶便说过："古诗自齐、梁渐重声病，遂流为律，去古日远，其格卑甚，莫能亢之。至杜公一以浩气行之，阖合阴阳，千变万化，乃与六经杨、马同风，所以为诗圣也。"引自高步瀛《唐宋诗举要》（上海：上海古籍出版社，1959），下册第464页。

三 理论的展开与研究的深入:宇文所安的《传统中国诗歌与诗学:世界的征兆》

以要极力淡化甚至消解杜诗在艺术上的成就,①是要将中国诗歌与西方诗歌区别开来,因为此处他要强调,中国诗歌注重内心表现,而西方诗歌则追求艺术创造;前者基于历史的真实,后者则来自发明与虚构。为了说明这一点,他特意征引了英国浪漫主义诗人华兹华斯一首十四行诗中的前八行:

> Earth has not anything to show more fair:
> 大地拿不出更美的景色:
> Dull would he be of soul who could pass by
> 只有迟钝者才能经过此地
> A sight so touching in its majesty:
> 却对它的恢宏无动于衷:
> This City now doth, like a garment, wear
> 此刻,这座城市如衣般穿上
> The beauty of the morning; silent, bare,
> 清晨的美景;静默,朴素,
> Ships, towers, domes, theatres, and temples lie
> 船只、楼塔、圆顶、剧院、寺宇
> Open unto the fields, and to the sky;
> 面对着田野、天空开怀而卧,
> All bright and glittering in the smokeless air.
> 在无烟的空气中熠熠闪烁。②

此诗的标题为《作于威斯敏斯特桥上,1802 年 9 月 2 日》(Composed Upon Westminster Bridge, Sept.2, 1802)。一般来说,诗歌题目的作用便是通过点明某一诗篇的主题或情境,为读者提供一个解读的框架与方向。这首诗便是如此,诗人在标题中明确向读者交代了此诗的创作地点与时间。但是,宇文所安认为,"即使在那些最热情、好古的读者眼中",所有这些,包

---

① 他此处的文字令人想起中国论者对陶渊明诗歌的评论,尤其是元好问"此翁岂作诗,直写胸中天"那两句。参见《陶渊明研究资料汇编》(北京:中华书局,1959),第 121 页。
② Owen, *Traditional Chinese Poetry and Poetics*, p.13;原诗见 *William Wordsworth: The Poems* (Penguin, 1977), Vol.I, pp.574—575.

括诗中所描写的细节,"对这首诗都并非必要",因为:

> 华兹华斯究竟是亲眼看到、隐约地记起,还是从想象中构造了这一景色都不重要。诗中的文字并不指向历史中的伦敦和其无限的细节;这些文字把你带向另外的东西,其意义与泰晤士河上有多少船只没有任何关联。①

之所以如此,乃是因为在西方诗歌传统中,读者的视野与期待基于一种与中国诗歌传统截然不同的观念与阅读规则。为了说明这一点,宇文所安特别征引了韦勒克(Rene Wellek)与瓦伦(Austin Warren)合著的《文学理论》(*The Theory of Literature*)一书中的如下文字:

> ……文学的性质在其所指方面最清楚地显现出来。文学艺术的中心明显体现在抒情诗、史诗、戏剧这些传统文类中。在它们当中,所指的都是虚构、想象世界。一部小说、一首诗,或一部戏剧中的言论都并非确切真实;它们不是逻辑性的陈述……甚至在强调主体性的抒情诗中,诗人[所使用]的"我"也只是一个虚构、戏剧性的"我"。②

具体到上面华兹华斯这首诗,宇文所安进一步指出:

> 至于华兹华斯是否曾于1802年9月3日站在威斯敏斯特桥上凝望伦敦城,这一点根本不重要。那只是个虚构——这个佯装

---

① Stephen Owen, *Traditional Chinese Poetry and Poetics: Omen of the World*, pp.13—14. 原文: "But the most passionate antiquarian will know that this interest in circumstance is not essential to the poem. It does not matter whether Wordsworth saw the scene, vaguely remembered it, or constructed it from his imagination. The words of the poem are not directed to historical London in its infinite particularity; the words lead you to something else, to some significance in which the number of vessels on the Thames is utterly unimportant."

② 同上, p.14; René Wellek and Austin Warren, *Theory of Literature* (New York: Harcourt, Brace, & World, Inc., 1956), p.25. 原文: "…the nature of literature emerges most clearly under the referential aspects. The center of the literary art is obviously found in the traditional genres of lyric, the epic, the drama. In all of them the reference is to a world of fiction, of imagination. The statements in a novel, in a poem, or in a drama are not literally true; they are not logical propositions….Even in the subjective lyric, the 'I' of the poet is a fictional, dramatic 'I'."

报告所见所闻的抒情之"我"。读者会认为,诗人的历史之"我"在利用抒情之"我";他的视像,或真或假,只是为了其他目的才成为诗歌。①

既然如此,对华兹华斯诗中的语言现象当然也要不同对待。宇文所安认为,与杜甫在《旅夜书怀》中所使用的明喻,即"飘飘何所似,天地一沙鸥"不同,华氏诗中的明喻"This City now doth, like a garment, wear/ The beauty of the morning(此刻,这座城市如衣般穿上/ 清晨的美景)只是"一种具有许多神秘动机的诗歌艺术;其中的比较并非是历史中曾站在桥上的诗人心中的行为",因为"对华兹华斯的读者来说,[诗中的]一切都是隐喻和虚构"。②

必须指出,华兹华斯是英国诗歌史上自传性最强的诗人之一。他的诗歌大部分都以其个人生平为素材,为此,"传记批评"(biographical criticism),既以诗人生平为基础的文学批评,始终是华兹华斯研究中的一个重要部分。西方读者在阅读华兹华斯诗歌时,并非如宇文所安所声称的那样,把诗中的描写都看作"隐喻与虚构",而是尽可能将它们与诗人的生平及历史经验结合起来,其详细程度甚至不亚于中国传统文学批评中为诗人编纂年谱。例如,在注释上面这首诗时,各家都注意到诗题中的年月与华氏生平以及其妹多丽丝·华兹华斯(Dorothy Wordsworth)的日记所记载的略有出入,而且1836年之前这首诗所标明的都是1802年9月3日。华氏本人还曾说过,此诗"于1802年9月作于马车顶,在我去法国的途中",但根据他的生平记载,华兹华斯与多丽丝是在那一年7月31日离开伦敦前往法国的。多丽丝几乎一生都与华兹华斯生活在一起,她的日记是研究华兹华斯的必读资料,因为它们为读者提供了大量华兹华斯本人生平的资料。正是为此,许多注本在注释这首诗时都引用了她1802年7月31日日记中的下面这一段,以便为解读这首华诗提供一个历史的语境:

---

① Owen, *Traditional Chinese Poetry and Poetics*, p. 15. 原文:"It matters not at all whether Wordsworth ever actually stood on Westminster Bridge on September 3, 1802, and gazed at the city of London. It is only a fiction—this lyric 'I' which pretends to report what it perceives. The reader assumes that the poet's historical 'I' makes use of the lyric 'I', and that his visions, real or pretended, become poetry only for the sake of some other ends."

② 同上, p. 15. 原文:"... the comparison occurs on the level of the poetic art with its many mysterious motives; the comparison is not taken as an action in the mind of the historical poet, standing on the bridge... For the reader of Wordsworth, all is metaphor and fiction."

> 我们星期六7月31日早上五点半或六点(我忘了是哪个时间)离开了伦敦。我们在 Charing Cross 登上了多佛马车。那是个美丽的早晨。[伦敦]市,圣保罗教堂,[泰晤士]河及其众多小船在我们穿过威斯敏斯特桥时显得异常美丽。房屋上面没挂着云烟,它们一望无际,但是太阳在明亮地照耀,阳光是如此纯净,甚至带有大自然本身辉煌景致中的那种纯净。①

据此,一位注释者推测说,"可能华兹华斯在离开时草拟了这首诗,9月3日才完成"。②不难看出,上述这些注释与评语都试图重构这首诗所产生的历史语境,并以此为基础对其做历史性的解读。至少对这些读者而言,华兹华斯这首诗并不都是"隐喻与虚构",而是诗人生平的片段和记录。这样的解读,实际上与中国古代知人论世的传统并无大异。

与中国文学相比,西方文学更加倾向于艺术与虚构,这是毋庸置疑的。从中西文学的整体视野上强调这一区别,也的确有利于我们了解中西文学各自的独特风格。但是,任何一个文学传统都不是一个千篇一律的整体,其中的复杂与多样性往往也无法用一个整体框架来概括和形容。因此,虽然虚构与想象是西方诗歌的主要特征,但这并不意味着西方诗歌中的表现都不具有历史性,正如在中国传统中,虽然"诗言志"这一经典论述把诗歌与诗人的内心感受与历史经验联系起来,但它也无法阻止不少诗歌含有虚构的成分。对于这一点我们在本书的后面章节中还会有进一步的评述。

宇文所安对上述杜甫与华兹华斯两首诗的解读,基本便是在他所构建出的对比框架之下进行,即中国诗歌表现历史,西方诗歌表现艺术;前者真实,后者虚构。让我们看下面的文字:

---

① *William Wordsworth: The Major Poems* (Oxford: Oxford University Press, 2000), p.710; *William Wordsworth: The Poems* (Penguin Books, 1977), Vol. I, p. 994. 原文:"… We left London on Saturday morning at half past five or six on the 31st of July (I have forgot which) We mounted the Dover Coach at Charing Crossing. It was a beautiful morning. The city, St Paul's, with the River and a multitude of little Boats, made a most beautiful sight as we crossed Westminster Bridge. The houses were not overhung by their cloud of smoke, and they were spread out endlessly, yet the sun shone so brightly, with such a pure light, that there was even something like the purity of one of nature's own grand spectacles."

② 同上, p.710. 原文:"It seems likely that W drafted the poem on the outward journey and completed it on 3 September."

三 理论的展开与研究的深入:宇文所安的《传统中国诗歌与诗学:世界的征兆》

一位诗人感受到"船只、楼塔、圆顶、剧院、寺宇";另一位诗人[感受到]"细草微风岸"。我们假设华兹华斯不只是提到了他所见到的景物,景色中的那些物象被一一列出定会有某些目的,[因此,]我们便在作为中介的景色之上去寻找那些我们必须直觉或猜测的目标或艺术动机……虽然确切的目的永远无法确定,但是我们可以肯定,意义与文字景色之间的交融发生在艺术的层次。但是对于另外那位诗人,我们则假定"细草微风岸"的确是他亲眼所见,或者更确切地说,引起了他的注意:诗中【景物】的罗列提示了某种具有意义的模式,它既存在于彼时的世界之中,也特别引起了诗人的兴趣。对于华兹华斯的读者来说,那首诗(甚至有时世界本身)是一组被创造出来的神秘符号。对于杜甫的读者来说,意义被微妙地浸透在世界的各种具体形式当中,它们[这些形式]被感受到,但似乎却不确定,甚至对诗人也是如此;这首诗举出了预兆性的形式,通过这一行为,它向你讲述了世界以及诗人的内心思虑。①

真是泾渭分明、截然相反的两种解读方式。前面已经说过,宇文所安对华兹华斯这首诗的解读刻意夸大了西方文学的艺术与虚构特征,因此并不代表西方华兹华斯研究中的全部观点与方法。的确,宇文所安在众多西方诗人中用华兹华斯的作品来说明他此处的观点,不能不说是个不幸的选择。但是,这一比较和对比的视角却令宇文所安更加关注中国诗歌的基本特色,使得他对杜甫诗歌的解读不仅剀切中理,而且还充分显示出他的渊

---

① Owen, *Traditional Chinese Poetry and Poetics*, pp.15—16. 原文:"One poet perceives 'ships, towers, domes, theaters, and temples'; the other poet, 'slender grasses, breeze faint on the shore.' We assume that Wordsworth is not simply naming what he saw; the items of the scene are listed for some purpose; we look beyond the mediating scenes for ends and artistic motives which we must intuit or guess....Though the precise purpose must remain forever uncertain, we accept with certainty that the fusion of significance and word-scene occurs on the level of art. But for the other poet, we presume instead that the 'slender grasses, breeze faint on the shore' is indeed simply what he has seen, or more precisely, what has drawn his attention: the enumeration in the poem indicates some meaningful pattern which is both present in the world at that moment and of special interest to the poet's mind. For Wordsworth's reader, the poem (and sometimes even the world itself) is a created set of hermetic signs. For Tu Fu's reader, meaning is subtly infused in the particular forms of the world perceived and uncertain, perhaps, even to the poet; the poem raises up portentous forms, and in doing so, it tells you about both the world and the inner concerns of the poet."

博学识以及学者加诗人的气质,集文本细读和分析批评于一体,颇给人以启迪,值得我们特别关注。下面我将详细介绍他对《旅夜书怀》一诗的解读。让我们先看他对首联"细草微风岸,危樯独夜舟"的解析:

那个夜晚他乘舟而行;月光约略地映出景中物体的轮廓,但那些更加细微的形体则隐藏在夜色当中。我们不禁要问,他如何能够辨认出那些在岸上摇曳的细草?还有水上他所感受到的微风?这一行【第一行】中的两部分彼此依赖:它们根据经验世界的法则在彼此作用,在它们的相互作用中一种关系显现出来——细草在风中低垂的隐藏意象。细草、只是细草的运动,显示出一缕风、只是一缕最轻微的风。或者他知道,黑暗中岸上的微风会吹动草木,但只是那些细草。

樯杆在他上面隐现(危),其形状既"高"又"险",垂垂欲坠。它随着船来回摇动,由于不稳而传达出一种不安。他的双眼在物体之间移动,伴随着形体的变化:弯曲的细草经过转变后重新出现于在他头上威胁摇曳的樯杆。观察者的视角决定了他的大小:当他向外看,并想到黑暗中的微小形体时,便感到巨大和安全,然后突然又感到渺小,因为那个形体重新出现,在他头上摇晃。

在形体重现当中,产生了一种对差异和对比的本能感觉:在那边是众多,在此处是单一。那边是稳定的河岸,此处则是水流的世界。那边是柔软、弯曲但却扎根深处的[细草],此处僵直、危危摇动的[樯杆]。那边是渺小与无谓,此处则是真正的宏伟。这些对比都具有启示意义,它们在对应的参照框架中相互呼应:流动与不尽的运动对应稳定和根深蒂固性,孤独的游子对应其他安居的人们,危险中的正直、伟大和高尚对应那些委曲求全的芸芸众生。没有什么声言,没有什么矛盾被排除;一个模式从中出现。

这便是一位优秀读者在那一刻的内心感受。他充分把握到这些对比,感觉到它们对杜甫的重要,并看到它们的意义范围在向外延伸。在这一简要景色的模式中,其对应物与如下范畴产生了共鸣:诗人生平、宇宙秩序、道德秩序、社会秩序,以及文学秩序

(在文学中"风"即"歌","风"还是一个人的道德力量,其"影响",即"风",能够使"众多"[人]对之躬身接受)。①

《旅夜书怀》是首律诗。按照律诗的格律,一般首联不必用对仗。杜甫此处采用对仗,当然是有意为之。宇文所安敏锐地体会到了这一点。他按照律诗中对仗的规则和意义,对此诗的首联做出了详尽入微、令人叹服的解读。

在《文心雕龙·丽辞》一章中,刘勰把文章与诗歌中的对偶现象归结为自然规律在人类文化中的反应,即"造化赋形,支体必双,神理为用,事不孤立"。②在后来的律诗中,通过对仗来体现人与自然的关系,或通过并列和对比自然与人类现象来抒情达意,更是一种普遍现象。不难看出,宇文所安的上述解读便是遵循了这一传统思路,因为他所重复使用的

---

① Owen, *Traditional Chinese Poetry and Poetics*, pp. 16—17. 原文: He travels on by boat that night; the moonlight outlines roughly the shapes of scene, but the finer forms in the night landscape are hidden in darkness. How then, we wonder, can he make out those slender blades of grass and thin tendrils of plants, 细草, swaying on the shore? And this faint breeze he may feel on the water—how can he know its effects on the bank? The two parts of the line need one another; they act upon each other according to the laws of the empirical universe, and in their interaction a relation is known—the hidden image of thin grasses bending in the breeze. The movement of the slender blades, of only the slender blades, shows a breeze and only the faintest breeze. Or the faint breeze on the shore will, he knows, move the grasses, but only the slender blades, unseen. The mast looms, above him, *wei* 危, its shape "high" and "precarious", threatening fall. There is an instability in it that conveys uneasiness, as it sways with the rocking movement of the boat. His eyes, moving from thing to thing, follow a mutation of forms: the tiny, bending blades of grass recur transformed in the mast that sways menacingly above him. And the watcher's perspective defines his size—immense and secure as he looked out to guess about the tiniest shapes in the darkness, then suddenly small as the shape reappears, rocking above him. In the recurrence of forms comes an intuitive sense of differences and oppositions: out there, the many; here, the one. There, the stable shore; here, the world of water and flux. There, the supple, the blending but firmly rooted; here, the rigid and precariously swaying. There, tininess and insignificance; here, true magnitude. The oppositions are portentous; they echo in correlative frames of reference: flux and endless movement, set against stability and rootedness; one who travels on alone, set against others living in security; endangered uprightness, great stature, and nobility, set against the pliant, the lesser, the common. No assertions are made; no contradictions are excluded; a pattern is rising up. This is a moment's work in the good reader's mind. He grasps the fullness of the oppositions, senses their importance to Tu Fu, and sees their horizon of significance extend outward. In the pattern of this brief scene correlatives echo in the poet's life, in the order of the universe, in the moral order, in the social order, in the order of literature where the "breeze", *feng* 风, is "song", *feng*, the moral power of one whose "influence," *feng*, make the "many" bow to it.

② 参见周振甫《文心雕龙今译》(北京:中华书局,1986),第314页。

"correlative"(对应)一词,在西方学术界便被用来形容古代中国天人相应的宇宙观。①刘勰还说过,对偶有正对、反对之分,相比之下"反对为优,正对为劣"。②这是因为"正对"容易流于重复,因而单调("事异义同"),"反对"则可通过差异和对比来丰富诗中的意义("理殊趣合")。《旅夜书怀》中的首联便是个"反对"的例子,因为其中对仗的成分共有三个,其中两个,即细草——危樯,岸——舟分别取自陆、水两个不同的范畴。在宇文所安的解读下,这一语言现象的文化意义和诗歌表现功能都表现得淋漓尽致,令我们对杜诗的深刻与细腻刮目相看。不仅如此,宇文所安还注意到了诗中一些为中国学者所忽略的地方。例如"危"字,各家或是不注,或是只注"高"意。③但是,根据《说文解字》,危的本义是"在高而惧也"。宇文所安此处的解读便顾及了这一点;他指出,此处的"危"字还有"险"意,因而既是描写外物,也是诗人内心的自况。杜甫彼时携家颠沛流离,自然会有朝不保夕的自危之感,故将此情移至"危樯"这一情景交融的意象。显然,这样的解读更能令读者感受杜甫当时的境遇,也凸显了杜诗在艺术表现上的卓越成就。

此处,宇文所安还从天人对应之宇宙观的角度,对中国古代"文"的意义与作用进行了评述。他先是勾勒了"文"这一字的本义与意义,然后便征引了《文心雕龙·原道》篇中的如下段落:

> 文之为德也大矣,与天地并生者何哉?夫玄黄色杂,方圆体分;日月叠璧,以垂丽天之象;山川焕绮,以铺理地之形,此盖道之文也。仰观吐曜,俯察含章,高卑定位,故两仪既生矣。惟人参之,性灵所钟,是谓三才。为五行之秀,实天地之心。心生而言立,言立而文明,自然之道也。
>
> 傍及万品,动植皆文。龙凤以藻绘呈瑞,虎豹以炳蔚凝姿。

---

① 宇文所安在此处的注释中提到了这方面的两本重要著作,即 Joseph Needham, *Science and Civilization in China*, Vol.2, *History of Scientific Thought* (Cambridge: Cambridge University Press, 1956), Hellmut Wilhem, *Heaven, Earth, and Man in the Book of Changes* (Seattle: University of Washington Press, 1977)。

② 同上,第 315 页。

③ 前者如《四库全书》所收的《九家集注杜诗》《集千家注杜工部诗集》,后者如《唐诗选》(北京:人民文学出版社,1978)和《杜甫选集》。《唐诗鉴赏辞典》(上海:上海辞书出版社,1983)中有关此诗的作者也没有提及"危"的作用。

云霞雕色,有逾画工之妙;草木贲华,无待锦匠之奇。夫岂外饰,盖自然耳。至于林籁结响,调如竽瑟;泉石激韵,和若球锽。故形立则章成矣,声发则文生矣。夫以无识之物,郁然有彩,有心之器,其无文欤?①

宇文所安指出,与西方文学传统中的模仿论不同,在上述文学理论中,作为"天地之心"的"文"或文学乃是"一个体现(manifestation)过程的最后阶段;作者不是要再现(re-presenting)外部世界,而实际上只是为世界形成的这一最后阶段提供一个媒介"。换言之,"文学是宇宙体现过程的一个目的实现,或是这一过程的一个完全实现了的形式"。②此处,宇文所安还从《文心雕龙》中有关"文"的理论出发,对西方传统中的模仿说提出了批评。他说:

模仿、再现甚至表现的概念永远不会把文学从其附属、或比"原本"更晚、更差的地位中解放出来(在表现中,"原本"乃是一种心境)。西方文学理论是柏拉图批评的产儿,虽然它们也反抗,或与那些相对较少受此影响的立场结合,但毕竟逃脱不出其祖先。如果"原本"属于这个感官世界,那么模仿的缺陷和偏差便显而易见。为了逃避这一注定的失败,人们想出了巧妙的修正方法:"原本"被从这个世界中移出,变成了一个隐藏着的其他东西,只有通过诗歌才能达到。通过这一离奇的倒置,"原本"的意义在认识上便依赖于附属性的再现。西方文学思想史便是在决定性再现与决定性、却隐藏着的"原本"内容之间的忧郁竞争中发展,各有其占上风的时期,我们的解读艺术便是建立在文字力

---

① Owen, *Traditional Chinese Poetry and Poetics*, pp.18—19;原文见周振甫《文心雕龙今译》,第9—10页。
② 同上,p.20.引号中的原文:"But this formulation of literature is not truly mimetic; rather it is the final stage in a process of manifestation; and the writer, instead of 're-presenting' the outer world, is in fact only the medium for this last phase of the world's coming-to-be." "Literature thus stands as the entelechy, the fully realized form, of a universal process of manifestation."

量与"言外之真"之间的变化比例上。①

这一评述为我们概括了解西方文学思想史的基本特点。宇文所安没有提供具体事例来做进一步的说明,但是我们可据此推知,当重点放在"文字力量"上时,便会有所谓形式主义文学;古典主义、新古典主义和现代派及后现代派的文学理论便属于此类。反之,当人们强调"言外之真"②时,便会出现那些以再现现实或是抒发情感为己任的现实主义和浪漫主人文学。上述这些不同流派虽然表面不同,却都是基于模仿说,因而可谓是殊途同归。相比之下,在中国文学理论中:

> 由于文学(文)是某种尚未实现模式的目的实现,并且文字(文)不是一个符号,而是一个形式化过程,因此不会有高下之争。"文"的每一层次,亦即世界之文和诗歌之文,只是在其对应的领域内才有效;作为最终的外部形式,一首诗乃是一个完满的阶段。③

上面这段评论中有两点需要解释,因为宇文所安没有对其做出说明。首先,把"文"称为"形式化过程"(schematization),以区别于作为"符号"(sign)的西方字母文字,似乎是指那些早期中国文字的象形特征,以及它

---

① Owen, *Traditional Chinese Poetry and Poetics*, p. 21. 原文:"Concepts of imitation, representation, or even expression can never entirely free literature from its status as a secondary phenomenon, later and less than some 'original' (in the case of expression, the 'original' is a state of mind). Western theories of literature are the children of the Platonic critique, and though they rebel and marry into less tainted lines, they cannot escape their ancestry. If the 'originals' belong to this sensible world, the deficiencies and deviations of the imitation are all too apparent. To escape the foredoomed failure, a most ingenious revision was devised: the 'original' was displaced out of this world and became a hidden Something Else to which the poem gives unique access. By this strange inversion, the 'original' significance becomes epistemologically contingent on the secondary representation. The history of Western literary thought develops in a melancholy competition between determining representation and a determining but 'hidden' content. Each lineage takes its turn in partial dominance. And our art of reading is founded upon these shifting ratios in the power of word versus the 'truth' beyond language."

② 应该指出,宇文所安此处的措辞,"truth beyond language",显然取自中国传统中的"言外之意"(meaning beyond language)。

③ 同上,p.21.原文:"But if literature (*wen*) is the entelechy of a previously unrealized pattern, and if the written word (*wen*) is not a sign but a schematization, then there can be no competition for dominance. Each level of *wen*, that of the world and that of the poem, is valid only in its own correlative realm; and the poem, the final outward form, is a stage of fullness."

与自然世界之间的"对应"关系。反之,西方文字只是个抽象的符号,它与外部世界的关系是人为或任意的(arbitrary)。其次,由于某个具体的"文"是指与某一同"类"的具体现象所构成的对应关系,因此,其成功与否便只取决于它是否充分体现了那个现象,与其他"文"无关。同样,一首诗是否为好诗,也只要看它是否体现了某种特殊的情境,无须将其与一种超验的"理念"或模式,以及其他模仿这一理念或模式的作品进行比较。

依照"文"的逻辑,某种潜在的模式经由世界、人心和文学而得以显现;因此,文学体现的过程必须从外部世界开始。宇文所安将此称为"同情感发的理论"(a theory of sympathetic resonance),并引用《文心雕龙·物色》一章中的如下段落加以说明:

> 春秋代序,阴阳惨舒。物色之动,心亦摇焉。盖阳气萌而玄驹步,阴律凝而丹鸟羞。微虫犹或入感,四时之动物深矣……人谁获安?是以献岁发春,悦豫之情畅;滔滔孟夏,郁陶之心凝。天高气清,阴沉之志远;霰雪无垠,矜肃之虑深。岁有其物,物有其容;情以物迁,辞以情发。一叶且或迎意,虫声有足引心,况清风与明月同夜,白日与春林共朝哉。是以诗人感物,联类不穷。流连万象之际,沉吟视听之区。写气图貌,既随物以宛转;属采附声,亦与心而徘徊。①

"情以物迁,辞以情发",道出了中国传统诗学的精髓,是对"诗言志"这一纲领的又一经典阐述。刘勰还提出,由此产生的诗歌倘若能够"物色尽而情有余",那便达到了"晓会通"的境界,在读者中引起不尽的联想。②宇文所安指出,这样的诗歌文本,"作为一个过程的目的实现,乃是读者心中另一生动过程的开始"。③杜甫的《旅夜书怀》便是这方面的一首杰作。前面我们已经看到,此诗的首联在宇文所安心中引起了丰富的联想。他对其他部分的解读继续按照同一轨迹进行。颔联"星垂平野阔,月涌大江流"继续描写感发诗人的"物色"。对此,宇文所安评论说:

---

① Owen, Traditional Chinese Poetry and Poetics, pp.21—22.原文见周振甫《文心雕龙今译》,第409页。

② 同上,p.23;《文心雕龙今译》,第412页。

③ 同上,p.23.原文:"The text, the entelechy of one process, is only the beginning of another living process in the mind of the reader."

空间在扩展,随着它的增长,观者的规模缩小。眼睛沿着看不见的细草而上,经过隐隐而现的桅杆,然后再往上走,来到夜色中的全景。在那里,眼睛再次遇到了已经在地上观察到的模式:众草深深扎根,群星牢牢悬挂,如草叶低垂那样下倾。许多星星被牢牢系住;一个月亮落下,作为河中的倒影落下,月光被水波摇曳击打。扎根于下面的微小实体、挂在上面的[实体],与在水上摇摇欲坠的一根桅杆形成对照,这时一个月亮落下,掉入水中。一个巨大的光亮被水面上流动的形态所左右,并被击碎;许多更小的光亮则安全完整。

这一联中的第一行由两个并列部分构成,它们一起相互作用,并闯入诗人和读者的心中。首联中的两行形成了对偶和对比,不断地生出更多的联想和愈加复杂的关系。现在我们有两联,用一组对比匹配另一组相应的对比,从而说明变化,并进入一个更加宽泛的参照框架。

这些对比体现在世界当中,并在水上独自漂泊的诗人心中引起了感发与共鸣;它们吸引他的注意,并且反映他自己的险境、无休止的奔波、与世隔离的感觉,以及因卓尔不群而引起的骄傲。但是,他同时也受到水面上那些处于险境的巨大"之物"的感发,他本身的规模在他不断扩大的视野中开始缩小,直到他在这无限的夜景中成为一个越来越小的斑点。①

---

① Owen, *Traditional Chinese Poetry and Poetics*, pp.23—24. 原文:Space grows, and with its increase, the viewer's dimensions shrink; the eye runs from the slender blades of grass, unseen, up to the looming mast, then out and up further, to the full breadth and height of the night scene. There the eye meets repetition of the pattern observed on earth:grasses firmly rooted and stars securely hung, tending downward as the blades of grass are bent down. Many stars securely tied; one moon fallen, fallen as a reflection in the river where its light is cast about and shattered by the waves. The tiny entities rooted below and those strung above are set against one mast waving precariously over the water, then one moon fallen down, into the water. One great light is at the mercy of the fluid shapings of the river's surface, shattered; many lesser lights remain secure and whole. The first line of the couplet is composed of two unsubordinated segments; set together, the segments act upon one another and intrude upon the poet's and reader's mind. The two lines of the first couplet form parallels and oppositions, generating ever more associations, increasingly complex relations. Then we have two couplets, matching one set of oppositions by a correlative set of oppositions, defining change and entering a wider frame of reference. The oppositions becoming manifest in the world find resonance in the mind of the solidary boat, traveling by nigh on the river; they fix his attention and echo his insecurity, his constant movement, his sense of isolation, his pride in his uniqueness and superiority. But at the same time that he feels the resonance with the great, endangered "ones" of the riverscape, his own dimensions are shrinking in the widening scope of his vision, and he becomes a smaller and smaller point in the immensity of the night scene.

三 理论的展开与研究的深入:宇文所安的《传统中国诗歌与诗学:世界的征兆》

这真是与"同情感发"式诗歌理论相对应的"同情感发"式解读了。此处的世界、诗人、诗歌、读者形成了一种循环圈,即世界感发诗人作诗来体现他所经验的世界,读者则通过诗歌对自己的感发去重新体验诗人对世界的感受。倘若以图表表示,那便是如右图所示。

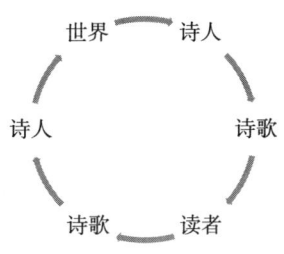

实际上,这也便是《文心雕龙·知音》篇中的那一有关阅读与鉴赏的经典论述,即"缀文者情动而辞发,观文者披文以入情"。①这样的阅读要求读者除了了解诗人及其世界之外,还要具备与诗人同样的想象力和感受力,做他的"知音"。这无疑是一项艰巨、在某种程度上可望而不可即的任务,除了学识,还须有灵性。宇文所安此处的阅读充分说明,他是中外学者中具备这两种特质的少数佼佼者之一。

《旅夜书怀》的后半部,即颈联和尾联,转而描写诗人的境遇。宇文所安对这一过渡做了如下描述:

> 我们从"物"开始,它们被并列起来,相互作用;其中某些对比模式通过重复得以体现出来,呈现在诗人和读者眼前。我们可把这一过程视为外部世界所提供的征兆,我们也可把它理解成诗人不由自主的观察,因而是他个人隐痛的伤痕。无论如何,"伊兹文之为用,故众理之所因"。②文学是潜在、未现之物得以体现的门户。一首诗不仅仅是世界内在秩序的体现状态;其运作乃是那个秩序**成为**体现的过程。③

---

① 《文心雕龙今译》,第432页。
② 这两行引自陆机《文赋》。参见萧统《文选》(上海:上海古籍出版社,1986),第二册,十七卷,第773页。
③ Owen, *Traditional Chinese Poetry and Poetics*, pp.24—25. 原文:We begin with "things" set side by side to act upon one another; the repetition of certain patterns of opposition makes those patterns manifest, visible to both the poet and the reader. We may read this process as an omen which the outer world offers; we may understand it as the poet's compulsion to notice, the scar of his private pain. In either case, 伊兹文之为用,固众理之所因。The true function of literature/*wen* is to be the means by which all inherent order may come through. Literature is a gate for the latent and inarticulate to become manifest. The poem is not simply the manifest state of the world's inherent order; its movement is the process of that order *becoming* manifest.

在上文中,宇文所安之所以要强调"成为"(becoming)一字,旨在说明一首诗不仅仅是一个已经完成了的、静态的"状况"(state),而是一个正在进行中的动态过程。因此,一首诗的意义只有通过感发式的解读,对其意义产生过程进行"重演"(re-enactment),才能得以体现和实现。

下面让我们继续关注宇文所安对颈联"名岂文章著,官因老病休"的解读。他先是指出,前两联中景物的对比在诗人中引起了对个人身世的感发,然后说:

> 同前面一样,一个在面对众多;此处它寻求认可;分离无法克服,一种更大的衰退在发出威胁。此时不理解我,将来也不会记住我,我甚至必须放弃我的微职。无论是文学还是历史中都不会有我的位置,而正是它们一起构成了文明的集体认可和记忆。一个摇摇欲坠的桅杆,一个落下的月亮,一个被遗忘的诗人——他们都栖于河水之上,都逃不脱其流动与变化。①

也就是说,诗人此时的感受已经不仅仅是一种孤独,而且是一种生命与存在的危机。如此下去,我们所面对的便极可能是另一首无可奈何的哀叹之文了。但是杜甫之所以伟大,便在于他能够通过拥抱国家、历史、自然等更大的实体来超越个人的失意,净化个人的感情。这首诗的尾联"飘飘何所似,天地一沙鸥"便是这一特质的成功体现。宇文所安对这一联的解读还将此与中国传统诗歌观念联系起来。他说:

> 但是,一首诗便是一个令被忽略、被遗失、被隐藏的人得以体现的行为。通过这首诗,诗人意识到他的孤独和离群索居,并将这一真实体现给其他人。文学作品"恢万里而无阂,通亿载而为

---

① Owen, *Traditional Chinese Poetry and Poetics*, p.25. 原文:"As before, one confronts many; here it seeks recognition; the separation cannot be overcome and a greater falling away threatens. The present does not know me; the future will not remember me; I must yield even my minor post. There will be no place for me either in literature or in history, which together are the collective recognition and memory of our civilization. A precariously swaying mast, a fallen moon, a forgotten poet—all are things that rest upon the river and are subject to its flux."

三 理论的展开与研究的深入:宇文所安的《传统中国诗歌与诗学:世界的征兆》

津;俯贻则于来叶,仰观象乎古人"。①一首诗是内心活动的体现形式,这一体现依次又指向其他人的内心。杜甫的这首诗便在击打那个把别人和他本人孤独自我隔离开来的障碍:从根源上讲,这首诗努力要克服其所感受的世界秩序。它从个人和具体之物出发,走向那些体现出来和共同享有之物。②

把《旅夜书怀》描绘成杜甫经由自我认识而达到自我超越的行为与过程,这的确是个令人耳目一新的洞见。对于"飘飘何所似,天地一沙鸥"这一联中所使用的明喻及其意义,宇文所安更做出了贴切入理的解读:

> 在观察了一系列自我的对应物之后,诗人通过沙鸥这一明喻做了一个真实的类比。对于一位描述自己亲身所见、所思、所感的诗人来说,隐喻(或明喻)并非必要,因为隐喻不过是内心众多行为中的一种。但是,在这首诗中,一个明喻的形成却是对一种在感官世界中无所不在,并反复重复的压抑模式——即离群索居这一现象的解决与逃避。明喻这一形式本身便承认不同事物中可能存在相同之处:即某些特征可穿过本质的障碍为大家所共有。明喻能够生出亲属关系,在沙鸥身上诗人发现了真正的亲属。
>
> 此处之鸟既是,也不是此处之人。正如人是处于天地之间的第三实体,这个生灵也处于第三的位置,既不属于群星稳挂的天空,也不属于草木扎根的大地。它是个水上的生灵,从一种元素转到另一种元素,永远介乎二者之间。正如细草,它随风飘摇,但

---

① 这段引文引自陆机《文赋》,同第67页。

② *Traditional Chinese Poetry and Poetics*, p.26.原文:But a poem is an act of making manifest what is overlooked, lost, hidden; and this poem, through which the poet becomes aware of his isolation and a falling away from others, makes that very truth manifest to others. The literary work: Passes thousands of miles, no impediment, 恢万里而无阂 Spans a million years, a way cross them; 通亿载而为津 Hands down models to coming generations, 俯贻则于来叶 Gives us images to consider from men past. 仰观象乎古人 A poem is the manifest form of the mind's activities, and this manifestation is, in its turn, directed to other minds. Tu Fu's poem strikes out at the barrier between others and the self which is falling away from them; in its genesis the poem strives to overcome the very order of the world it perceives. The poem begins with the private and particular and moves to things manifest and shared.

却不曲身；它顺风或逆风翱翔，虽然纤弱无靠，却柔韧有余。天地那宏大的视野令这一渺小生灵微不足道，但是它对苍空的孤独掌控（天、地、一只鸟）则赋予其独特的意义和重要。诗人已经停止向外张望，不再去从世界中阅读个人离群索居的征兆。群体已经消失，所余下的只有诗人在面对他的对应属性。①

  上文第一段中提到隐喻或明喻在中西文学中的作用。它们之所以对中国诗人来讲"并非必要"，因为诗人所描述的乃是其亲身经历。隐喻或明喻所体现的，也不过是诗人与所感受到的外部世界之间已经形成的"类比"。言外之意，便是在西方文学中，隐喻或明喻是诗人赖以创造其虚构世界的艺术手段，因而是必不可少。宇文所安在本书中反复强调这一点，因为他认为这不仅是中西文学之间的根本区别，而且还是解读中国诗歌的关键切入点。的确，他对《旅夜书怀》一诗的解读无论在其广度和深度上都可以说是前所未有。这固然是因为他的渊博学识和敏锐感受，但他所采用的比较视野也起了关键的作用。

  也正是这一中西比较文学的视野，使得宇文所安对中国诗歌的认识要比中国传统诗学复杂得多。对于中国读者来说，他对《旅夜书怀》一诗的解读未免似曾相识，因为它基本上基于中国传统诗学中"言志"的创作论

---

① Owen, *Traditional Chinese Poetry and Poetics*, pp. 26—27. 原文：After observing a series of *correlatives* for the self, the poet makes a true *analogy* in the simile of the gull. Metaphor (or simile) is not essential to a poetry that write what the poet sees, thinks, and feels; the metaphor is no more than one action of the minds among others. But in this particular poem the formation of a simile is a resolution and escape from the oppressive repetition of the pattern noticed everywhere in the visible world—one separated from many. The very form of a simile admits the possibility of essential likeness in things which are different; there is something that may be shared across the barriers of identity. Simile makes kinship possible, and in the gull the poet finds true kin. Here is the bird which both is and is not the man. As a human is the third term joined with Heaven and Earth in the Great Triad, so this creature is also the third, belonging neither to the heavens, where the stars hang securely, nor to the earth, where the grasses are firmly rooted; it is a creature of the river, a creature moving from element to element, forever in-between. Like the slender blades of grass, the bird is tossed by the winds; yet it does not bend; it soars with or against the wind, frail and unattached but somehow resilient. The immensity of the perspective—Heaven and Earth—diminishes the small creature to a tininess, but its solitary dominion over the vast emptiness (Heaven, Earth, and one bird) grants it a unique interest and importance. The poet has stopped his outward gaze into the world to read the omens of one separated from the many; the many have disappeared, and all that remains is the poet confronting his parallel identity.

和"知人论世""尚友"的阐释策略与实践。宇文所安运用同样的方法解读了另一首杜甫的诗歌《对雪》。然后,他通过"某人"(someone)之口,以"反驳"(counterstatement)的形式就上述他对杜甫诗歌的解读理念和策略提出异议。此人认为,文学毕竟不同于历史。虽然与西方诗歌相比,中国诗歌所体现的不是艺术创造,而是诗人所亲身感受到的世界,因而更接近历史,但是,既然诗中所体现的世界已经由诗人在事后通过语言对之进行了梳理与组织,它毕竟已不再是当初感发诗人的那个历史中的经验世界,而是"经过艺术加工的构造"(artificed construct)。因此,"认为一首诗体现了[诗人]对历史当中世界的体验乃是一个诱人的幻觉"。①他继续指出:

> 作诗这一行为并非是要天真、自然地为某一经验生产对应物。写作有其自身的目的,它们完全处于经验之外。一首诗针对一个读者:文字所采用的形式必须按照文学和再现的法则,而不是根据外部世界的法则。诗人采用双行体写诗,但自然却并非如此。诗歌——这一点很不幸,却不可避免——乃是经过艺术加工的构造。我们所解读的这些诗的突出特点,便是努力制造出一种幻象,令人感到他所面对的,便是眼下所经历的世界。②

虽然宇文所安在本书的序言中声言他无意介入当时西方文学界的理论之争,上面这段文字明显表现出后结构主义文学理论的观点与倾向,其中对天真、自然的否定,对语言、文类规则的强调,尤其是将诗歌定义成"经过艺术加工的构造",都是后结构主义理论中常见的观点和术语。显然,宇文所安此处要提醒他的读者,虽然他对杜甫的诗歌做出了上面的解读,但是他也意识到,这种解读在当今的西方文学研究中是多么"成问题"(problematic)。

---

① *Traditional Chinese Poetry and Poetics*, p. 40. 引号中的原文:"To assume that the poem embodies an experience of the world in historical time is a charming illusion."

② 同上,p.40.原文:"The act of writing a poem is no innocent and spontaneous production of a correlative for experience. The writing has its own ends, which lie entirely outside the experience. A poem is directed to a reader; words must be given form according to the laws of literature and representation, not according to the laws of the physical universe. Poets write couplets; nature does not. The poem is—unfortunately, but necessarily—an artificed construct. The poems we have read are distinguished by being artifacts which aspire to cast the illusion of immediate experience of the world."

不仅如此,这位"辩者"(interlocutor)还进一步从西方文学的视角来评述前面提到的杜甫诗歌。他说:

> 这些诗是精心上演的小戏,围绕舞台的不是一群演员,而是一位演员的意识。它是一台内省戏剧,并且特别为你提供了一个演员内心中的最佳座席。你可以看到演员所见,听到演员所闻,也许甚至约略感到演员所唤起的感情——但是,这一艺术成功并未改变如下事实,即演员毕竟是个演员,他是个影像,而不是一位居于生动世界中的个人。你是里面的观众,但在演员和你的视野之外,则是舞台导演,即我们的诗人,他正在操纵着前面自我的影像:"现在看天边,现在看你床前的雪,现在看弃置的瓢——那一笔不错!"①那是一个伟大、不同寻常的戏剧,但是它与西方戏剧的唯一不同,便是[这里的]观众特别要相信剧中的行为乃是真实的,并且就发生在眼前。与诗中类似的事件可能的确发生过,但那并不重要——这首诗乃是一个从一定距离之外精心设计的"重演"。②

在此之前,宇文所安曾着意强调中西诗歌传统的差异,即前者体现历史真实,后者则再现艺术虚构。这位辩者的上述文字则力图说明中西文学之间的相同之处。他把中国诗人,尤其是以真切著称的杜甫,描写成"操

---

① 此处所提到的,是《对雪》中的一些细节。原诗如下:战哭多新鬼,愁吟独老翁。乱云低薄暮,急雪舞回风。瓢弃樽无绿,炉存火似红。数州消息断,愁坐正书空。
② Owen, *Traditional Chinese Poetry and Poetics*, p.41. 原文: These poems are carefully stated little dramas in which the stage surrounds not a group of actors but the consciousness of one actor. It is an interior drama which, in a remarkable way, offers you the best seat in the actor's mind. You may see what the actor sees, hear what the actor hears, perhaps even be brought to feel some semblance of the emotions in which the actor evokes—but such artistic successes do not change the truth that the actor is no more than an actor, a simulacrum and not a person inhabiting a living world. You are the audience within; but outside both the actor and your field of vision stands the stage director, our poet, manipulating this simulacrum of an anterior self: "Look now on the horizon, now at the snow before your window, now at the ladle cast down—that's a nice touch!" It is a great and very special kind of drama, but the only difference between this and Western drama lies in the peculiar demand that the audience believe that the drama's actions are real and occurring right now. It is quite possible that something similar to the events of the poem did indeed once happen; but this matters not at all—the poem is a "reenactment", carefully staged from a distance.

纵"(manipulating)观众/读者的舞台导演,并且说诗中所描写的事件是否曾发生并不重要。按照此人的说法,中西文学之间的唯一区别便是读者的"期待视野"不同:西方读者习惯把诗歌看成虚构的艺术构造,中国读者则认为诗歌是诗人生平及其世界的实录,即宇文所安所说的"世界的征兆"。但是,读者的态度和期待并非凭空而来,而是基于对某一诗歌本质的理解。中西读者的期待视野之所以不同,正是因为中西诗歌中的确存在着一些不小的差异。对此,宇文所安已经论述得很清楚。自我意识是西方当代文学批评的一个重要特征,它要求论者时刻意识到自己的立场,以及这一立场的后果与局限。宇文所安此处的做法,便是通过引进一种反驳的声音和立场,来体现他的这种自我意识,并借此将他本人的观点"复杂化"。

不难看出,这位辩者对杜甫诗歌的描述,乃是基于戏剧文学的立场。但是,用戏剧这一文类的规范来概括抒情诗,尤其是中国抒情诗的特点,也是颇"成问题"的阐释策略。美国学者孟尔康(Earl Miner)在其《比较诗学》(*Comparative Poetics*)一书中指出,每一文学传统中都有一种"本源文类"(foundation genre),它不仅决定某一文学传统的特征,而且还影响到人们对整个文学的认识。西方文学的本源文类是戏剧,而东方(主要是东亚)文学的本源文类则是抒情诗。①明了这一点,我们便不奇怪为什么西方文学批评中经常使用"戏剧化"(dramatization)、"表演"(performance, staging)、"角色"(role)、"面具"(mask)等术语和概念,而在中国文学批评中,"情志""言情""感物"等抒情诗语言却比比皆是。当然,文学中的文类并不是封闭和一成不变的,不同文类之间可能相互渗透,互相影响,因而产生所谓"混合"(hybrid)文类,英国诗歌中的"戏剧独白"(dramatic monologue)、中国诗歌中的骈文和赋等都是这方面的例证。但是,有些不同文类之间的规范很难共享,在跨文化的比较诗学语境下尤其如此。例如,"表演/扮演""做戏"这样的戏剧词汇在西方文学批评中或许是中立的话语,但在中国文学,尤其是诗歌批评中却不可避免地带有虚假、逢场作戏的含义。对中国读者来说,这位辩者对杜甫诗歌的描述未免失之千里,甚至是亵渎神明,其原因,也正在此。

尽管如此,这位辩者的"反驳"也的确起到了令宇文所安的立场与观点"复杂化"的作用,并促使他意识到,虽然中西诗歌之间存在着很多区

---

① Earl Miner, *Comparative Poetics*(Princeton:Princeton University Press,1990),pp.7,216.

别,但是,它们或许也并非如他所说的那样泾渭分明。如在本章的结尾,宇文所安便提到在中国诗歌传统中也存在着一种带有虚构成分的种类,即乐府诗。在这一类诗中:

> 历史、传说中的某些角色和人物出现的方式与西方诗歌相同。即使在这里,诗的解读传统力量如此之大,使得那些最迟钝的读者都要渴求某些生平背景作为基础:虚构被解释成一种故意的隐藏,以掩盖某种因过于危险或痛苦而无法在普通诗歌中出现的经历。这种解读方式叫作主题寓言,其中表面上的文本只是一个帷幕,其形状取决于背后的历史实体。[这里]虚构制作既非属于神性,也非出于游戏、自然,或是因为真理的隐藏性质——恰恰相反,虚构制作是应付痛苦、畏惧、禁忌的防御面具。①

也就是说,虽然中国诗歌中也存在着虚构,但它毕竟与西方传统中的虚构不同。西方传统中的虚构乃是"属于神性"的"自然"现象。在中国传统中,虚构则仍然是某种历史经验与现实的曲折反映。

第二章"透明性:解读中国抒情诗"(Transparencies: Reading the Chinese Lyric)旨在探讨中国诗歌中的解读传统与规范。如上所述,对文学作品的阅读态度和策略取决于读者对文学作品本质的理解。在西方传统中,诗歌被认为是对某个隐藏或超验真理的虚构性模仿。既然文本只是那个真理的隐喻,那么解读一首诗歌也便是通过晦涩的文本去发现隐喻背后的真理。但是,在中国传统中,人们则把诗歌文本看作通向某一历史情境的媒介,具有较强的透明性。解读一首诗的目的,便是要把握体现在文本中的这一历史情境。换言之,在西方诗歌中,文本与意义是一种间接关系,而在中国诗歌中,它们之间的关系则是直接的。因此,宇文所安指出,

---

① Owen, *Traditional Chinese Poetry and Poetics*, p.53. 原文:"Here conventional personae and figures from history and legend appear in a mode identical to that of their Western counterparts in poetry. But even here the power of the reading tradition of the *shih* makes the most obtuse readers yearn for some grounding biographical circumstances: the fiction is explained as a willful concealment, masking an experience so dangerous or painful that it cannot appear in the common *shih*. The mode of such reading is topical allegory, in which the surface text is only a veil whose shape is given by the historical body behind it. Fiction-making is neither divine, nor playful, nor natural, nor demanded by the essential hiddenness of Truth—fictional-making is quite the opposite, the defensive mark of pain, fear, and taboo."

三 理论的展开与研究的深入：宇文所安的《传统中国诗歌与诗学：世界的征兆》

"中西文学解读方式的差异集中表现在与隐喻相关的问题，以及对诗歌之虚构与非虚构性的假设"。①西方读者把诗歌文本视为隐喻，把诗中的世界视为虚构；而中国读者则将诗中的世界看成历史的真实，把诗歌文本看成这一历史真实的体现。

宇文所安简要地勾勒了中国诗歌解读传统的形成轨迹。它脱胎于《诗大序》"诗者志之所之也，在心为志，发言为诗"②这一经典论述。他认为，从这一论述中我们可以推演出如下发展的轨迹，即"由世界或时代的状况【出发】，通过诗人，进入诗中，最终达到读者"。③中国的诗歌阅读理论便是由上述诗学理论发展出来的，其经典论述当然是《文心雕龙·知音》篇中的如下文字：

夫缀文者情动而辞发，观文者披文而入情。沿波讨源，虽幽必显。世远莫见其面，觇文辄见其心。④

刘勰此处把读者描绘成作者的"知音"，这一理论可追溯到孟子的"尚友"说：

颂其诗，读其书，不知其人，可乎？是以论其世也，是尚友也。⑤

宇文所安没有指出此处刘勰对孟子的因袭，但他指出了这一诗学与阅读理论中的另一现象，即其乐观态度：《诗大序》认为诗歌可以充分体现诗人及其世界，《文心雕龙》也因此相信读者经由诗歌可以复原诗人及其世界的状况。这样的态度可用"言足尽意"（linguistic adequacy）来形容。但

---

① Owen, *Traditional Chinese Poetry and Poetics*, p.57. 引号中的原文："The difference between Chinese and Western modes of literary reading are centered in the related questions of metaphor and the presumed fictionality or nonfictionality of poems."
② 同上，p.58. 原文参见郭绍虞主编《中国历代文论选》（上海：上海古籍出版社，1979），第 63 页。
③ 同上，p.59. 引号中的原文："The movement from the condition of the world or of the age, through the poet, into the poem, and finally to the reader…"
④ 同上，p.59. 原文见周振甫《文心雕龙今译》，第 432—433 页。
⑤ 载于《中国历代文论选》第一册，第 81 页。

是,在中国传统中,更有《周易·系辞上》中"言不尽意"(linguistic inadequacy)的说法。尽管如此,中国古代的论者仍然坚信他们能够通过诗歌文本去认识诗人及其世界。宇文所安认为,"言不尽意"中的"尽"字至关重要,因为这表明在中国传统中,"语言表现被看作是某种早期完满[状态]的减缩"。①与此相应,"解读成为一个恢复完满的过程:文本是世界的一个提喻(不是作为代替,而是作为减缩和流失)。它不指向隐喻阅读和虚构文本中的'另外'意义,而是指向一个整体,在文本中我们只看到了其中的一部分"。②宇文所安此处提到了中国古代对这一"提喻"式解读的一些重要阐述,如《论语·颜渊》中的"片言以折狱",《孟子·公孙丑》中的"知言"(即"诐辞知其所蔽,淫辞知其所陷,邪辞知其所离,遁辞知其所穷"),以及《周易·系辞传》中"其称名也小,其取类也大"。此处,宇文所安尤其指出,虽然"'类'与西方隐喻的概念……最终都基于对比,但是,隐喻是虚构的,必须使用真正的替代;而'类'则是一个共享的范畴,并且'绝对真实',因为它以世界的秩序为基础"。③正是在这种意义上,宇文所安将中国式的解读描述为"透明的",不同于"西方诗学中间断性的隐喻运作"。④"在非虚构性的中国抒情诗中,文本乃是通向一个完整世界的有限窗口"。⑤虽然如刘勰所说的那样,这一世界因年代久远而变"幽",但经过读者的解读,必定会再次"显"现出来。

不难看出,宇文所安在本章中的讨论基本上沿着中国传统中的"言志"诗学和"尚友"阐释策略展开。但是,由于他的讨论是在中西比较诗学的视野下进行,因而也让我们从另一角度重新审视这些传统的观念与实践,对它们的特点及其意义达到一种新的认识与了解。在本章中,宇文所

---

① *Traditional Chinese Poetry and Poetics*, p.6.引号中的原文:"linguistic expression is conceived as somehow a diminution of a prior fullness."

② 同上,p.60.原文:"Reading becomes a process of restoring fullness: the text is a synecdoche for the world (not as a substitution, but as diminishment and loss). It leas not to the 'other' meaning of metaphorical reading and the fictional text, but to the whole of which we see only a part in the text."

③ 同上,p.61.原文:"Both *lei*, 'natural category', and Western concept of metaphor... are ultimately based upon analogy; however, metaphor is fictional and involves true substitution, while *lei* is a shared category that is 'strictly true', based upon the order of the world."

④ 同上,p.62.相关的原文:"Let us call these readings 'transparencies' to distinguish them from the disjunctive metaphorical operations of Western poetics."

⑤ Owen, *Traditional Chinese Poetry and Poetics*, p.63.原文:"In the nonfictional Chinese lyric, the text is a limited window to a full world."

三 理论的展开与研究的深入:宇文所安的《传统中国诗歌与诗学:世界的征兆》

安还在"解读诗人"(Reading the Poet,即"知人")和"解读世界"(Reading the World,即"论世")的标题下解读了王维的《渡河到清河作》、李贺的《四月》以及许浑的《早秋》,然后又以"融合意义:全诗"(Integrating Meaning: The Whole Poem)为题解读了杜甫的《客亭》。在本章中,宇文所安还提到诗歌解读的个人与开放特征。他说:

> 在阅读过程中,意义的形成必定是个人性的。意义是由某人"做"出来的,而不是一个客观物,等着人们去发现……有关阅读过程的最基本假设可以从理论与批评文本中推演出来,但这些只是一个笼统、不定规则的空架。它们只有在重演中才能具有生命,而且在重演中它们也都变得明确及个人化。我们必须通过某种途径让阅读传统在文本中展开,但又不把我们束缚在阅读的历史范畴之内:我们既不要去在文本背后发现一个[诗人]生平的真实,也不要把一个"言外"的完整带回给已经减缩了的文字领域。①

这听起来似乎是对"诗无达诂"②这一中国古训的现代西方诠释。将诗歌中的意义描述为解读行为的动态结果,而非文本中静止的客体和状态,也令人想到西方接受美学代表人物姚斯(Hans Robert Jauss,1921—1997)的那一著名论述,即文学作品"不是一座纪念碑,独自显示其永恒不变的意义。它更像一首演奏中的交响乐,总是在读者中引起万古常新

---

① 同上,p.62.原文:"In the reading process the formation of meaning is necessarily individual; meaning is something 'done' by someone rather than an object to be known…The most basic assumptions of the reading process can be inferred from theoretical and interpretative texts, but these are only a hollow set of general and indeterminate rules. They have subsistence only in enactment, and in enactment they become determined and individual. We must somehow allow the reading tradition to unfold in texts without binding ourselves to the historical categories of reading: we will seek neither to discover a biographical truth behind the text nor to bring a fullness 'beyond words' back into the diminished realm of words."
② 此为董仲舒"所闻"之语,参见其《春秋繁露·精华》,张少康、卢永璘编选《先秦两汉文论选》(北京:人民文学出版社,1996),第374页。人们一般只引用这一句,但后面还有"易无达占,春秋无达辞,从变从义而一以奉仁人",其中"从变从义"与宇文所安所说的"重演"(enactment)尤其相似,因为二者都强调诗意赖以产生的阅读行为。

的回响。"①在这样的意义生成过程中,读者的解读无疑至关重要。另外,宇文所安没有对上文中的最后一句做出解释,但我们可以推测,那是因为倘若我们解读一首诗只是为了发现某一诗人生平的所谓"真实",或是为某些文字还原其在某一历史时刻的"完整",那便会为这首诗的意义和对它的解读画上一个句号(bring a closure),从而终止其生命与活力,而这正是后结构主义,尤其是解构主义文学批评所要极力避免的。

第三章"一个并非创造的宇宙:宇宙起源论、概念及对联"(An Uncreated Universe:Cosmogony, Concepts, and Couplets)从中西宇宙观的视角来探讨对联或双行体这一汉诗,尤其是律诗中的重要形式。众所周知,与西方基督教文化中上帝创世的观念不同,中国文明中的宇宙自然乃是依照阴阳相生的方式自发形成的。为了说明这一点,宇文所安引用了《淮南子·天文训》中的如下文字:

> 天坠未形,冯冯翼翼,洞洞灟灟。故曰大昭。道始于虚霩,虚霩生宇宙,宇宙生气,气有汉垠。清阳者薄靡而为天,重浊者凝滞而为地。清妙之合专易,重浊之凝竭难。故天先成而地后定,天地之袭精为阴阳,阴阳之专精为四时,四时之散精为万物。积阳之热气生火,火气之精者为日。积阴之寒气为水,水气之精者为月。②

有关中西这两种不同的宇宙观对诗歌创作的影响,宇文所安做了详细的论述,兹征引如下:

> 在变化、非创造的世界与创造的世界之间有一个不可逾越的鸿沟;[西方]文学中的"创造"世界与[中国]诗中"非创造"的世界之间存在着同样的区别,虽然它们的规模更小。在创造的世界中,那些小"创世者",即诗人,与那位原创世者有一种奇怪的关系;

---

① "Literary History as a Challenge to Literary Theory", in *The Norton Anthology of Theory and Criticism*(New York: W.W. Norton & Company, 2001), p.1552. 原文: "It [literary work] is not a monument that monologically reveals its timeless essence. It is much more like an orchestration that strikes ever new resonances among its readers…"

② Owen, *Traditional Chinese Poetry and Poetics*, p.83. 原文见刘诱注《淮南子注》,《诸子集成》版,第35页。

他们之所以在人间自我吹嘘,乃是因为要效仿神性的特征。由于不需要仿效一个具有创造力的神祇,中国诗人并不想造出一个新的世界。他参与业已存在的自然;作为这个世界的一部分,他没有"创造性"诗人那种孤僻神性的光环。《诗大序》把诗歌写作的过程表现为一种普遍的人类冲动,而不是一种神秘、独特的天赋。

正如创造的世界是由意志形成的,它也可被意志终结;终结和最后的清算困扰着所有的行为。但是,在非创造的世界中,有关终结或末日的理论便不那么重要。一个由先验或隐藏着的计划所决定的范式能够令世界终结,正如其开始那样,它还授权那些微型"创世者"去编造虚构故事和隐喻,这些微型创造的神秘意义也只属于这些"创世者":他们有权开始、引导、终结他们的故事,那些微小造物便按照他们严格规定的空间,在自由意志的幌子下忙碌奔波。这些"创世者"的创造永远独立地并列于第一个自然之旁——作为一种"模仿",一个傲慢的改进,或是反抗的替代。

在非创造的世界中,这种任意的编造则是刚愎自用与欺骗:诗人要真实表现的是内心经验或外部感觉中"已然"的状况。诗人的职责是观察世界中的秩序,以及其无限部分后面的模式。正如孔子那样,他"述而不作"。①

---

① Owen, *Traditional Chinese Poetry and Poetics*, p.84.原文:Irreconcilable differences separate the mutating, uncreated world from the created world; the same differences also divide the lesser cosmogonies of literary "creation" and the *shih*'s "uncreation". In the created world the little "makers", the poets, bear a strange relation to the primal Maker, and their vaunted singularity in humankind apes a divine singularity. With no creative deity to emulate, the poet of the *shih* does not think to make the world anew; he participates in the nature that is; and in being of this world, he lacks the "creative" poet's aura of isolated divinity. The "Great Preface" of the *Book of Songs* presents the process of composing *shih* as a universal human impulse, not as a mysterious and singular gift. As the created world was formed by Will, so it can be ended by Will; ending and ultimate reckonings haunt all acts. Eschatology will be less a concern in the uncreated world. The model of a transcendent and hidden Plan, which may end the world as it was begun, authorizes the little "makers" to fabricate their fictions and metaphors, and the secret meanings of these lesser creations belong to the "makers" alone: theirs is the power to begin, direct, and end their stories, and their little creatures run through strictly guided paces under the guise of free will. The creations of the "makers" will always stand independently beside the first Nature—as "imitation", as arrogant improvement, or as rebellious substitution. In the uncreated world such willful fabrication is perverse, a mere deception: the poet is concerned with the authentic presentation of "what is", either interior experience or exterior percept. The *shih* poet's function is to see the order in the world, the pattern behind its infinite division; like Confucius, he "transmits but does not create".

这无疑是一个宏大的对此框架,虽然有助于我们了解中西文学的某些总体特征,但也难免有所疏漏。前面我们已经提到,华兹华斯的一些诗歌被一些西方学者认为是其个人生活的"实录",并不涉及对神意的模仿和创造。此处,我们不妨检审一下中国诗歌中的一些"例外"。的确,中国文化中没有类似西方基督教中上帝那样的造物主。但是,中国古人经常使用的"造化"一词隐约地含有"造世"和"造世者"的概念,① 中国古代文学中与造化争胜的例子也比比皆是,其中之一便是李贺《高轩过》一诗中"笔补造化天无功"那一行。② 作为对韩愈、黄甫湜两位前辈诗歌的捧赞,李贺显然不满足于仅仅把它们局限在抒情言志或"述而不作"的范围,而是将其与"造化"对自然的熔铸乃至创造进行比拟。正如钱锺书所说:

> 此派论者不特以为艺术中造境之美,非天然境界所及;至谓自然界无现成之美,只有资料,经艺术驱遣陶镕,方得佳观。此所以"天无功"而有待于"补"也。③

钱氏并且指出,这种观点与西方一些论者,尤其是但丁的如下论述并无二致:"化者大匠制器,手战不能如意所出,须人代之斫范。"④ 用宇文所安本人的说法,这如果不是对造化的一种"模仿",那也无疑一个"傲慢的改进,或是反抗的替代",只不过此处所指的,乃是"非创造"世界中的中国诗歌。

宇文所安进而谈到中西宇宙观的不同形式。他指出:

> 在创造的世界中,任何实体或种类都是由具体背后的原创范式所决定:独立范式的观念贯穿于大多数西方文明中各种宗教、哲学,及科学形式当中。但是,在非创造世界中,某一实体【的性质】则是由它与一系列对应和对照物的差异所决定的,正如一个

---

① 《汉语大词典》便将"造化"说成"自然界的创造者"。另如《庄子·大宗师》中的如下段落:"今一犯人形,而曰'人耳,人耳',夫造化者必以为不祥之人。"
② 《李贺诗集》,叶葱奇疏注(北京:人民文学出版社,1984),第281页。
③ 《谈艺录》(北京:中华书局,1984),第61页。
④ 同上。

总体是由两个基本部分的结合而形成的。①

宇文所安没有对西方文明中的"原创范式"(primal model)进行说明，但我们可以推测，它是指《圣经》中上帝创世、拯救人类、升入天堂/堕入地狱这一具有开始、中间、结尾的叙述型范式。有关中国文化中用对应和对照物来体现整体的模式，宇文所安则举出了许多例子，如《易经》中用"乾坤"指称宇宙和世界，平时人们用"草木"指称植物、用"飞【禽】走【兽】"指称动物，等等。宇文所安提出，由于中国具有这样的宇宙观，便产生了以对应和对照物为基础的认识论。在这一认识论中，我们所看到的"并非本质与属性，或是原因与结果，而是由相互依存部分组成的必然序列"。②具体到诗歌，由于中国诗歌所表现的乃是非创造的自然现象，它必然会体现这种对应与对照的关系。宇文所安进而指出：

> 这种诗歌的基本单位便不会是句子，因为句子是西方叙述文学的微观结构，由施事者、行为和完成所掌控。这种诗歌的单位必须是一个灵活的形式，以便让世界中的复杂模式在其中间并列，它便是使用对仗的对联……对仗是自然世界结构的语言形式体现。③

前面已经提到，《文心雕龙·丽辞》篇中有"造化赋形，支体必双，神理为用，事不孤立"的说法。刘勰接下来写道："夫心生文辞，运裁百虑，高下相须，自然成对。"④也就是说，语言（文辞）必然反映人类对自然或造化的认识（心），因而要把"高下相须，自然成对"的对偶与"支体必双"的造化，以及"事不孤立"的神理联系起来。上文中宇文所安有关对仗的讨论基本

---

① Owen, *Traditional Chinese Poetry and Poetics*, pp. 84—85. 原文: "... in the former [created world], any entity or species is defined by the primal model which lies beyond the particular; the idea of autonomous model runs through most of the religious, philosophical, and scientific variations of Western civilization. But in the uncreated world, an entity is defined by its differentiation from a series of correlatives and counterparts; likewise, a totality is the combination of two essential parts."

② 同上, p.86. 原文: "Instead of essence and attribute, instead of cause and effect, we have a necessary sequence of interdependent parts."

③ Owen, *Traditional Chinese Poetry and Poetics*. 原文: "Such poetry will not have as its basic unit the sentence, the microstructure of the Western narrative, dominated by agency, act, and completion. The unit of such a poetry will have to be a flexible form in which the complex patterns of the world can be set side by side—a parallel couplet...Parallelism was the formal linguistic manifestation of the structure of the natural world."

④ 参见周振甫《文心雕龙今译》, 第314页。

上便是因袭了这一路数。但是,他把对联或双行体看作中国诗歌的基本单位,以区别于西方诗歌中的句子,则对我们了解中西诗歌的表现形式有重要启发意义。与强调叙述逻辑的句子相比,采用对仗的对联更重视各个成分之间的并列和对比关系。明了这一点,我们便不会奇怪为什么与西方诗歌相比,中国诗歌长于抒情比兴,而在描述叙事方面则略逊一筹了。

在西方诗歌特别是英诗中,也有"双行体"(couplet)这一体式。但是,宇文所安认为,如同隐喻一样,它只是一种修辞或"形式手法"(formal device),而不是像汉诗中的对联那样,与"认识行为"(act of knowing)密不可分。不仅如此,对联在汉诗中之所以重要,更是因为它与"自然秩序的范式具有一种特殊的关系"。①例如,在描述风景(landscape)时,中国诗人并不是像西方诗人那样,通过一个"单元的概念"(unitary idea)去构思他的题目,而是通过一组"成对的名目"(a *pair* of terms),即"山水",而且在分布上"山"与"水"也分别出现在一联中的两行。这样的例子在中国诗歌中当然俯拾皆是,例如"野流行地日,江入度山云"即通过"山水"的范畴表现苍茫的宇宙,"风暖鸟声碎,日高花影重"则凭借"风日""花鸟"之间的对偶体现了一个微小但同样充满生机的世界。②宇文所安对后者的解读尤其细腻入微,值得我们流连欣赏,兹全部引译如下:

> 当我们的感官接触生动世界的景色时,我们意识到一个事物与事件的母体;在这感觉的母体中,凭借直觉和沉思我们体验到一个关系网,它把事物维系在一起,并给景色带来生机。为了重演感知的真实,这一对联尽量让事物之间的关系开放不定,使感官意象都保持着它们在感官经验中的独立。读者通过直觉或沉思理解到隐藏于事物之间的可能关系。
>
> "风暖鸟声碎"——此处的两个谓语[按:即"暖"与"碎"]彼此独立,这也是对联体式中正常的并列;但是,读者马上便知道这两个陈述如何成为一体,即暖风打碎了鸟声。在"日高花影

---

① Owen, *Traditional Chinese Poetry and Poetics*, p.87.相关的原文: "the true reason that Chinese parallelism has a unique force lies in its special relation to the models of the natural order."

② 上面两联分别取自杜甫《江阁对雨有怀行营裴二端公》及杜荀鹤《春宫怨》;参见 *Traditional Chinese Poetry and Poetics*, pp.90,94,《九家集注杜诗》卷三十五,《唐风集》卷一,文渊阁版四库全书。

重"中,我们同样知道,高挂天空的太阳会从开花的树中投下最密集的影子。各种相互关系在不断增加,也不断复杂化:风中的温暖来自高空中的太阳,在明亮的阳光中,树会为鸟提供遮蔽,这些鸟此刻藏在花朵与新叶当中,我们只有通过它们的声音才能知道它们的存在。当太阳将"暖"借与另一行中的风时,风也从太阳中借到了"高",我们抬头看见打碎声音的风从春天鲜花盛开的树中吹过。从这一风中读者得知花朵不久将被吹散,像鸟声一样"碎"。"重"影还可以是"重",即一丛沉重欲坠的花朵。

　　这一对联平衡"碎"与"重",在这两个字的次序中我们解读到一个秘密的凝缩运动,即清晨的运动,此时花朵那铺展的阴影被升起的太阳凝缩起来。但是,凝缩也是全部分解的对立,此时的景色也正面临着分解的危险。从"碎"我们来到太阳高照时花朵堆积的宁静时刻;这一脆弱的静止状态与未来形成对照,那时下落的太阳会再次撒出稀薄的影子,风也将剥落掉那些撒下阴影的花朵。鸟、花和阴暗被春色那皎洁的运动所衬托,在这一宁静整体和平稳时刻中合为一体。①

---

① *Traditional Chinese Poetry and Poetics*, pp.94—95.原文:When our senses encounter the scenes of the living world, we are aware of a matrix of things and events; within that matrix of sensations, intuition and reflection reveal the web of relations that binds things together and animates the scene. To reenact the authenticity of perception, the couplet leaves the relations between things as open and indeterminate as possible; sensory images are presented with the autonomy they possess in sensory experience. The reader, intuitively or in reflection, apprehends the contingent relations that lie hidden between the objects."The wind is warm, the voices of birds shatter"—the predicates are independent, the normal parataxis of the couplet style, but the reader knows immediately how the two statements come together, how the warm winds break up the songs of the birds. And in "The sun is high, the shadows of flowers in layers," we know in the same way that the sun, when high in the sky, casts the thickest, most concentrated shadows through the flowering trees. Reciprocal relations increase and complicate: wind's warmth follows from the height of the sun; and in that bright sunlight, the trees may provide shelter for the birds, now hidden in blossoms and new foliage, their presence known only by their voices. And the sun lends "warmth" to the wind of another line, so the wind borrows "height" from the sun, and we look up to see a voice-shattering wind that blows through the densely flowering trees of spring. In that wind the reader knows how the flowers will soon be blown loose, "shattered" like the voices of the birds. For the "layered" (*ch'ung* 重) shade is also a "heaviness" (*chung* 重), a lush weight of flowers ready to fall. The couplet balances "scattering" and "massing", and in the sequence of the two terms, we read a secret movement of concentration. It is the movement of the morning, as the wide-spread shadows of the flowers are concentrated by the rising sun. But concentration is also the antithesis of the total dissolution which threatens the scene. From one "shattering" we move to a still point of massed flowers at the very moment when the declining sun will again spread and thin the shadows, as the wind strips away the shadow-casting flowers. Birds, flowers, and shadowy darkness all come together in this still mass and poised moment, framed by the luminous movement of the spring scene.

不难看出，上面的解读正体现了宇文所安对汉诗对联的认识，即其中的各个组成部分彼此相互作用，因而形成了一个对应与对照的关系网络。在宇文所安的诗意感受之下，这个关系网络的确是层出不穷，为诗中的境界与主题带来了不尽的生机、活力和深度。①

必须指出的是，在汉诗中对联的使用一般只是在一首诗的某些部分。如在律诗中，只有中间两联必须使用对联。通篇使用对仗或对联的固然有，但那毕竟是极少数。在审美效果上，由于对联中的对仗将其中的各部分平行并列起来，因而往往造成一种凝滞的状态，令读者面对一些静止的画面。但诗歌毕竟不同于绘画；它属于时间艺术，必须具有某种流动、发展的过程。即使刻意写景，也须终之以情，以达到情景交融的境界。这也便是为什么律诗要求起承转合，而且一般首联与尾联都不使用对仗。②所有这些，都是要平衡使用对仗的颔联、颈联所造成的静止感觉与画面效果，使得全诗成为一个集描写与叙述、静止与运动为一体的多维世界。宇文所安上述有关对联的讨论皆是从一首诗中抽出一联进行单独分析；在本章的最后，他则把对联与整首诗联系起来，其中一例便是杜甫的《独立》：

> 空外一鸷鸟，河间双白鸥。
> 飘摇搏击便，容易往来游。
> 草露亦多湿，蛛丝仍未收。
> 天机近人事，独立万端忧。③

前三联都用对仗，通过对比行将杀戮的"鸷鸟""蛛丝"和行将被杀的"白鸥"与"草露"，展现出一个杀气弥漫的境界。宇文所安指出，对联既是诗人感受、组织自然的方式，同时也可是"一种控治形式"（a form of control）。具体在这首诗中，便是它协助诗人停止自然中的杀戮，将其控制在静止的描写当中，使他得以暂时从中抽身出来，以旁观者的身份去面对

---

① 杜荀鹤此诗属于"宫怨"一类。宇文所安的解读令读者更加充分地体验到诗中主人公的复杂境遇和心态。全诗如下：早被婵娟误，欲妆临镜慵。承恩不在貌，教妾若为容。风暖鸟声碎，日高花影重。年年越溪女，相忆采芙蓉。

② 这只是基本的规则，当然也有例外。律诗中首联用对仗的固为少数，尾联用对仗的则更属罕见。参见王力《汉语诗律学》（上海：上海教育出版社，1979），第142—153页。

③ Owen, *Traditional Chinese Poetry and Poetics*, pp.103—104；《九家集注杜诗》卷二十。

和回避这一残酷现象。宇文所安说:

> 对联把这个世界掌控在静止当中:水果永远不会落入猕的口里,鱼永远不会死,花也永远不会被打碎鸟声的风所吹落……对联是与时间抗争的艺术,它要把事物掌控在永恒的平稳之中,使它们永远不死,因为它们从未完成[其生命的旅程]。①

但是,这一控制与静止毕竟不能长久,正如在此诗的尾联,诗人毕竟要从上述自然现象以及从中悟出的"天机"中回到"人事","独立"地去面对残酷的世界。诗人的言外之意很清楚:前面被悬置下来的杀戮终究要完成,他本人同样也避免不了相似的命运,这也便是令他"万端忧"的原因。意味深长的是,这一主题乃是由尾联以非对仗的叙述句型表述出来的。这充分表明,对联在汉诗中固然重要,但只有与诗中那些非对仗的成分相结合,才能在一首诗的整体中发挥作用。对于这一点,宇文所安没有特别说明。

第四章"话音"(Voice)探讨读者能否因诗知人,亦即诗歌能否表现诗人个性的问题。当代西方文学理论多强调语言与文学规范对作者的制约作用,甚至将语言视为牢笼,并有"作者已死"的说法。在这样的文学批评中,目的已经不是要在文本中解读作者的志向,而是去重构文本赖以表现的各种语言及文学规则。但是,在中西文学传统中均有"文如其人"的主张,②宇文所安此处的立场基本相同。在本章的开头,他引用了本·琼斯(Ben Jonson,1572—1637)和白居易的如下文字,为其定下了基调:

> 语言最能显示一个人:说话,我便能见到你。它来自我们的内心深处,是其父母即心灵的意象。没有什么镜子能像话语那样能够真实地反映一个人的形状或肖像。

---

① 同上,p.106.原文:"The couplet holds this world in stasis: the fruit never reaches the ape's mouth, the fish never dies, the flowers are never scattered by the voice-shattering wind....the couplet is an art against time; it proposes to hold things in eternal poise, undying because they are unconsummated." 此处描述的,是书中所提到的"岩猕牵垂果,涧禽接进鱼"和"风暖鸟声碎,日高花影重"两联。

② 有关这方面的系统讨论,参见 Wu Fusheng, "Style is the Man 文如其人: A Critical Review", *Tamkang Review*(Autumn 1994), pp.1—34.

——本·琼斯《发现》(Discoveries)

言者志之苗,行者文之根。所以读君诗,亦知君为人。①
——白居易《读张籍古乐府》

要聆听诗中的话音,便须将此话音与作者其人联系起来;要了解作者其人,便又须将其置于历史的语境;这也便是知人论世的古老理念与解读策略了。当然,所有这些也必须与诗歌的传统规范以及每个诗人的独特风格结合起来。在本章中,宇文所安通过对杜甫、苏轼、李白和黄庭坚几首诗的解读来说明这一点;对此我们将予从略。值得一提的是,用"话音"来形容诗中的主题与世界,便意味着把读者置于"听者"的位置。这样的关系似乎比"文本"与"读者"之间的关系更加亲密和个人化。不少人担心这会令诗歌解读无章可循,陷于混乱。宇文所安为此提出了辩护;他说:

> 控治解读自由的冲动恰好制造了它所畏惧的混乱。在攻击读者与文本之间本质上的私人关系时,学者们忘记了一个关系中总是有两方,即一位具有个性的读者,和一个在那讲话的话音。那个来自其他人话音的一致性是将众多读者和解读维系在一起的唯一整体。真正的混乱来自拒绝聆听[这一话音]。如果没有话音,我们便只有一个毫无生气的文本,或是一个东西,只包括文学解读中众所周知的规则。②

也就是说,在解读一首诗时,如果没有诗人与读者之间推心置腹的交谈,那么这首诗便成为一个没有生命的"东西"(thing),即使规则再多,再

---

① Owen, *Traditional Chinese Poetry and Poetics*, p.108. 英文原文:"Language most shewes a man: speak, that I may see thee. It springs out of the most retired and inmost parts of us, and is the Image of the Parent of it, the mind. No glass renders a mans forme or likenesse so true as his speech."

② Owen, *Traditional Chinese Poetry and Poetics*, p.142. 原文:"The impulse to control the freedom of reading creates the very anarchy it most fears. Attacking the essential privacy of relation between the reader and the text, the academician forgets that *two* terms are involved in a relation—a reader, with his idiosyncratic disposition, and a voice out there speaking. The coherence of that voice from someone else is the one unity that ties together the multitude of readers and readings. True anarchy comes with the refusal to listen. Without the voice we have only an inert text, a mere thing, with the shared rules of literary reading."

复杂,也毫无意义。这无疑是对结构主义和后结构主义诗学的批评,因为它们都试图把作者从文学作品中剔除出去,把文学作品简化成语法和规范。由此产生的解读虽然看上去是有章可循,但由于没有了作者的"话音"做指导,无异于对僵尸的解剖。在宇文所安看来,这才是真正的"混乱"(anarchy)。此处,宇文所安的立场表现出人文主义的精神,这无疑与他对中国诗歌中"言志"传统的尊重密切相关。

第五章"学习"(Learning Lessons)旨在说明,正如读者解读一首诗乃是要通过诗人的"话音"去了解诗中的世界,诗人写诗也是一个自我反省、自我发现的"学习"(learning)过程。作为观察诗人"学习"的读者,他所经历的,乃是一种双重学习过程,即他在观察或"学习"正在"学习"中的诗人;换言之,解读一首诗,便是观察"反省中的诗人和反省的行为"。①这一得天独厚的位置使得读者不仅能够从诗人的学习过程中获得经验与智慧,而且还使他能够发现诗人在学习过程中所经历的曲折与矛盾。宇文所安提到了陶渊明、苏轼和王安石的作品。下面便是陶渊明《戊申岁六月失火》一诗:

　　草庐寄穷巷,甘以辞华轩。
　　正夏长风急,林室顿烧燔。
　　一宅无遗宇,舫舟荫门前。
　　迢迢新秋夕,亭亭月将圆。
　　果菜始复生,惊鸟尚未还。
　　中宵伫遥念,一盼周九天。
　　总发抱孤念,奄出四十年。
　　形迹凭化往,灵府长独闲。
　　贞刚自有质,玉石乃非坚。
　　仰想东户时,余粮宿中田。
　　鼓腹无所思,朝起暮归眠。
　　既已不遇兹,且遂灌我园。②

---

① 同上,p.166.引号中原文:"...both the person reflecting and the act of reflection."
② Owen, *Traditional Chinese Poetry and Poetics*, pp.168—176.原诗见逯钦立校注《陶渊明集》(北京:中华书局,1979),第81—82页。

宇文所安首先指出，虽然陶渊明经常标榜简朴天真，他实际上"自我意识极重，使得他在诗中【做出】各种复杂的行为，如安慰、自我辩护和反省"。①在这首诗中，他首先向读者表白他那"固穷"的生活态度，即"草庐寄穷巷，甘以辞华轩"。正是为此，当他的住宅被火烧毁时，他能够泰然处之。在后代诗人（如杜甫）笔下，这实在是令人痛心疾首的不幸事件，要大书特书，可是陶渊明仅用了两行来描述它："正夏长风急，林室顿烧燔"，平铺直叙，几乎是白描。面对"一宅无遗宇"的后果，诗人庆幸自己和家人尚有"舫舟荫门前"的后路，并且随即把自己的视线引向美丽的天空。大自然的崇高与永恒令他反省人生的意义，也更加坚定了他所选择的人生道路，进而得出了"贞刚自有质，玉石乃非坚"的结论。至此，陶渊明似乎已经完成了一个"学习"过程：即房宅失火更令他认识到自己人生道路的正确。但是，他似乎并不完全满意自己的上述结论，因为他又继续想象出一个更加理想的社会，在那里，由于供给殷实（"余粮宿中田"），人们"鼓腹无所思，朝起暮归眠"，自然也就不需要他去坚守"固穷"的操守，寄身穷巷，忍饥挨饿。也就是说，陶渊明所标榜的清高并非一种自然秉性，而是在大道沦丧的世界中所做出的一种无可奈何的选择，"既已不遇兹，且遂灌西园"。陶渊明在写作《戊申岁六月失火》一诗的过程中也许只意识或"学习"到了其中的某些方面，可是作为读者，我们所观察和学习到的，则要更加全面。

第六章"反叛"（Rebellions），顾名思义，探讨中国诗歌中的反叛现象。宇文所安指出，在中国传统中，"诗言志"把诗歌局限于诗人的内心及其身边的世界。的确，在《诗大序》中，诗歌的一个重要功用，便是让诗人在"情动于中"之后，经由"发于言"而达到一个心理和生理上的平衡，而且须"止乎礼仪"。宇文所安此处 提到韩愈"不平则鸣"，以及陆龟蒙"诗者，持也，谓持其情性使不暴去"的说法，为此做进一步的佐证。②他然后指出，由于上述对诗歌的认识，在汉诗中很难想象到古希腊悲剧中的常见主题，即"某

---

① 同上，p.168.引号中原文："…for all his vaunted simplicity and guilelessness, T'ao Ch'ien was burdened with an intense self-consciousness which led him through complex poetic acts of consolation, self-justification, and reflection."

② Owen, *Traditional Chinese Poetry and Poetics*, p.192.原文见韩愈《送孟东野序》（《中国历代文论选》第二册，第125页）及陆龟蒙《自遣诗序》（《甫里集》卷十一，文渊阁版四库全书）。

一秘密和神力毁灭性地爆发于人类伦常世界之中"。①虽然中国诗歌也讲感情的"净化"(purgation),但与亚里士多德诗学相比,中国诗学中的净化则显得是一种"生理上的愉悦"(cheerfully physiological)。

宇文所安指出,上述经典理论除了为诗歌提出能够为传统所接受的定义之外,还有另外一个隐藏着的目的,即控治和消解诗歌当中与经典和传统相龃龉的"危险"因素。人天生便具有某些对社会构成威胁的"动物特性"。它们无法彻底剔除,因此需要宣泄与表现,而文学便是一个重要的方式与途径。古希腊文学中的神、人冲突及其虚构特征使得西方诗人能够在自己所创造的想象世界中上演规模宏大的悲剧,通过毁灭所产生的净化来宣泄个人对神、宇宙与命运的不满和反抗。但是,在中国文学中,同样规模的表现只出现于戏剧和小说这些非经典的文类当中;一旦它们进入诗歌这样的"高等"文学,"那些混乱的力量便被无情地控制起来"。②

因此,那些被经典传统所控制、掩藏的所谓危险因素对我们了解某一经典传统同样重要,这也便是宇文所安在本书中另设"反叛"一章的原因。如上所述,在中国诗歌中,对经典传统的反叛在规模与激烈程度上都要比西方文学逊色很多,而且经常采用间接曲折的方式,因而从未产生过像弥尔顿《失乐园》那样直接描写神人冲突的作品。在等级森严的中国社会中,作为天子的国君享有至高无上的特权,也只有他们才胆敢违抗天意和命运。在中国历史中这样的国君很多,如周穆王、汉武帝、隋炀帝等。宇文所安特别提到秦始皇,他不仅好大喜功,而且违背天意地去乞求长生不死。虽然他受到了相应的惩罚,而且经常被人们用来做反面的样板,但是不少诗人仍对他的上述"逆行"表现出经久不衰的强烈兴趣,并围绕着这一母题发展出了一个"小型诗歌传统"(minor poetic tradition)。在中国诗歌评论中,人们一般只是把这类诗看作是对秦始皇离经叛道行为的讽刺,或是对时事的讽喻,总之都是在传统诗学的框架下进行解读。宇文所安将它们列入"反叛"的范畴,使我们能够从另一个视角来审视这些作品,将它们视

---

① 同上,p.192.引号中的原文:"…a destructive eruption of mystery and divine power into the human ethical world pass the imagination."

② Owen, Traditional Chinese Poetry and Poetics, p.194.相关的原文:"When the Chinese fictional tradition developed in theater and particularly in prose narrative, frightening forces erupted with no less menace than their Western counterparts. However, the more closely the fictional tradition approached high 'literature'(in the Chinese sense), the more ruthlessly those chaotic forces were brought under control."

为一种间接艺术体现；借此，作者得以把自己的反叛欲望嫁接或移置（displace）到历史人物身上，通过他们来挑战文化传统和人类局限，并且表现本人内心的压抑。此处，宇文所安提到李白《古风五十九首·其三》和李贺的《秦王饮酒》；下面便是李贺的那一首：

> 秦王骑虎游八极，剑光照空天自碧。
> 羲和敲日玻璃声，劫灰飞尽古今平。
> 龙头泻酒邀酒星，金槽琵琶夜枨枨。
> 洞庭雨脚来吹笙，酒酣喝月使倒行。
> 银云栉栉瑶殿明，宫门掌事报一更。
> 花楼玉凤声娇狞，海绡红文香浅清。
> 黄娥跌舞千年觥，仙人烛树蜡烟轻，
> 清琴醉眼泪泓泓。①

诗中的秦王天马行空，在歌舞升平、佳人美酒中横贯古今。这也便是中国古人想象中的神仙世界了。在古希腊文学中，这一混淆人、神世界的僭越行为被称为 hubris，即傲慢，其代价往往是自身的毁灭，这也便是古希腊悲剧与史诗的重要主题。在李贺的这首诗中，诗人所关注的显然不是秦王所遭受的毁灭与惩罚，而是其僭越与傲慢行为本身。全诗通篇为赋体，极力描写、铺陈伴随"秦王饮酒"这一主题的各种享乐行为和场面。诗的最后一行"清琴醉眼泪泓泓"描状放纵后乐极生悲的疲软。李贺诗歌的注释者叶葱奇认为此行的主语是"宫女"，②宇文所安则认为是秦王，并将诗中的"性交节奏"与"压缩了的王朝更替节奏"联系起来。③无论如何，与诗的整体相比，这一行都明显表现出一种怠懈、无奈和惆怅的意绪。虽然这样的结尾可看作是对秦王妄自尊大行为的嘲讽甚至针砭，但如同汉赋当中那些"劝百讽一"的结尾一样，它毕竟难以遮掩诗人对这些"异乎经典"的

---

① Owen, *Traditional Chinese Poetry and Poetics*, p.200,《李贺诗集》，第 53 页。
② 参见《李贺诗集》，第 55 页，征引司马相如《上林赋》"若夫青琴宓妃之徒"之注："青琴，古神女也。"按"青琴"乃是依据《文苑英华》；今本多作"清秦"。
③ *Traditional Chinese Poetry and Poetics*, p.203. 相关的原文："Li Ho's song follows sexual rhythms and the compressed rhythms of the dynastic cycle."

"谲怪之谈"①的浓厚兴趣,因而折射出诗人要在想象中与秦王为伍,以便暂时摆脱人类社会的局限与束缚的潜在意识和欲望。

《秦王饮酒》一诗的"反叛"性质并不难见,因为它所描写的毕竟是所谓"荒诞不经"的行为。宇文所安还采用同样的方法来解读一些传统、经典的作品,从中发现了为中国读者所意想不到的现象。众所周知,李白与杜甫之间有过不少唱和。作为少者,杜甫常在其诗中对李白表示出仰慕之情,《春日忆李白》便是其中著名的一首:

> 白也诗无敌,飘然思不群。
> 清新庾开府,俊逸鲍参军。
> 渭北春天树,江东日暮云。
> 何时一樽酒,重与细论文。②

宇文所安指出,此处杜甫的确似乎在称颂李白的诗歌,但其称颂的方式和使用的语言却暗中传送着另外一个信息,实际上他是在与李白争胜,因为他不满足于仅仅赞美对方,尤其是此处涉及的是他引以为自豪的诗歌创作。宇文所安通过对此诗细致的文本与互文解读来佐证上述观点,值得我们特别留意。

诗的首行称李白为"白也"。中国学者都指出,这一用法源自《左传》和《论语》,却没有深究其在本诗中的意义。③宇文所安特别注意到它与《论语·雍也》中如下段落的关联:

> 子曰,贤哉,回也!一箪食,一瓢饮,在陋巷,人不堪其忧,回也不改其乐,贤哉,回也!

在宇文所安看来,杜甫此处采用了孔子称赞学生的语气来赞美李白,一副居高临下的姿态。这未免颠倒了他与李白之间的关系,至少在本诗中有些不伦不类。在首联中称颂李白"诗无敌"之后,杜甫又在颔联中把李

---

① 此乃刘勰批评楚辞之语;参见《文心雕龙今译》,第43页。
② Owen, *Traditional Chinese Poetry and Poetics*, pp.212—213,《杜甫选集》,第15页。
③ 例如《九家集注杜诗》和《杜甫选集》的注者。

白比附于庾信和鲍照,即"清新庾开府,俊逸鲍参军"。中国学者一般都把颈联"渭北春天树,江东日暮云"看成是分别指杜甫与李白当时所处之地,即长安和越州。宇文所安则认为它同时也在继续描写颔联所提到的庾信和鲍照,前者曾羁居长安,后者则在江南死于乱军之中。因此,宇文所安察觉到杜甫正在自己与李白、庾信与鲍照之间建立一种相应的关系,亦即他把自己比作庾信,把李白比作鲍照。由于庾信的诗歌成就高于鲍照,杜甫也便借此把李白置于本人之下。在诗的结尾,杜甫再度凭借孔子的语气巩固了前面所建立起来的关系。在注释"重与细论文"一行时,《九家集注杜诗》提到曹丕的《典论·论文》和庾信的"论文报潘岳,咏史答应璩",可是宇文所安却从中听到了《论语·学而》中"子曰,赐也,始可以言《诗》也矣"那句话。赐即子贡,他是孔子的另一个弟子。这再次表明,杜甫的"这首诗乃是作于《论语》语气的框架之中……杜甫在这一《论语》世界中的地位明确无疑:他所采用的,便是孔子那位无敌夫子的话音,那一话音的强大权威把伟大的李白变成了温情俯就的对象"。①

当然,宇文所安并非要指责杜甫虚伪和傲慢。他承认杜甫对李白的真诚敬仰和关爱,但同时又指出:"作为一种话语形式,一首诗能够逃脱作者有意识的掌控:随处都会迸发出矛盾,暗中损害彬彬有礼的意图,并无意中打破常规,虽然诗人相信他始终谨小慎微地在按照这些常规行事。"②在《春日忆李白》中:

> 有一种自傲,不肯轻易地让李白占上风。在这首简单的称颂诗中,自傲在撰写一首非常不同的诗,其途径是通过书面话音的微妙变化,通过一个被意外注意到的典故,或是通过一个偶然形成的词语。我们之所以能够在文本中得到乐趣,便在于它同时在展示着两首彼此矛盾的诗,外在的文本慷慨、令人敬重,而内在的

---

① Owen, *Traditional Chinese Poetry and Poetics*, p.217.引号中的原文:"The poem is framed with the mood of the *Analects*…There is no question where Tu Fu belongs in this *Analects* world: his is the voice of Confucius, the unrivalled Master, and the powerful authority of that voice transforms the great Li Po into the object of loving condescension."

② 同上,p.211.原文:"As in all forms of discourse, a poem may escape the poet's conscious control: contradictions break through everywhere, undermining polite intent and accidentally violating proprieties, even as the poet believes he is most carefully observing them."

文本则充满骄傲、疑难重重。①

　　这样的解读正体现了当时盛行一时的解构主义文学理论与批评。它把文学文本视为不同矛盾因素的组合,彼此按照各自的规范撰写着各自的文本,令作者应接不暇,甚至束手无策。在解读这类文本时,读者所要特别关注的,也便是这些纠结不清的"难点"(aporia)。然而,宇文所安的上述解读虽然源自解构主义,但并未把作者完全"解构"或消解,简化成语言、文本规则。其原因或许便是中国诗歌传统中的人文主义倾向使他无法完全忘记诗歌文本的"言志"特征,这一点,我们在前面已经提到。

　　如上所述,中国学者在注释此诗的第一行时都注意到并指出了"白也"一语与《论语》的关系,但仅此而已。中国传统诗歌解读对典故的处理一般都只停留在"注事"的层次,即指出某一词、句与某一文本或文化、历史事件的关联,这也便是典故又被称为"用事"的缘由。与此相比,现代西方的"互文"(intertextual)理论则更重视阐发这一文本现象的"生成"(productive)意义,即它们如何影响到文本意义的生成,以及读者对文本的解读。宇文所安的解读正可说明这一点:它从杜甫诗中有关《论语》的典故或痕迹出发,通过深究它们在出处文本(source text)中的用法与作用,在"引用文本"(alluding text)中发现了一般读者所未曾留意的关系和意义,并进而做出了对《春日怀李白》这首诗的不同解读。虽然这一解读会令有些人感到困惑甚至难以接受,因为它颠覆了我们对杜甫其人其诗的一贯看法,但我们还是不得不承认它言之有据,因而不失为一家之言。

　　宇文所安对《春日忆李白》一诗的解读还令人想起美国当代批评家布洛姆(Harold Bloom)的《影响之焦虑》(*The Anxiety of Influence*)一书。②此书在20世纪70年代后曾对英美批评界产生过很大影响。布洛姆把弗洛伊德的心理分析,尤其是"伊迪普斯情结"(Oedipus complex)的观念应用于文学批评。他指出,诗人在创作时所面对的最大威胁,便是传统和它的

---

① 同上,p.218.原文:"There is a pride in self which rebels against too easily granting Li's superiority. Inside the simple praise poem, pride writes a very different poem—by a slight shift in tone of the written voice, by a certain allusion coming unbidden to mind, by a particular phrase forming itself by chance. Our pleasure in the text is in the simultaneous unfolding of the two contradictory poems—the generous, respectable outer text and the proud, difficult inner text."

② Harold Bloom, *The Anxiety of Influence* (New York: Oxford University Press, 1973).

影响。传统固然可以为诗人提供基础和灵感,但它的存在也可以窒息乃至扼杀诗人的创造力。传统往往由一些伟大诗人和作品组成。他们的影响常常使得后代诗人望而生畏,无所适从。面对这些伟大诗人及其作品,诗人常常会有所谓"影响的焦虑"(the anxiety of influence)。弱势诗人只好俯首称臣,甘居下风。但是强势诗人则为了自己的生存奋力抗争,为自己开辟一片想象空间,以便能够在创作中独辟蹊径,而不是对前人,尤其是那些伟大诗人,亦步亦趋。在宇文所安对这首诗的解读中,杜甫便是这样一位不甘在长者面前俯首称臣的强势诗人,自觉或不自觉地挑战李白在当时诗坛上的主导地位。

第七章《一种特殊的话语形式》(A Special Form of Discourse)旨在从中西诗学的比较视野来说明中国诗歌的特点,即作为一种扎根于日常语境的"谦逊诗歌"(A Modest Poetry),它对以艺术和创造为荣的西方诗歌来说实在是一种"特殊"的话语。宇文所安首先提到,在其著名的《抒情歌谣集第二版序言》中,华兹华斯曾试图让诗歌向人生靠拢。他将诗人称为"向人讲话的人"(a man speaking to men),只不过与普通人相比,诗人想象力更加丰富,感受力更加敏锐,对人类的认识也更加深刻,并且随时准备在没有灵感的时候去"创造"(create)灵感。①华氏的这一说法招致了其友柯勒律治(S.T.Coleridge,1772—1834)的批评,因为在他看来,"在普通人类中根本没有许多诗人",诗人实际上比普通人"更伟大"。②宇文所安更加明确地指出:"西方两千年的传统始终坚持认为,诗人与一般人类在本质上不同:诗人要么带有神性,要么便是位勤劳与深思熟虑的艺术家。"③此外,由于西方传统诗歌理论重视史诗和戏剧,反映日常生活的"应景诗"(occasional poetry)在西方向来受人忽略。但是,在中国诗歌传统中,应景诗乃是主流,因为"言志"这一定义使得诗歌牢牢扎根于日常生活的情景当中。因此,"西方艺术强调它与非艺术[领域]的断裂,而中国的应景诗

---

① 引自 Owen, *Traditional Chinese Poetry and Poetics*, p.223.
② 引自同上,p.224.引号中的原文:"there are simply not enough poets in the common humanity to make it [Wordsworth's assertion] true... the poet is more... he is greater..."
③ 同上,原文:"...a tradition two millennia in the making... insisted that the poet was essentially different from common humanity:the poet is either tinged with divinity or, at the very least, master of a studious and deliberative craft."

则明确声言它与诗歌之外生活的联系"。①

宇文所安还就华兹华斯有关诗人乃是"与人讲话的人"这一提法进行了评论。他指出,此处的听众或读者,"人"(men)乃是一个极其笼统和抽象的字眼。这样的诗人"要向他的人类同伴讲话。他向所有人讲话,结果是不向任何人讲话"。②之所以如此,是因为"创造"的世界观总是把西方诗人的视野引向人类之上的神或理念。诗人要模仿这种创造,因而不甘于将自己的作品局限于眼前的世界。与此相反,中国诗歌,尤其是那些应景诗,所面向的读者一般都是具体历史情境中的具体个人。当然这只是就一般情况而言。在中国诗人中,也有为了追求伟大和不朽而把视野放在后世读者身上的。但是,真正伟大的作品,则是那些面对眼前、同时又无意中能够面向未来的作品,因为一旦诗人脱离了感发他的情境,他的作品便会兴味索然。如果他深入发掘眼前的经验,从中发现某些深刻普遍的意义,他的作品定会因此而变得伟大和不朽,从而超越其个人与历史局限。在这一点上,可以说中西之间并无区别。在西方诗学中,抒情诗的定义之一是"被无意中听到"(overheard)的诗篇,因为诗人在写诗时心中都有一个读者,即宇文所安所说的"第一读者"(primary reader),但写成的作品总是被其他"第二读者"(secondary readers)"无意中听到"。③这一定义同样可以用于中国的应景诗:杜甫在写作《春日怀李白》时心中想到的是李白,但是时人和后人仍可以参与诗中作者与第一读者之间的交流,虽然这种交流是间接的。

在讨论杜甫的《旅夜书怀》时,宇文所安曾谈到"传统中国文学与帝国体制之间的预谋"。④天人合一或"对应"(correlative)的宇宙观使得中国诗人渴望在"天"的框架下定义自己。由于帝国制度被认为是天意在人间的体现,因而与天合一也就意味着与帝国合一。长期以来,在统治阶级的不懈扶植下,这一观念对中国文化与文学产生了深远的影响。不仅那些公共

---

① 同上,p.231.原文:"Unlike Western art's assertion of its discontinuity with non-art, the Chinese occasional poem proclaims its ties to a life beyond poetry."
② 同上,p.224.原文:"'A man speaking to men' addresses his fellow humans: he addresses everyone and therefore addresses no one."
③ Owen, *Traditional Chinese Poetry and Poetics*, p.225.
④ 同上,p.27.原文:"There is a complicity between Chinese classical literature and the imperial system."

文学要表现官方的立场,甚至就连以"言志"为宗旨的个人诗歌也都成为"对中央政府效忠的一个象征行为"。①这不仅表现在诗歌的一些主题上(如仕与隐),甚至还渗透到诗歌的形式:

> 对仗的对联、对景色的结构性描述,以及对体现于世界当中之意义的信念——所有这些象征表达的模式与规范都带有如下秘密意旨,即"我坚信宇宙/帝国制度的普遍和永恒性"。②

本书最后一章,"独自一人"(Alone)再度探讨中国诗歌,尤其是诗人与政治体制之间的关系。宇文所安指出:

> 倘若我们不充分把握政府和仕途对【中国】男人的生活和想象所拥有的独特感情力量,那么我们便无法理解中国传统文学和文明。这一力量有时是直接表现出来的,有时则只是隐含其中;它隐藏于对无忧无虑之沉醉和归隐的赞颂背后,正如它促使某人去寻求奖掖和提拔。如果它本身在文本当中隐而不见,那么论者和读者便常常会为文本提供一个公共的语境,以作为秘密的参照框架。③

这一论断对我们了解中国传统诗歌的确深有裨益。它令我们意识到,在杜甫"致君尧舜上,再使风俗淳"(《奉赠韦左丞丈二十二韵》)与李白"人生在世不称意,明朝散发弄扁舟"(《宣州谢朓楼饯别校书叔云》)两种貌似相反的态度之后,实际上存在着同样的"感情力量",即对仕途的渴求

---

① 同上,*Traditional Chinese Poetry and Poetics*, p.28.原文:"A poem was a symbolic act of loyalty to the central government."

② 同上,p.31.原文:"The parallel couplet, the structured description of a landscape, the presumption of meaning incarnate in the world—all these formal patterns and conventions of figuration carry the secret message, 'I believe in the universal and eternal validity of the cosmic-imperial system.'"

③ Owen, *Traditional Chinese Poetry and Poetics*, p.252.原文:"Traditional Chinese literature and civilization cannot be understood without grasping the unique *emotional* power which government and public service exercised over men's lives and imaginations. That power is sometimes expressed directly; sometimes it is only implicit; it lurks behind the celebration of drunken insouciance or the joys of retreat no less than it dominates the plea for preferment. If invisible in the text itself, the public context will often be supplied as the secret frame of reference by commentators and readers."

和受到体制认同的欲望。这的确是中国文人诗的永恒主题之一,长期以来也一直是阐释这类诗歌的重要语境和参照框架。

宇文所安提到,在人的一生中,有多种满足个人愿望、实现个人理想的途径,例如"爱情、军威、荣誉、冒险、财富、纵欲"等;但是,在古代中国:

> 令我们吃惊的是,它们在对自我的诗歌表现中所起的作用如此微小,而且即使在出现时,也被放在可能的仕途框架之内。我们不得不惊讶,究竟是什么畏惧和奖赏把如此众多人的精力都集中在这一个存在的焦点,使得他们要么竭力进取,以便赢得和保护仕途,要么连篇累牍地为拒绝从仕而庆祝和辩护。①

宇文所安认为,造成上述现象的,并非仅仅是政府的强大与重要,因为在其他文明中政府具有相同的权力和作用,但是对仕途表示漠视或鄙夷的诗人与作家大有人在。所不同的是,在中国传统中,政府的重要性在人们心中形成了一个"理念"(idea),它对每个人都有一种"切身意义"(private significance),进而影响和左右着他们的人生选择与方式。宇文所安此处没有深究形成这一现象的原因。我们不妨将其追溯到儒家思想中"学而优则仕"以及"达则兼济,穷则独善"②的传统。在文人的思想中,第一选择永远是"达"后的"兼济","独善"只是"兼济"失败后的下策,故曰"穷"。这本是众所周知的旧谈,但宇文所安将其看作影响中国诗人创作的深层情结,因而与世界上其他文化传统不同,也的确令我们重新审视这一现象,并从更深的层次上去理解和欣赏传统诗歌中仕与隐这一古老的主题。

宇文所安以"独自一人"(Alone)一章结束《中国传统诗歌与诗学》全

---

① 同上,p.252.原文:"There are many other satisfying ways in which a person might spend his life; there are other rich possibilities for human desire—love, military glory, honor, adventure, wealth, steaming dissolution. We must be startled that these play so small a role in the poetic presentation of self, and that when they do appear, they are often set in the framework of possible public service. We must wonder what fears and what rewards fixed the attention of so many on this focal point of existence, either struggling furiously to advance, to procure and protect public service, or voluminously celebrating and vindicating a disinclination to serve."

② 上述两个引文均出自《论语·子张》和《孟子·尽心》;后者全部原文为:"古之人得志泽加于民,不得志修身见于世。穷则独善其身,达则兼济天下。"

书，便是要从中国古代诗人的角度来探讨这一现象。更具体地说，便是要审视那些被帝国体制所摒弃，因而必须"独自一人"面对社会和世界的诗人以及他们在诗歌中的自我表现。这样的安排无疑旨在强调中国传统诗歌中的个人意义，而这也正是"诗言志"这一古训的精髓。此处，宇文所安提到了屈原、李贺、孟郊、白居易、杜甫、韩愈、陆游等诗人。他们的背景和处境虽不尽相同，却有一个共同之处，那便是他们都曾因各种原因而被体制所摒弃，不得不"独自一人"去在广漠的世界上寻求自我实现。但是，所谓"独自一人"乃是相对而言；它必须依赖一个对方（antithesis）才能存在。在中国传统诗歌中，这一"对方"便是帝国体制，"独自一人"的诗人总是情不自禁地以它为参照框架，来定义自己的存在意义和价值。在这一类诗歌中：

> 那些描述摒弃的各种结尾都保留着与某位身居中心的长者之间的关系，虽然这种关系是反面的。谅解与回归、自杀、死亡、对仕途的佛教捐弃与世俗拒绝——所有可能的解决方案都被尝试过，但每一个解决方案都呈现出与这位长者的关系。①

下面便让我们审视一下宇文所安为说明上述论点所引用的诗歌文本。在中国文学中，屈原是士人/诗人生不逢时的原型，他的《离骚》也是所谓"感士不遇"这类诗歌的经典文本，宇文所安将其作为此章的首选，自是在意料当中。应当指出的是，《离骚》中对体制（即"美人""灵修"或宇文所安所谓"长者"）的控诉基本上体现了"温柔敦厚"的风格，符合"发乎情，止乎礼仪"的原则，因而得到了王逸等多数论者的赞赏。②虽然后代诗歌大体继承了这一传统，但在个别诗人笔下，对体制的控诉和反抗变得更加激烈，对个人因被摒弃而受到的孤独与迫害的描绘也变得更加愤激乃至黑暗，甚至令人想起宗教中的地狱。李贺的《公无出门》便是一例：

---

① *Traditional Chinese Poetry and Poetics*, p.260. 原文："All the various endings for the narrative of expulsion preserve some relation, even a negative one, to the senior in the center. Forgiveness and return, suicide, death, Buddhist renunciation or secular rejection of public service—every possible resolution is exhausted; but always the resolution is a relation to the senior."

② 必须指出，班固对《离骚》中那些天马行空的段落颇有微词，将其视为"虚无之语"，并指责屈原"露才扬己"。参见班固《离骚序》，载《中国历代文论选》第一册，第89页。《文心雕龙·辨骚》篇也对其中的"谲怪之谈"提出了批评。

三 理论的展开与研究的深入：宇文所安的《传统中国诗歌与诗学：世界的征兆》

> 天迷迷，地密密。
> 熊虺食人魂，雪霜断人骨。
> 嗾犬狺狺相索索，舐掌偏宜佩兰客。
> 帝遣乘轩灾自息，玉星点剑黄金轭。
> 我虽跨马不得还，历阳湖波大如山。
> 毒虬相视振金环，狻猊㺚貐吐馋涎。
> 鲍焦一世披草眠，颜回廿九鬓毛斑。
> 颜回非血衰，鲍焦不违天。
> 天畏遭衔啮，所以致之然。
> 分明犹惧公不信，公看呵壁书问天。①

　　李贺诗才出众，在以诗取仕的唐代本会有所作为，但由于受到排挤，不得进士，年仅 26 岁便郁郁而死。在此诗中，他对体制的愤激之情奔泻而出，的确到了"荒诞不经"的地步。诗中所提到的颜回、鲍焦、屈原皆是被体制所摒弃的贤人，他们不但没有得到社会的奖掖，反而成为鬼怪猛兽捕食的对象。不仅如此，李贺还将此称为天意，进而质询和挞伐"天道无亲，常与善人"②这一传统观念。宇文所安指出："李贺的这首诗在狂乱中呓语，其中的情感强烈到【触犯】禁忌的程度，使得诗中的表现变得混乱无章。"③

　　与李贺相同的还有另一位唐代诗人孟郊，其《哀峡十首·其三》虽然没有《公无出门》那样愤激，但呈现出同样阴暗的意绪：

> 三峡一线天，三峡万绳泉。
> 上仄碎日月，下挚狂漪涟。
> 破魄一两点，凝幽千百年。
> 峡晖不停午，峡险多饥涎。
> 树根锁枯棺，孤骨裹襄悬。

---

① Traditional Chinese Poetry and Poetics, pp.266—268；原诗见《李贺诗集》第 271 页。
② 老子《道德经·七十九》。
③ Traditional Chinese Poetry and Poetics, p.269. 原文："Li Ho's poem raves chaotically, moving toward a sentiment with a taboo so strong that it garbles expression."

树枝哭霜栖，哀韵杳杳鲜。
逐客零落肠，到此汤火煎。
性命如纺绩，道路随索缘。
莫泪吊波灵，波灵将闪然。①

宇文所安把上面这首诗中的意境称为"噩梦，毫无掩饰的地狱"，其中"闪烁的鬼火乃是一个孤独灵魂的团体，他们都蒙冤被逐，永远不会被从石头与激流之间的黑暗之地召回"。②

当然，这都是极端的例子。它们的确太黑暗、太悲观，甚至令宇文所安那位假想的对话者（someone）感到不安。为了把读者从上面的地狱中引导出来，宇文所安又回到了杜甫这位他情有独钟的经典诗人，因为杜甫的很多诗作更能代表中国诗歌传统对"士不遇"这一主题的表现。前面详细讨论过的《旅夜书怀》已是一例，其首联"细草微风岸，危樯独夜舟"便清楚地点明了这一主题。宇文所安除在"独自一人"一章中又选了两首杜诗（《孤雁》《返照》）之外，还用另一首杜诗来结束全书，或许是因为他在这位老年仍以"遥拱北辰缠盗寇，欲倾东海洗乾坤"（《追酬高蜀州人日见寄》）为己任的孤独落魄诗人身上窥见了中国传统诗歌的某些美丽动人之处。下面便是宇文所安在《中国传统诗歌与诗学》的"跋言"（Epilogue）中所征引的《宿白沙驿》一诗：

水宿仍余照，人烟复此亭。
驿边沙旧白，湖外草新青。
万象皆春气，孤槎自客星。
随波无限好，的的近南溟。③

宇文所安没有对此诗做任何评论，只是提及它是杜甫离开夔州后沿江

---

① 同上，pp.284—285，原诗见华忱之、喻学才《孟郊诗集校注》（北京：人民文学出版社，1995），第489页。

② 同上，p.284。原文："...a landscape of nightmare, an undisguised hell....Here the ghostly flashes of light are the community of solitary souls, wrongly exiled and never summoned from a palpable blackness amid stone and seething water."

③ 同上，p.287，《九家集注杜诗》卷三十五。

而下的途中所作。我们只需将此诗与上面李贺和孟郊的诗略作比较,便会发现杜诗中的主人公虽然同样孤独落魄,却怀有一个昂然向上的心胸。诗中万象更新的宇宙固然反衬出诗人的孤独与衰老,但它同时也是诗人汲取灵感与力量的源泉。正是为此,他虽然"随波"飘荡,却感到"无限好",因为他仍然感到自己是《庄子·逍遥游》中"海运"的鲲鹏,在展翅飞向远处那苍茫无际的宇宙,"南溟"。①

  宇文所安用杜甫《宿白沙驿》一诗作为《中国传统诗歌与诗学》一书的结尾,似是有意激发读者的想象,以便使他们身临其境地去体验中国诗歌中最美丽、最崇高的境界。这与此书对阅读/解读的强调刚好吻合。此外,他对中国传统诗歌中"孤独"现象的重视,也令人深思。前面已经提到,在中国文化中,天人合一与"国人合一"互为表里,使得诗人/士人渴望得到帝国体制的认可,成为其中一员。但是,并非所有诗人/士人都会被体制接受;对于那些因为各种原因被摒弃的人来说,心中的苦闷与挫折自然要在"言志"的诗歌中表现出来。不仅如此,写诗也成为诗人借以宣泄情感、面对人生的重要手段。这也便是为什么从司马迁开始便有"发愤"说和"文穷而后工"的理论。正是这些"孤独"的诗篇,最能体现中国传统诗歌与诗学的特点。这或许便是为什么宇文所安要以"独自一人"命名本书最后一章,并以杜甫《宿白沙驿》一诗结束全书的缘由。

---

  ① 参见《庄子·逍遥游》:"北冥有鱼,其名为鲲。鲲之大,不知其几千里也。化而为鸟,其名为鹏。鹏之背,不知其几千里也。怒而飞,其翼若垂天之云。是鸟也,海运则将徙于南冥。南冥者,天池也。"

四
隐喻、寓言与中西比较文学：
余宝琳、张隆溪的比较诗学研究

"隐喻"（metaphor）和"寓言"（allegory）乃是中西方文学传统所共有的古老修辞方式。它们所体现的，也是人类思维的普遍特征，即通过比喻来说明和表现某种现象和意义。在中西比较文学中，隐喻和寓言看上去似乎是建立一种"共同诗学"（common poetics）的理想切入点，①但是，从20世纪后期开始，它们曾一度成为争论中西文学异同的焦点，直接涉及中西比较文学研究的定位以及方法和策略。本章将对这一争论中的重要著作及论点进行综合评述。

先要澄清一下隐喻和寓言在西方文学和中国文学中的定义与功用。在希腊文中，"metaphor"的本义是"迁移"（transfer）。据此，亚里士多德为隐喻作了如下定义："隐喻是为某物起一个本属于他物的名字。这种迁移或是从种到类，或是从类到种，或是以类比为依据。"②作为一种比喻方式（figure of speech），隐喻包括两大类。一类是"明喻"（simile），它明确指出比喻的双方，如荷马在《伊利亚特》（*The Iliad*）中说亚吉里斯（Achilles）"像一头狮子扑向敌人"（"sprang at the foe like a lion"）。但是，如果只说"狮子扑向他们"（"the lion sprang at them"），那么便是"隐喻"（metaphor）了，因为此处"狮子"一字及其意义虽被"迁移"到"亚吉里斯"名上，并且替

---

① 张沛在其《隐喻的生命》（北京：北京大学出版社，2004）一书中便认为"它［隐喻］为中西文学与文化的'互证''互识''互补'提供了很好的资源与契机。"第49页。

② Aristotle, *Poetics*, trans. by Ingram Bywater (New York: The Modem Library, 1954), 1457b, p. 251. 英译原文："Metaphor consists in giving the thing a name that belongs to something else; the transference being either from genus to species or from species to genus, or on grounds of analogy."

代了他,但二者之间的比喻关系没有被明确提出,只是"隐"含在文本当中。①在汉语里,与"比喻方式"相对应的是"譬喻",即所谓"假象取耦,以相譬喻"(《淮南子·要略》),通过"象"或"偶"对两个事物进行比附,以使它们彼此相互阐发和说明。与西文中的"比喻"(figure of speech)相同,汉语中的"譬喻"也包括明喻和隐喻;用以区分隐喻和明喻的,同样是"如""若""似"这些连接词,即英语中的"like""as""as if"等词语。不仅如此,中国诗歌中常用的"比"和"兴",也类似于西方文学中的"明喻"和"隐喻"。虽然比、兴都采用比喻的手法,但是正如刘勰在《文心雕龙·比兴》篇中所言,它们之间有"比显而兴隐"的区别。例如《诗经·卫风·淇奥》篇中"有匪君子,如金如锡"两行用的是比,也就是西文中的"明喻",因为它们通过"如"这一连词明确指出了"君子"与"金"和"锡"之间的比附关系,与上文中亚里士多德所举之例一相同。反之,杜甫《秋兴八首·其一》首句"玉露凋伤枫树林",将"玉露"暗比武器,"枫树林"暗比人体,则与亚氏所举例二无异,属于"隐喻"一类了。

至于"寓言"和"allegory",它们在中西语言中的意义,以及在中西文学中的作用也极为相似。在汉语中,"寓"的本义是"寄托",因而"寓言"也就是"有所寄托之言"。②当然,要有所寄托,便必须依靠他物,因此同隐喻一样,寓言也须通过两物之间的比附方可运作。在希腊文中,"allegory"一字由"allos"即"other"(他物)和"agoreuein"即"to speak"(言说)组成,③因而同样是"凭借他物进行言说"的意思。在西方文学中,寓言往往被定义为"隐喻"的延伸(extended metaphor)。④也就是说,当某种隐含的比喻被从某一文本的局部扩充到部分甚至统摄全篇时,它便由隐喻发展成为寓言。在中西文学中,寓言的例子也很多。在古希腊有著名的《伊索寓言》;在中国,《庄子》一书中除了载有众多寓言故事外,还特设《寓言》一章。

总之,隐喻和寓言为中西文学传统所共有,人们对它们的理解也基本

---

① 参见 Alex Preminger and T.V.F.Brogan, eds., *The New Princeton Encyclopedia of Poetry and Poetics*(Princeton University Press,1993),p.761.
② 参见《汉语大辞典》"寓"字条。
③ 参见 *The New Princeton Encyclopedia of Poetry and Poetics* 中 "allegory" 一条。
④ 参见 Angus Fletcher, *Allegory: The Theory of a Symbolic Mode*(Ithaca: Cornell University Press, 1964),p.70.

相同。如上所述,隐喻和寓言的共同特点,是通过比喻来表达或体现作者的意旨和作品的意义,即以"此"言"彼"(saying one thing and meaning another);①"此"乃是一种文字载体(vehicle,或译为"喻依"),"彼"才是所要表现的意义(tenor,或译为"喻旨")。②例如,在莎士比亚《麦克白斯》(Macbeth)中有这样一句话:"人生是一个白痴所讲述的故事"("Life is a tale, told by an idiot")。莎翁的用意是要通过"人生"与"白痴所讲述的故事"之间的比附来说明人生的荒唐无稽,即它"充满了喧嚣与愤怒,没有任何意义"("full of sound and fury, signifying nothing")。同样,在"人生到处知何似,应似飞鸿踏雪泥"这两行诗中,苏轼明确将"人生"与"飞鸿踏雪泥"比较,来说明其漂泊无定,即"泥上偶然留指爪,鸿飞那复计东西"(《和子由渑池怀旧》)。不难看出,上述两个例子虽然一个是隐喻,一个是明喻,但它们都是要凭借某种比附来说明一个道理。不仅如此,由于它们都对所使用的比喻做了进一步的延伸和解说,因此可被看作是微型"寓言"。倘若要追寻它们之间的差异,我们似乎也只能说二位诗人所使用的比喻或喻依体现了他们对人生的不同观察、理解或是艺术趣味,因为白痴讲故事和飞鸿踏雪泥毕竟呈现出不同的艺术形象与境界,因而必定会在读者的想象中引起不同的联想,从中得出不同的结论。但是,由于这两个例子都通过比喻来说明两位诗人对人生的认识,因此从比较诗学的视野来看,它们的相同之处似乎更加引人注目。相比之下,它们之间的区别(一为隐喻,一为明喻;一个以白痴讲故事为喻依,一个以飞鸿踏雪泥为喻依),却成为枝节性的问题了,因为这样的差异完全可以出现在同一文学传统中的不同作者身上。

正是为此,中西学者在论及中西文学中的隐喻时,往往强调它们之间的相同之处。钱锺书在《谈艺录》和《管锥编》中对此均有论述。例如前者谈到黄庭坚所作"安得青天化作一张纸"(《快轩庭坚集句咏之》)一句,然后指出:"按青天作纸张之语,西方各国诗中皆有之,常以碧海化墨水为对(If all the sky were parchment and all the sea were ink)。"钱氏进而提到白居易在《鸡距笔赋》中有"假名而善喻"之说,此与《大般涅槃经》中的"分喻"

---

① 参见 The New Princeton Encyclopedia of Poetry and Poetics 中 "metaphor" 一条, p.761, 以及 Fletcher, Allegory, p.2: "In the simplest terms, allegory says one thing and means another."

② 此为英国批评家 I. A. Richards 之言, 参见 The New Princeton Encylopedia of Poetry and Poetics, p.760.

和英国玄学派诗(Metaphysical Poets)之"曲喻"(Conceits)用法相同。①美国学者华生(Burton Watson)便认为,由于中国诗歌的政治伦理倾向,致使论者在解读作品时经常采用"寓言阐释"(allegorical interpretations)。②另一位美国学者乐大卫(David Lattimore)也指出:"隐喻……是语言的一个自然组成部分,它导致了许多词汇发明。隐喻很早便在中国文学中出现。"③华裔学者高有功和梅祖麟在题为《唐诗中的意义、隐喻和典故》(Meaning, Metaphor, and Allusion in T'ang Poetry)的长文中,根据语言学家雅克布森(Roman Jakobson)的"对等"(equivalence)理论,把隐喻定义为"一个字与另一个字在相同基础上形成的任何比较"。④他们认为,由于中国语言在句法上比较松散,使得诗中的字、辞之间的关系游离不定,因而相对独立;再加上唐代近体诗中对平仄、对仗的规范和要求,更令唐诗,尤其是以律诗为代表的近体诗中充满了大量的隐喻,形成了唐诗乃至整个中国古典诗歌重比兴意象、轻分析论说的传统与风格。在上述论者眼中,隐喻乃是一种语言与修辞现象,并未涉及中西文化和哲学传统中的认识论与宇宙观等形上方面的议题。

20世纪80年代,美国学者余宝琳(Pauline Yu)先后发表了《隐喻与中国诗歌》(Metaphor and Chinese Poetry)和《寓言、寓言式解读与〈诗经〉》(Allegory, Allegoresis, and the Classic of Poetry)两篇文章。⑤数年之后,她又以这两篇文章为基础,出版了《中国诗歌传统中的意象解读》(The Reading of Imagery in the Chinese Poetic Tradition)一书。⑥余氏认为,隐喻

---

① 钱锺书《谈艺录》(北京:中华书局,1984),第18—19、21、22页。在《管锥编》(北京:中华书局,1979)中,钱氏用中西典籍中的例子来说明"比喻之两柄"以及"比喻有两柄而复具多端";参见第一册第36—41页。

② Burton Watson, *Chinese Lyricism: Shih Poetry from the Second to the Twelfth Century* (New York: Columbia University Press, 1971), p.5.

③ David Lattimore, "Allusion and T'ang Poetry", in Arthur F. Wright and Denis Twichett, eds., *Perspectives on the T'ang* (New Haven: Yale University Press, 1973), p.438. 原文: "Metaphor... is a natural part of language, one which accounts for many vocabulary innovations. Metaphor occurs early in Chinese literature."

④ Yu-kung Kao and Tsu-lin Mei, "Meaning, Metaphor, and Allusion in T'ang Poetry", p.290. 原文: "Metaphor, in the usual sense, is any comparison of one word to another in terms of similarity."

⑤ 分别见 *Chinese Literature: Essays, Articles, Reviews* (*CLEAR*), Vol.3, No.2 (Jul., 1981), pp.204—224; *Harvard Journal of Asiatic Studies*, Vol.43, No.2 (Dec., 1983), pp.377—412.

⑥ Princeton: Princeton University Press, 1987.

(metaphor)和寓言(allegory)均体现了西方的形上哲学以及认识论和宇宙观,与中国传统诗歌中的比兴、意象有着根本的区别,并且因此得出了中国诗歌中并不存在西方式隐喻与寓言的结论。在下文中,我将详细评述她在此方面的研究以及由此而引起的争论。

在《修辞学》(Rhetoric)一书中,亚里士多德曾说过,在修辞上"最大的成就当然是成为一位隐喻专家。我们无法从别人那里学到这一点;它还是天才的标志,因为一个优秀隐喻包含着从差异中识别相同之处的本能感受"。①对此,余宝琳评论说:

> 隐喻不仅仅是一个语言现象,它是一种认知模式;通过为某一无名之物赋予一个名称,它传达出"新"的知识,使我们得以[从中]学习。②

据此,她认为仅仅从语言与修辞学角度来研究中国诗歌中的隐喻和意象,如前面提到的高友功、梅祖麟二人的文章,无法解释何以在西方的隐喻中"一个具体的意象常常与某个未曾提过的抽象观念联系起来"。③余宝琳认为,这是区别西方隐喻与中国意象的根本之处,因为在中国诗歌中,一个意象所指向的不是形上的抽象概念或虚构世界,而是此间的具体物象与历史情境。因此,若想说明二者之间的这一区别,我们必须把"隐喻视为一种思维方式和求知途径,从更大的文化与哲学成见方面来考察它";这样,我们便能"超越人们往往只顾及的表面语言现象"。④

---

① *Rhetoric*, trans. W. Rhys Roberts (New York: The Modern Library, 1954), 1457b, p.251; 引自 Yu, "Metaphor and Chinese Poetry", *CLEAR*, p.207. 英译原文:"The greatest thing by far is to be a master of metaphor. It is one thing that cannot be learnt from others; it is also a sign of genius, since a good metaphor implies an intuitive perception of similarity in dissimilars."

② Yu, "Metaphor and Chinese Poetry", p.207. 原文:"Metaphor is not just a linguistic phenomenon, it is a mode of cognition; by giving the nameless a name it imparts 'fresh' knowledge and thus enables us to learn." Also in *The Reading of Imagery in the Chinese Poetic Tradition*, p.12.

③ 同上,p.208. 相关的原文:"How would their analysis deal with the situation where a concrete image is linked to an often unmentioned abstract idea, which is what we so frequently encounter in Western poetry?"

④ Yu, *The Reading of Imagery in the Chinese Poetic Tradition*, p.13. 原文:"Looking at metaphor as a mode of thought and means to knowledge, to considered within larger cultural and philosophical presupposition, can go beyond this preoccupation with what are often superficial linguistic phenomena."

四 隐喻、寓言与中西比较文学：余宝琳、张隆溪的比较诗学研究

不难看出，余宝琳此处对西方文学隐喻与中国诗歌意象之间差异的说明和宇文所安对中西诗歌基本特征的描述大同小异。①正如宇文所安那样，她也将隐喻这种现象归结于中西传统中对文学的不同认识，并且进一步将这种差异追溯到中西不同的认识论和宇宙观。她指出，古希腊的模仿说乃是基于柏拉图的二元对立论，它把世界分成抽象理念和具体现象两个主次不同的层次；文学作为一种现象只是对理念的模仿，因而是一种并非真实的虚构（fiction）。为了回应柏拉图的指责，亚里士多德试图赋予文学以一种普遍意义，但其做法乃是将其与现实历史分离开来，即文学并不模仿历史，而是模仿未来，因而在强调文学的虚构性上实际上与柏拉图殊途同归。不仅如此，由于在希腊文中，"诗人"（poet）乃是"制造者"（maker）之意，西方文学从一开始就注重"创造"；"模仿"（mimesis）与"创造"（poiesis）乃是互为表里。犹太/基督教中灵与肉、物质与精神、尘世与天堂的划分更是继承了古希腊哲学中的二元对立传统。《圣经·创世纪》中上帝创世的故事同样为诗人的创造角色与功能提供了样板。这在文艺复兴和浪漫主义时期尤其明显。英国诗人、批评家西德尼（Sir Philip Sidney，1554—1586）在其《诗辩》（*Apology for Poetry*）中便曾著名地宣称："诗人……通过他的发明实际上培育出了另一个自然，因为他能够令事物比自然所生的更加美好，或是重新造出自然不曾有过的形体。"②

余宝琳指出，上述文学观念直接影响到西方诗人及批评家对隐喻的认识，例如华兹华斯自传体长诗《序曲》（*Prelude*）中的如下段落：

...The song would speak
这首歌将说到
Of that interminable building reared
那个无休止的建造，它
By observation of affinities

---

① 详见本书第三章。余宝琳本人便提到了这一点，并征引宇文所安"Transparencies: Reading the T'ang Lyric"一文中的如下文字："...[in Chinese poetry] there were no presumptions of fictionality in the text and of a metaphorical Truth [that] run through our modern Western modes of literary reading." *Harvard Journal of Asiatic Studies*, Vol.39, No.2(December 1979), p.233.

② 引自 Yu, "Metaphor and Chinese Poetry", p.210. 原文："The poet...lifted up with the vigour of his own invention, doth grow in effect another nature, in making things either better than Nature bringeth forth, or quite anew, forms such as never were in Nature..."

起自对事物中同类关系的
In objects where no brotherhood exists
观察,虽然那些淡漠之心
To passive minds.
从中看不到任何关联。①

余宝琳认为,上面这一段落中有两点值得注意。首先,它强调诗人通过隐喻能够发现两种本无关联的事物之间存在着"同类关系"(affinities)。其次,由此联系起来的事物分别来自不同的范畴,而且它们往往分别代表具体事物与抽象概念。正是由于这一点,西方的隐喻与形上哲学(metaphysics)之间存在着姻缘关系,因为二者都是建立在"感官与非感官""物质与非物质"之间的区分。因此,海德格尔(Martin Heidegger)曾说过:"隐喻只存在于形上哲学的范围之内。"②沿此方向,余宝琳还就上面引文中所使用的"建造"(building)一词做了如下发凡:

> 换言之,正如华兹华斯所提示的那样,建立关联的行为变成了建构和创造,由此证明隐喻并非仅仅是一种装潢或修辞比喻,而是一种思维方式,一种"诗性"的思维,为那些"淡漠之心"所不具备。隐喻是一种虚构的行为,是一座由诗人从另一世界建立起来的大厦,它被认为与其原型一样,是绝对和自成一体的,是一个"他者",因为它不仅超越这个世界,而且还是想象的产物。③

在西方传统中,隐喻是一种创造,一种虚构,与现实世界无涉。这一结

---

① William Wordsworth, *The Prelude: A Parallel Text*, ed. J. C. Maxwell(Middlesex, Eng.: Penguin, 1971), p.94(Book Ⅱ: "School-Time", 11.382—86, 1850 version);引自 Yu, "Metaphor and Chinese Poetry", p.211, *Reading of Imagery in the Chinese Poetic Tradition*, p.16.

② 引自 Yu, "Metaphor and Chinese Poetry", p.213, *The Reading of Imagery in the Chinese Poetic Tradition*, p.17. 原文: "The metaphorical exists only within the boundaries of metaphysics."

③ 同上,p.213, p.18. 原文: "In other words, as Wordsworth suggests, the act of connection becomes one of construction and creation, which thereby affirms metaphor not as a mere ornament or figure of speech but as a way of thought, the quintessentially 'poetic' one, of which 'passive minds' are incapable. Metaphor is an act of fiction, the edifice erected by the poet as fashioner of another world, one which is presumed to be as absolute and autotelic as the one on which it is modeled, 'other' in that it is both beyond this world and imagined."

论当然令我们联想起本书第三章中宇文所安有关西方诗歌,尤其是那首华兹华斯十四行诗的论述。

余宝琳告诫说,当我们将视线转到中国文学传统时,所遇到的是完全不同的情形。她首先提到汉儒郑玄对赋、比、兴的笺释:

> 赋之言铺,直铺陈今之政教善恶。比见今之失,不敢斥言,取比类以言之。兴见今之美,嫌于媚谀,取善事以喻劝之。①

不难看出,同西方的隐喻一样,赋比兴,尤其是比兴,也是以此言彼的间接表现方式。但是,正如余宝琳所指出的那样,此处它们的功用都是"采用自然界的相同情形,来对具体的社会和政治事实进行美刺"。②她接着提到钟嵘《诗品》、刘勰《文心雕龙》、皎然《诗式》、朱熹《诗集传》等有关赋比兴,尤其是比兴的经典论述,然后总结说,正如在西方隐喻被认为是诗歌的基本特征与天才表现,在中国,比兴同样被认为是诗歌区别于其他文类的本体特色。不仅如此,正如隐喻那样,比兴也需要"识别同类和曲折指称的洞见"。③但是,与隐喻不同的是,比兴所牵涉的事物"都是人类与自然领域中的元素,并且都来自这个世界,而不是来自某一超感官实体"。④也就是说,虽然比兴也是以此言彼,但是此处之彼或"他者"乃是诗人所处社会和自然的一部分,而不是西方隐喻世界中的超验实体。换言之,与隐喻相比,比兴的喻依(vehicle)和喻旨(tenor)均取自诗人所处的社会与自然领域,而不是像隐喻那样,喻依取自社会自然,而喻旨却指向超社会、超自然的抽象概念或实体,如柏拉图的"理念"或基督教中的天国。这便是隐喻和比兴之间的根本区别。⑤

---

① 《周礼注疏》,载《十三经注疏》(北京:中华书局,1979),上册第796页。Yu, "Metaphor and Chinese Poetry", p.214.

② Yu, "Metaphor and Chinese Poetry" "Metaphor and Chinese Poetry", p.214.原文:"In other words, they offer means of indirectly praising or blaming concrete social or political facts, through the presentation of similar situations from nature."

③ 同上,p.216.引号中的原文:"Insight into resemblances and obliqueness of reference."

④ 同上,pp.216—217.引号中的原文:"They pertain to elements of human and natural realms, both of which are part of this world, not part of some suprasensible reality."

⑤ 应该指出,钱锺书也曾有过类似的论述:"吾国以物喻事,以男女喻君臣之谊,喻实而所喻亦实;但丁以事喻道,以男女喻天人之际,喻实而所喻则虚。"参见《谈艺录》,第231页。

基于这一点,余宝琳认为高有功和梅祖麟在讨论唐诗时所举的各种隐喻例子并不十分准确。例如李白《送友人》一诗中"浮云游子意,落日故人情"两行,依照高、梅的理解包含了两个隐喻,因为"'浮云'和'落日'运作于两个意义层次,即字面意义和隐喻意义:在字面上它们都是具体景色的一部分,而作为隐喻,它们则描绘所涉及的情感"。①但是,余宝琳则认为它们之间只是形成了"转喻邻近"(metonymic contiguity)的关系,尚未达到"隐喻替代"(metaphoric replacement)的程度。也就是说,"浮云""落日"(喻依)和"游子意""故人情"(喻旨)都是具体情境的一部分,它们之间只是"邻近"的关系,因此并不存在隐喻中用抽象的喻旨代替具体的喻依那样的现象。必须指出的是,这样的区分未免令人感到吹毛求疵,因为与"浮云""落日"这样的具体物象相比,游子之"意"和故人之"情"当然是抽象的。同样,西方文学中的隐喻是否都一定要在形上哲学的范围内运作,并最终指向柏拉图式的抽象理念或概念,也很值得商榷。②例如,荷马《奥德修》(*The Odyssey*)史诗第三章中的如下一行:"And in the dazzling goblet laughs the wine"(在令人目眩的杯中酒在笑)。谁也不会否认这里面使用了一个隐喻,而且它并没有什么形上哲学的意义。此处的隐喻不过是个拟人手法(把酒比喻成人),这样的用法在中国古诗中俯拾皆是,如崔护《题城南诗》中"桃花依旧笑春风"一句,完全是同出一辙。

王维的《红牡丹》一诗更是通篇用拟人法:

绿艳闲且静,红衣浅复深。
花心愁欲断,春色岂知心。

---

① Kao and Mei, "Meaning, Metaphor and Allusion in T'ang Poetry", p. 289. 原文:"It is immediately clear that 'floating cloud' and 'setting sun' operate at two levels of meaning, literal and metaphoric. Literally they are part of the physical setting, and as metaphors, they describe the emotion involved."

② 美国学者 Haun Saussy 在其 *The Problem of a Chinese Aesthetic* (Stanford: Stanford University Press, 1993) 一书中便多次指出,西方传统中对隐喻的定义只涉及比喻的方式,而未涉及比喻的内容。也就是说,隐喻乃是一种修辞方式,而并非一定要反映某种宇宙观和认识论。同样,西方文学中的寓言也绝非一定要表现形上超越的主题。余宝琳的阐释策略,乃是用"神学家的寓言"(allegory of the theologians)代替"语法学家的寓言"(allegory of the grammarians)。前者囿于其自身环境,而后者则可应用于"任何有语法的地方"。参见其 *The Problem of a Chinese Aesthetic* (Sanford: Stanford University Press, 1993), pp.27—28.

余宝琳承认此类诗"会满足西方对隐喻作为一种修辞现象的多数定义",①但仍觉得从"形上行为"(metaphysical act)的角度来看,则似乎有所欠缺。虽然由于对仗的要求,唐诗中的不少意象通常被用来指代某种事物的种类和属性,因而可以被视为是抽象或是"普遍性"(universal)的。②在本书第二章中我们已经看到,高有功、梅祖麟认为唐诗中的这种普遍性已经具有抽象的性质。但是,余宝琳认为,它毕竟与柏拉图式的抽象或普遍性不同,因为"它是被其具体的成员所定义,而不是去定义这些具体成员"。③也就是说,这种意象充其量只是对某类事物的总结,如上述王维诗中的"花",乃是由兰、菊等各种各样的花所组合构成,但是它仍没有脱离兰、菊等"花"的范畴,因此未能抽象成为一个超越具体物象的形上概念,并进而被看作是这些具体物象所模仿的原型。因此,汉诗中的意象只能算作是一种由部分代替整体的自然"提喻"(synecdoche),而不是隐喻中的任意"替代"(substitution);它所涉及的喻依和喻旨均来自同一个领域,并非不同的世界。余宝琳进一步指出,在中国诗歌中:

> 抽象[概念]不被看作是任意、人为地强加于再现它们的物体之上,而被认为是它们所固有的;概念在事物之中,事物在概念之中。因此,几乎所有中国[诗歌中]的意象都不发挥隐喻的作用,因为在隐喻当中,[事物与概念之间的]关系被认为是臆想出来的;[在中国诗歌中,意象的作用]是要说明或体现它们的语义范畴,或是其中隐含的理性与情感意义。④

---

① Yu, "Metaphor and Chinese Poetry", p.218.原文:"Such examples would satisfy most Western definitions of metaphor as a rhetorical phenomenon."

② 律诗中的"工对"要求二者取自同一范畴(门),如"日"属"天文门",须与同属天文门的"月"相对,因而在诗中"日""月"这两个意象在物象与属性两个层次上同时发生作用,造成"普遍性"的效果和印象。高、梅在《唐诗中的隐喻、典故及其意义》一文中对此有详细论述。有关律诗中的对仗,参见王力《汉语诗律学》(上海:上海教育出版社,1958),第 13、14、15 节。

③ Yu, "Metaphor and Chinese Poetry", p.219.引号中的原文:"it is defined by—it does not define—its concrete constituent members."

④ 同上,p.220.原文:"Abstractions were not seen as arbitrarily and artificially yoked to the concrete objects representing them—they were viewed as inhering in them; the idea was in the thing, the thing in the idea. Almost all Chinese images, therefore, function not as metaphors, in which the relationship is presumed to be contrived in some way, but as illustrations or embodiments—whether of their semantic category or of an intellectual or affective meaning implicit in them."

从上面这些观察分析中，余宝琳得出了一个"基本原则"（general rule），即"在中国诗歌中，具体与具体相连"。①也就是说，汉诗中的那些具体意象总是指向其他的具体意象，比如王维诗中的"兰""菊"都指向"花"，反之亦然。但是，众所周知，汉诗中的意象绝非仅仅停留在具体的层面；在中国诗歌中，以具体比喻抽象同样是个司空见惯的现象，楚辞中的虬龙云霓、香草美人便是众人皆知的例子。此处，我们不妨留意一下汉代王逸对这一现象的经典阐释：

> 《离骚》之文，依《诗》取兴，引类譬喻。故善鸟香草以配忠贞，恶禽臭物以比谗佞，灵修美人以媲于君，宓妃佚女以譬贤臣，虬龙鸾凤以托君子，飘风云霓以为小人。②

显然，上述各种比喻，尤其是"善鸟香草以配忠贞"品德，并不是建立在由具体到具体的基础和逻辑，而是由具体到抽象，因而完全符合西方对隐喻的定义。③不仅如此，至少在《离骚》这一"原型"文本中，它们之间的关系也并非"自然"或非彼此包含，或是"已经建立"（pre-established）、"显而易见"（self-evident），④而是由诗人凭借其臆想自行设立，因而不乏"任意"（arbitrary）的成分。余宝琳将这样的例子称为"例外"（exceptions），并且指出它们很快便被传统主流所吸收和同化；王逸上文中"依《诗》取兴"一语便是此方面的最早尝试，因为他试图借此把《离骚》纳入《诗经》的轨道。另外，王逸和其他论者将《离骚》中的"灵修""美人"看作是对楚怀王的比喻，更是要通过历史化的方法将其控治在具体的历史、政治情境之内。⑤因此，余宝琳认为：

---

① 同上，p.219.原文："... in Chinese poetry, the concrete is linked with the concrete."
② 洪兴祖《楚辞补注》（北京：中华书局，1983），第2—3页。
③ 一位美国学者也指出了这一点。参见 Stephen Bokemkamp，"Chinese Mctaphor again: Reading-And Understanding-Imagery in the Chinese Poetic Tradition." *Journal of the American Oriental Society*, Vol.109, No.2(Apr.-Jun., 1989), pp.211—221.
④ Yu, *The Reading of Imagery in the Chinese Poetic Tradition*, p.116.余宝琳此处没有提过说明这一论点的证据。
⑤ 参见 Yu, "Metaphor and Chinese Poetry", p.219.在 *The Reading of Imagery in the Chinese Poetic Tradition* 一书中，余宝琳对此做了更加详细的讨论。参见该书第三章。

在一首中国诗中,超越型的运动是转喻式的,正如韦勒克和瓦伦所说的那样,它出现于"同一个话语世界"。它并不通往一个独立、与诗人和读者的感官世界具有本质区别的另外一个超验领域,因为这样的领域被认为根本就不存在。【在中国诗歌中】,没有一个可通过理性重新建构的其他或理想世界让诗歌去模仿,让诗人去创造,因为世界被认为是非创造的,"有机"的。人类、自然甚至神灵都参与同一原则,由同一种实体构成,遵循同一过程。超验之物并非在彼岸,而是存在于万物之中,无所不在。①

也就是说,余宝琳把汉诗意象的非隐喻性质归结为中国传统中的宇宙观和认识论。由于中国古代哲学认为"道""无所不在",②与现象世界不可分离,因此中国诗歌中的意象至多只能形成在同一领域中运作的"转喻"(metonymy),不可能发展成为以形上哲学为基础的隐喻。她还指出,由于中国古代思想中没有"凭空创造"(creation ex nihilo)的模式,使得中国古代诗歌与诗学中的道德批评与西方的说教方式非常不同。它无意"构建一个更加美好……的世界,而只是对这个世界进行具体的评论和批评;它所表现的不是理想中,而是现实中的世界"。③在此之前,她也曾从同样的角度对中国诗歌的认知功能做过评论。她说,在汉诗中,事物之间的类比关系均是已经存在;诗人的任务是要去"发现"

---

① Yu,"Metaphor and Chinese Poetry",p.220—221.原文:"Movement beyond a Chinese poem is metonymical, occurring, as Wellek and Warren put it, 'within a single world of discourse.' It does not head toward another, transcendent realm that is autonomous and different in kind from the sensory world of the poet and his readers, simply because such a realm was not held to exist. There was no rationally reconstructable, alternative, or ideal universe to be imitated in the poem or created by the author, because the universe was assumed to be uncreated and 'organismic'. Human, natural, and even spiritual beings partook of the same principle, were made of the same substance, and were subject to identical processes. The transcendent was not beyond, but immanent in all things."

② 参见《庄子·知北游》。余宝琳便引用了此章中的相关文字:东郭子问于庄子,所谓道,恶乎在? 庄子曰,无所不在。东郭子曰,期而后可。庄子曰,在蝼蚁。曰,何其下耶? 曰,在稊稗。曰,何其愈下耶? 曰,在瓦甓。曰,何其愈甚耶? 曰,在屎溺。

③ Yu,"Metaphor and Chinese Poetry",p.221.原文:"And there was no established model of creation *ex nihilo*. In contrast to the injunctions of Western didacticism, therefore, the moralistic thrust in Chinese poetry and poetics did not invoke the construction of a better... world, but rather specific comment on and criticism of this one; the world is presented not as it might be or ought to be, but as it is."

(discover)它们,而不是去"制造"(manufacture)它们。因此,由于诗人只是"确认[事物之间的]对应关系,而不是去创造或声明它们,他并不'教授'我们新的东西,而对西方诗人来说,这便是他的任务"。①总结一下她的上述观点,那便是在诗歌创作上,中国诗人只是因循故辙,因而在求知方面无可奉告;西方诗人则力求创新,故每每给读者以新知的启迪。在诗歌评论上,中国学者只求就事论事,无意提出自己的期望和要求;而西方论者则要超越文本,不时提出新的规范和标准。这些论点的偏颇之处自是显而易见,详容后论;此处我只想指出它们所透露出的实证主义倾向。余氏用简单的因果逻辑来描述和概括复杂的文学与文化现象,把中西文学看作各自传统哲学主流思想的直接反映与结果,难免会有笼统、简化之嫌。且不谈中西文化的复杂性绝非可用"形上"与否这样的总体概念所概括,而且某种思维定式是否能够直接影响与支配语言表现,尤其是文学创作中的语言表现,也是个尚无结论的问题。②在下文中我们将会看到,正是这一点引起了其他学者的异议。

余宝琳对寓言(allegory)的探讨直接沿袭上述对隐喻(metaphor)的论述。既然寓言是隐喻的延伸,那么它们的基本特征,尤其是作为一种"虚构模式"(fictional mode),自然是大同小异。古代拉丁学者昆体连

---

① Yu,"Metaphor and Chinese Poetry",p.224.原文:"Because he is affirming correlations, and not creating or asserting them, he is not 'teaching' us something new in the way his Western counterpart is presumed to be doing."

② 在西方语言学研究中有所谓"塞皮尔—伍尔夫设论"(Sapir-Whorf hypothesis),即人类对自然与社会的认识方式都体现于(codified)他们所使用的语言当中。参见 Whorf, "Science and Linguistics", in *Language, thought, and reality: Selected writings of Benjamin Lee Whorf*, ed. by J.B. Carroll(Cambridge, MA: The Technology Press of MIT/New York: Wiley.1956), pp.207—219.但是,西方许多语言学家都对这一设论表示怀疑。乔姆斯基(Noam Chomsky)便认为我们实际上对"语言运用的创造性方面"(creative aspect of language use)所知甚少,至少在现在,它对我们仍然是个不可解之谜。因此,他认为在研究语言与思想的关系时,与其寻找"终极性解释"(ultimate explanations),不如对我们所经验的现象进行"理论性描述"(theoretical account)。参见 Noam Chomsky, *Language and Thought*(Wakefield, Rhode Island & London: Moyer Bell, 1993),尤其是第39、53 页。有些论者更是明确否认语言与认知的关系;参见 Pierre Hadot, *What is Ancient Philosophy?*, trans. by Michael chase(Cambridge, Mass.: Harvard University Press, 2002), p.5: "...I refuse to conflate language and cognitive functions." Hadot 更进一步引用了另一位学者 J.Riffié 的相关言论来说明这一点:"In fact, it is perfectly possible to think and to know without language; in some ways, perhaps it is possible to know in a superior way...Clinical studies have demonstrated that there is no correlation between the development of language and that of intelligence: people who are mentally defective can talk, and people suffering from aphasia can be highly intelligent."

（Quintilian,ca.35—96 AD）曾经从修辞的角度简单明确地把寓言的功能定义为"在文字上表现一个事物，在意义上［表现］另外一个"（presents on thing in words and another in meaning）。①余宝琳则认为，长期以来人们似乎没有注意到上述定义中所隐含的"根本分裂"（fundamental disjunction），并再次从西方形上哲学的角度对其做了如下解说：

> 然而，这种双重性所描述的不仅仅是文学作品，还有作为其基础的世界观。西方的寓言创造出一个包含两个层次的等级性文学宇宙，它们分别自成一体，但是只有其中一个具有至尊的地位。正如在柏拉图模式中感官世界只是永恒"理念"的苍白模仿，寓言作品中的具体叙述也只是更重要的抽象意义之苍白"影子"和传达媒介。②

虽然余宝琳也提到，在西方寓言传统，尤其是在对《圣经》的解读中也有奥尔巴赫（Erich Auerbach）所说的"比喻性阐释"（figurative interpretation），其中涉及的双方都是"具体、历史性的事件"，因而并没有具体与抽象、形上与形下的分别，但是，她认为这只是个别与边缘现象，未能影响和阻止"西方更加传统方式的寓言"，即以二元对立之宇宙本体论为基础的寓言，占据主导的地位。③

在讨论中国诗歌中的寓言现象时，余宝琳用《诗经》作为样本，不仅因为它奠定了中国诗歌中比兴的传统，而且从汉代以来对《诗经》的解读也成为中国式寓言批评的基本范式。她以"诗言志"这一经典定义作为切入点，并征引了《诗经·大序》中的如下段落：

> 诗者，志之所之也。在心为志，发言为诗。情动于中而形于

---

① 引自 Yu, *The Reading of Imagery in the Chinese Poetic Tradition*, p.21.
② Yu, "Metaphor and Chinese Poetry", p.21.原文："This doubled quality, however, characterized not only the literary text but also the world-view underlying it. Western allegory creates a hierarchical literary universe of two levels, each of which maintains its own coherence, but only one of which has ultimate primacy. Just as, in the Platonic model, the world of the senses is but a pale imitation of the eternal Forms, so the concrete narrative of an allegorical text is but a pale 'shadow' of and vehicle for conveying a more important abstract meaning."
③ 同上, p.24.

言,言之不足故嗟叹之,嗟叹之不足故永歌之,永歌之不足,不知手之舞之,足之蹈之也。情发于声,声成文谓之音。治世之音安以乐,其政和;乱世之音怨以怒,其政乖;亡国之音哀以思,其民困。故正得失,动天地,感鬼神,莫近于诗。①

余宝琳有关这一经典定义的评论对理解她的整体论点非常重要,兹全部征引如下:

> 此处我们看到的是亚洲文学理论中对诗歌表现/感发概念的经典论述。虽然其中某些看法与西方的相似,例如歌唱、情感和文饰对诗歌的重要性,但它们所基于的世界观则非常不同。中国本土的哲学流派都认为宇宙本质上是一元的;虽然宇宙原则或道可能超越个别现象,但它在这个世界上无所不在,并没有一个存在于物质层次之上、比它更加优越或是与它本质不同的超感官领域。真正的真实并不在天上,而是在此地此时;不仅如此,在这个世界中,宇宙之文及其运作与人类文化之文及其运作之间存在着根本的对应关系。正是为此,《大序》才认为内在的(情感)会自然地找到外在的对应形式或行动,诗歌也能够自发地反映、影响和造成政治与宇宙秩序。换言之,个人与世界之间浑然一体的联系使得一首诗能够同时揭示感情、提供政治稳定的标志以及成为说教的工具。不仅如此,在西方,主、客体和各种事物之间的关系在很大程度上被归功于诗人的创造才能,但在中国传统中它们则被认为是已经建立的;诗人的主要成就往往在于超越,而不是强

---

① 《十三经注疏》上册,第 269—270 页,Yu, *The Reading of Imagery in the Chinese Poetic Tradition*, pp.31—32.

调他的个性以及他与身边世界中各种元素之间的区别。①

诗歌和诗人及其世界共同处于一个和谐对应的整体。既然其中的各种关系都"已经建立"(pre-established),自然也就无须诗人独出心裁、另辟蹊径。同宇文所安一样,余宝琳显然也认为中国诗人在创作中只注重观察和因循,而不像西方诗人那样去刻意求新,与上帝或自然争胜。此刻,我们不禁又想起本书第三章已经提到的李贺对韩愈、黄甫湜两位诗人的赞美:"笔补造化天无功。"此处,"笔补造化"听上去似乎比"模仿造化"更加傲慢。

余宝琳接下来提到钟嵘《诗品》《文心雕龙·明诗》中相关的论述,并进而总结说,与西方的模仿说不同,中国诗歌被看作是诗人对所处世界的"如实反映"(literal reaction)。因此,中国诗歌"在真正实体与客观实体、客观实体与文学作品之间没有断裂",因而也就避免了西方诗歌的模仿、创造以及由此引起的失真、虚构等问题。②

必须指出的是,余宝琳也意识到,用"如实反映"来形容中国诗歌未免过于简单笼统,因为同西方传统一样,中国诗歌理论一向也强调"神思"或

---

① Yu, *The Reading of Imagery in the Chinese Poetic Tradition*, pp.32—33. 原文: What we have here is a classical statement of the expressive-affective conception of poetry prevalent in Asian literary theory. While certain assumptions resemble those in the West—the importance of song, emotion, and patterning to poetry—the world-view on which these are based is a significantly different one. Indigenous Chinese philosophical traditions agree on a fundamentally monistic view of the universe; the cosmic principle or Tao may transcend any individual phenomenon, but it is totally immanent in this world, and there is no suprasensory realm that lies beyond, is superior to, or is different in kind from the level of physical beings. True reality is not supernal but in the here and now, and this is a world, furthermore, in which fundamental correspondences exist between and among cosmic patterns (*wen* 文) and operations and those of human culture. Thus the Preface here can assume that what is internal (emotion) will naturally find some externally correlative form or action, and that poetry can spontaneously reflect, affect, and effect political and cosmic order. In other words, the seamless connection between the individual and the world enables the poem simultaneously to reveal feelings, provide an index of governmental stability, and serve as a didactic tool. Furthermore, the connections between subject and object or among objects, which the West has by and large credited to the creative ingenuity of the poet, are viewed in the Chinese tradition as already pre-established; the poet's primary achievement often lies in his ability to transcend, rather than to assert, his individuality and distinctiveness from the elements of his world.

② Yu, *The Reading of Imagery in the Chinese Poetic Tradition*, p.35. 相关的原文: Instead of the mimetic view that poetry is the imitation of an action, then, it is seen here as a *literal reaction* of the poet to the world around him and of which he is an integral part. There are no disjunctures between true reality and concrete reality, nor between concrete reality and literary work, gaps which may have provoked censures in some quarters but which also establish the possibility of poiesis, fictionality, and the poet's duplication of his "heavenly Maker's" creative act.

想象的作用。陆机在《文赋》中甚至还说过诗人在诗歌创作中不仅仅要"精骛八极,心游万仞",而且还要"课虚无以责有,叩寂寞而求音"。余宝琳承认,对某些读者来说,上述文字"可能会提示出从无创有的观念,因此与西方的虚构性相似"。①但她马上又指出,此处陆机

> 实际上并非在描述作家从无当中铸造出有,而是在展开一个行动过程。诗歌并非仅仅来自他本人内部,而是他对自然之"叩"的一个回应,而且在达到上述心灵虚无之后,他已经与自然完全合为一体。②

也就是说,余宝琳认为陆机此处所指的"虚无"与"寂寞"都是具体自然(nature)的别名。但是,郭绍虞则认为,"虚无"与"寂寞"均"指意",即作者之"意"。郭氏还对这两行做了如下解说:

> 拈题之始,理本虚无,心自寂寞,通过构思以后,才使无形者可睹,无声者可听。③

在这位中国学者看来,陆机此处所讨论的乃是文学创作中的"构思",不无"构造"(construct)之意。不仅如此,这一构思过程从无到有,都只在诗人之"意"中进行,这的确与西方"从无创有"(creation ex nihilo)的观念大同小异了。

作为一种比喻和托寓,隐喻和寓言都必须凭借某种媒介或喻依才得以实现。在中国诗歌传统中,这一喻依便是如今人们通常所说的"意象"(image),它源自《周易》中的"象"。为了说明"象"的性质和意义,余宝琳引用了《系辞传》中那段为人熟知的文字:

---

① 同上,p.36.引号中的原文:"…that might suggest a notion of creation *ex nihilo* akin to Western fictionality."

② 同上,p.36.原文:"We should note, however, that Lu Ji does not actually depict the writer himself here as forging something from nothing, but rather as setting a process in motion. Poetry comes not from within himself alone but as an answer to his 'knock' on nature, with which his mind, as a result of attaining the mental emptiness described above, exists in total harmony."

③ 《中国历代文论选》,第一册第178页注47。

> 古者包牺氏之王天下也,仰则观象于天,俯则观法于地,观鸟兽之文与地之宜,近取诸身,远取诸物,于是始作八卦,以通神明之德,以类万物之情。①

余宝琳指出,在上段文字中,由自然现象到书写形式的过程被描述成后者对前者的"再现"(representations),后者是对前者的"再造"(reproduces)。《周易》中的另一段文字更是明确指出:"易者,象也;象也者,像也。"②换言之,《周易》中的"象"乃是对他物的一种比拟(像)。余宝琳承认,这种观点表面上似乎与西方的模仿说不谋而合,但她随即又从中西宇宙观与哲学的角度否定了这一印象。她指出,西方的模仿说基于柏拉图式的二元对立,而《周易》中的"象"和"像"所表现的乃是一种"对应式思维"(correlative thinking)和"浑然一体"(seamless connection)的境界。此处,在物体之象与再现之象之间、象与意之间都没有分裂。不仅如此,由于《周易》中的象具有"其称名也小,其取类也大"的作用和性质,使得中国诗歌中的意象之间都存在着一种同类的关系,即董仲舒所谓"同类相动"。③这也就意味着,在中国诗歌意象中:

> 意义并不是由外部任意地附加在意象之上的,而是如下事实的逻辑发展,即物体和情境被传统地认为是属于一个或更多的范畴,这些范畴之间的关系并非是彼此排斥,而是内在、自然的。④

---

① 《十三经注疏》上册,第86页;Yu, *The Reading of Imagery in the Chinese Poetic Tradition*, p, 39.

② 《十三经注疏》上册,第87页;Yu, *The Reading of Imagery in the Chinese Poetic Tradition*, p. 39.

③ 《春秋繁露》卷十三。此处余宝琳还引用了《周易·乾卦》中的如下文字:"火就燥,云从龙,风从虎,圣人作而万物睹。本乎天者亲上,本乎地者亲下,则各从其类也。" *The Reading of Imagery in the Chinese Poetic Tradition*, p.42.

④ Yu, *The Reading of Imagery in the Chinese Poetic Tradition*, p.42. 原文:"...meaning is not attached externally and arbitrarily to an image but follows logically from the fact that objects and situations were believed traditionally to belong to one or more non-mutually exclusive, a priori, and natural classes." 余宝琳在上述讨论中征引了李约瑟(Joseph Needham and Wang Ling)和 Hellmut Willhem 的著作,如前者之 *Science and Civilization in China*, Vol.II: *History of Scientific Thought* (Cambridge: Cambridge University Press, 1951),及后者之 *Heaven, Earth, and Man in the Book of Changes* (Seattle: University of Washington Press, 1977).

余宝琳特别指出，由于《周易》中所谈到的"类"基本都来自自然界和人类社会，因此自然与人类之间的相互作用便成为中国诗歌意象的基本特征，并且直接影响到对诗歌中比兴（隐喻）和寓言现象的认识和解读。

《关雎》一诗作为《诗经》的首篇，长期以来始终被中国古代论者赋予微言大义；它自然是说明中国传统诗歌中隐喻和寓言现象的理想实例。此诗的原文如下：

> 关关雎鸠，在河之洲。窈窕淑女，君子好逑。
> 参差荇菜，左右流之。窈窕淑女，寤寐求之。
> 求之不得，寤寐思服。悠哉游哉，辗转反侧。
> 参差荇菜，左右采之。窈窕淑女，琴瑟友之。
> 参差荇菜，左右芼之。窈窕淑女，钟鼓乐之。①

如余宝琳所言，这首诗体现了《诗经》的一些基本特征。它以自然界的一个意象，即"关关雎鸠，在河之洲"起兴，引出人世间的"窈窕淑女，君子好逑"。这两组意象之间的关系并不明确，因为诗人只是把它们并置在一起，既没有用"若""似"之类连词将它们连接起来，使它们成为明喻，也没有对它们之间的关联做任何说明。由于孔子曾以"乐而不淫，哀而不伤"来形容《关雎》这首诗，又曾说过《诗经》有"兴观群怨"的意义和功能，因此历代论者都对此诗的意义大做文章。《毛诗序》便说：

> 关雎，后妃之德也。风之始也，所以风天下而正夫妇也。故用之乡人焉，用之邦国焉……是以关雎，乐得淑女，以配君子。忧在进贤，不淫其色。哀窈窕，思贤才，而无伤善之心焉。是关雎之义也。②

有关后妃的身份，汉代郑玄只是说"天子之妃曰后"；到了唐代的孔颖达，便明确把《诗经》中"周南"和"召南"两部分说成是"实文王之化而美

---

① 《十三经注疏》上册，第 273—274 页；Yu, *The Reading of Imagery in the Chinese Poetic Tradition*, p.47.
② 同上，第 269、273 页；p.51.

后妃之德"，①将其与中国古代历史的某一特殊阶段中的特殊人物联系起来。对《关雎》全诗主题的这种理解自然影响到对诗中细节的认识，尤其是首章中的意象或"兴"。朱熹在其《诗经集传》中对"关关雎鸠，在河之洲"的解说最具有影响和代表性：

> 周之文王，生有圣德，又得圣女姒氏以为之配。宫中之人于其始至见其有幽闲贞静之德，故作是诗。言彼关关然之雎鸠，则相与和鸣于河洲之上矣；此窈窕之淑女，则岂非君子之善匹乎？言其相与和乐而恭敬，亦若雎鸠之情挚而有别也。②

在《诗经》研究史中，朱熹的地位尤其重要，因为他在很大程度上摒弃了汉儒的政教诗说，认为不少诗篇乃是古代民间言情之作。尽管如此，面对明确被孔子称赞过的《关雎》，他却采用了与汉儒完全相同的立场，可见这种解读的定式之大。只是清代以后，人们才逐步摆脱了它的影响。③

当然，余宝琳此处并不是要回顾中国传统诗学对《诗经》的解读，而是要从中西比较文学的视角来评价其意义。具体来说，便是《关雎》这一类的诗是否可以被看作西方式的寓言（allegory）。余宝琳的回答是否定的，因为在她看来，诗中的意象之间并不一定存在着隐喻关系。例如"君子"和"淑女"是否被用来比喻文王与后妃或其他宫女，并无定论。更重要的是，这些意象之间不存在西方隐喻和寓言理论中的基本因素，即由具体到抽象的转变，以及由此造成的虚构境界。她指出：

> 即使我们把各种自然意象和人类情形之间的关系看作是隐喻性的，我们也会期待一个寓言只提到前者，让它们曲折地指向诗人那真正、却没有表述出来的意念。而在此处，这两个"层次"

---

① 均见《十三经注疏》上册，第269页。
② 卷一，文渊阁版四库全书；Yu, *The Reading of Imagery in the Chinese Poetic Tradition*, p.52.
③ 余宝琳此处提到了清代学者姚际恒的《诗经通论》。当然，20世纪以后，受西方，尤其是法国学者葛兰言（Marcel Garnet）《诗经》研究的影响，人们已经基本摒弃了传统的解读方法。参见葛兰言 *Festivals and Songs of Ancient China*, trans. into English by E. D. Edwards (London: George Routledge, 1932)，以及近人闻一多的《诗经》研究，如《风诗类钞》，载《闻一多全集》（香港远东图书公司, 1968）。

都在场,只是简单地并置在一起。①

在讨论《诗经》中的其他篇章,如《摽有梅》《葛覃》《凯风》《螽斯》等时,余宝琳先是承认其中的比附关系"在西方人眼中看上去荒唐做作,因而称得上是寓言式解读",但是又随即指出:

> 在中国人看来,这一过程根本不是为所指(reference)规定一个真正性质的他者。正如在《周易》中那样,自然物体与人类情形都被认为是完全属于同一类的事件:并不是诗人在创造和制作它们之间的联系。它们由对应联系起来,但对应的双方并不像西方的寓言那样来自不同的范畴;[因此],论者的任务只是去辨认它们所共属的那个基本种类。②

余宝琳反复强调中西宇宙观和认识论之间的差异及其对诗歌创作和阐释的影响,真可谓到了不厌其烦的程度。不仅如此,为了说明中国诗歌中比喻的非"形上"特征,余宝琳还声言,《诗经》中比喻的双方之间乃是一种平等的关系,即喻指和喻依之间并没有主从之分,因为它们只是"并置"在一起。换言之,《关雎》之间的"关关雎鸠"和它所兴起的"后妃之德"之间也只是一种平等的并置关系。这种论点显然与中国传统对"兴"这一手法的理解相龃龉。朱熹的定义颇具代表性:"兴者,先言他物以引起所咏之辞也。"③虽然此处的"他物"与西方文论中的"他者"(the other)不可等同论之,但是"所咏之辞"(喻旨)比起兴之物"喻依"

---

① Yu, *The Reading of Imagery in the Chinese Poetic Tradition*, p. 54. 原文: "Even if we were to grant a metaphorical relationship between the various natural images and the human situation, we would expect an allegory to speak only of the former and allow them to point obliquely to the real but unstated concerns of the poet. Here, however both 'levels' are present and are simply juxtaposed."

② Yu, *The Reading of Imagery in the Chinese Poetic Tradition*, p. 65. 原文: "While some of the connections drawn might seem so absurdly contrived to Western eyes as to merit the term allegoresis, from the Chinese point of view it was not a process of attributing true otherness of reference at all. As with the *Classic of Changes*, natural object and human situation were believed literally to belong to the same class of events (*lei*): it was not the poet who was creating or manufacturing links between them. They were linked by correspondence, but not—as in the Western case of allegory—one between two distinct orders; the critic's task lay simply in identifying the general category to which both belonged."

③ 《诗经集传》卷一。

更加重要,则是无可置疑的。这在朱熹的上述定义中非常明确:"先言他物"的目的,便是为了("以")"引起所咏之辞"。这也便是为什么在解读《关雎》一诗时,历代论者都更加重视其道德与政治意义,并因而把"雎鸠"这一物象本身置于从属地位。这样的解读,的确与西方的寓言式解读(allegoresis)没有什么区别了,只不过在余宝琳看来,由于此处的"所咏之辞"并没有指向一个形上的抽象理念和境界,因而仍然算不上纯粹西方意义上的隐喻和寓言。

余宝琳承认,她对中西隐喻和寓言性质的区分难免有"吹毛求疵"(hairsplitting)之嫌。①一位美国学者甚至认为她对中国诗歌中隐喻的讨论具有"诡辩"(sophistical)的性质。②的确,除了所谓形上与形下、抽象与具体的区分之外,在余宝琳的论述中我们还能找到许多称得上吹毛求疵的例子。例如,她提到对《诗经》的寓言式解读与西方利用《圣经》进行说教的"比喻解说"(tropological interpretation)有些类似,但同时又说前者"一般来说并非是说教性的,而是被论者植根于具体的历史语境当中"。③我们不禁要问,难道在中国传统中历史只是就事论事,不包含依据某种理想或理念的"说教"(didactic)的成分?这种观点无疑与中国古人温故知新、以史为鉴的传统相龃龉。

余宝琳对中西隐喻和寓言现象研究的一个基本倾向,便是强调乃至夸大它们之间的区别,让它们成为彼此的"他者"(Other),以便达到令它们"相互阐发"(mutual illumination)的目的。这固然是因为在她看来,在比较文学中研究差异要比研究类同更具有启发意义。④但是,必须指出的是,这一理念常常使得她把中西文学传统描写成两个截然相反与对立的现象:前者具体,后者抽象;前者真实,后者虚构;前者现实,后者理想;前者自然,后者人为;前者因袭,后者独创,如此种种。这种西方式二元对立(binary opposition)的思维、策略以及由此产生的笼统知识框架固然能够帮助我们在总体上理解中西文学传统中的某些基本特征,但其片面性自是在所难

---

① *The Reading of Imagery in the Chinese Poetic Tradition*, p.46.
② Stephen R. Bokenkamp, "Chinese Metaphor again—Reading, and Understanding—Imagery in the Chinese Poetic Tradition", *Journal of American Oriental Society*, Vol.109, No.2(1989):pp.211—221; p.211.
③ 同上,p.69.原文:"…these tropological readings are not generally didactic but are rooted by the commentators in specific historical context."
④ 同上,p.30.相关的原文:"Differences can be more illuminating than similarities…"

免,而且对那些熟悉中西文学传统的读者来说,更是过于"简化"(reductive),不能体现它们的多样和复杂。下面我们将看到,正是这一点,引起了中国学者张隆溪的异议。

倘若我们用"差异研究"(difference study)来总结余宝琳上述著述的话,那么张隆溪的许多著作便可被概括为"类同研究"(similarity study)了。长期以来,他以钱锺书为榜样,秉着"东海西海,心理攸同;南学北学,道术未裂"①的理念,以"打通"中西文学为己任,发表了许多具有影响的著作。其中《寓言阐释:中西文学经典解读》(*Allegoresis: Reading Canonical Literature East and West*)一书在很大程度上便是对宇文所安和余宝琳中西比较诗学研究的直接回应。如前所述,宇文所安和余宝琳都认为隐喻和寓言是西方文学所特有的现象,其中一些基本概念,如模仿、虚构等,源自西方传统宇宙观和认识论,不能直接运用于中国文学研究。张隆溪则提出以寓言作为实例,探讨中西文学之间跨文化理解的可能性,进而"为东、西比较研究的可行性建立一个理论基础"。②他认为,在中西之间的"跨文化理解"(cross-cultural understanding)中,为了彼此说明,有时不免要把对方当作"他者",自是无可厚非。但是,在任何传统当中都不存在一成不变、以一概全的"他者"。文化与文学传统的多样性正如巴特金(Mikhail Bakhtin)所描述的语言所赖以生存的话语环境,始终充斥着彼此相互作用和对话的不同语素(dialogized heteroglossia)。那里"没有一个单一的话语或话音能够,或声称能够为整个'他者'代言;[那里]有的只是许多他者的声音,以个别话语的形式存在。"③张隆溪指出,虽然从跨文化的角度来看,任何由外国作者写作的文本都不可避免地具有某些不同特征,但是我们应当"把它看作一个个别的话语,而不是某一整体文化的代表性实例"。④反

---

① 钱锺书《谈艺录》(北京:中华书局,1984),第 1 页。
② Zhang Longxi, *Allegoresis: Reading Canonical Literature East and West* (Ithaca: Cornell University Press, 2005), p.1. 引号中的原文:"…to establish the theoretical ground for the viability of East-West studies."
③ 同上,p.82. 引号中的原文:"…there is no single utterance or voice that can speak, or can claim to speak, for the Other, but there are many different voices of others as individual utterances."
④ 同上,p. 83. 引号中的原文:"… regard it as an individual utterance rather than some representative specimen of an entire culture."

之,如果我们为了建立一个"对比框架"(*contrastive frame*),①便把对方或他者视为一个统一体,具有一个统一的声音,那么下一步只能是构建"东西两分"(East-West Dichotomy)的错误框架。②这一框架之所以是"错误"(false)的,乃是因为其倡导者"往往无视或淡化某一文化**内部**的差异,以便强调文化**之间**的差异。"③

张隆溪撰写《寓言阐释:中西文学经典解读》的目的,便是为了纠正这种偏颇;具体来说,便是要考察:

> 寓言这一概念能否卓有成效地应用于对中西文本的讨论和阐释;换言之,我们能否对寓言不仅在语言上,而且还在概念上进行翻译,使其跨越文化差异的鸿沟。④

张隆溪首先对宇文所安和余宝琳的一些基本观点和立场进行了历史

---

① 余宝琳便曾用这一短语来形容她对西方诗学的勾勒,以及其比较诗学作用和意义。参见 *The Reading of Imagery in the Chinese Poetic Tradition*, p.30.

② Zhang Longxi, *Mighty Opposites*: From Dichotomies to Differences in the Comparative Study of China (Stanford: Stanford University Press, 1998), p.83.

③ Zhang Longxi, *Allegoresis: Reading Canonical Literature East and West*, p.85. 原文:"Thus the advocates of the contrastive principle often ignore or deemphasize differences *within* one culture so that they may highlight differences *between* cultures." 张隆溪此处没有列举具体实例,我们不妨对他的这一重要观点略作补充。在中国传统中,儒、道两家的区别已经是众所周知,兹不赘言。在西方,不少人把古希腊文明视为一个单一整体,殊不知柏拉图与亚里士多德之间实际上存在着很多重要分别。美国学者文萨特(William K.Wimsatt, Jr.)和布鲁克斯(Cleanth Brooks)在其《文学批评简史》(*Literary Criticism: A Short History*)一书中便指出,与柏拉图那种抽象、超验和虚构的"理念"相比,亚里士多德所谓"形式"(Form)不仅来自对自然界的经验观察,而且总是与某一事物的特性密切相关。为此,他们对柏拉图和亚里士多德的思想特征做了如下总结和对比:"我们已经看到,柏拉图【的思想】是数学、先验和严格抽象型的,亚里士多德【思想的特征】则是生物、自然、经验和具体的。"反映在诗学上,亚里士多德认为悲剧最好采用那些为人们喜闻乐见的故事,因为它们"确实曾经发生过,因此至少是可能的"。由此可见,即使在戏剧这一西方"本源文类"中,虚构也并非是能够以一概全的总体特色。参见 William K.Wimsatt, Jr.and Cleanth Brooks, *Literary Criticism: A Short History*.1: *Classical and Neo-Classical Criticism* (Chicago: The University of Chicago Press, 1957), Volume 1, pp.23, 30. 相关的原文:"...whereas Plato, as we have seen, was mathematical, transcendental, and rigorously abstract, Aristotle...was biological, natural, empirical, and concrete." "...the stock materials of Greek tragedy, the favorite stories of Thebes or the house of Atreus. These indeed, says Aristotle, are usually the best, because they have the advantage of having really happened and so must be at least probable."

④ 同上, p.2. 引号中的原文:"Whether the concept of allegory...can be usefully deployed in the discussion of texts and interpretations in China as well as the West, or to put it differently, whether allegory can be translated not only linguistically but also conceptually across the gap of cultural differences..."

性回顾。他指出，自从 20 世纪 60 年代以来，西方学术界开始反思曾经主导人们思维的"普世主义"（universalism），因为它反映了西方文化历史中的沙文主义态度，即将西方的价值取向视为"普世"的必然。代之而起的是"文化相对主义"（cultural relativism）。它强调尊重每个，尤其是那些异族和弱势文化的"相对"独立意义和价值，并主张从它们的视野来体验、观察和研究这些异族文化，尊重其中的不同与差异，尽量避免用西方的价值标准去对它们品头论足。① 从历史和道义上来讲，文化相对主义体现了一种进步的文化观念，这是毋庸置疑的。它强调文化差异，目的是要倡导文化多元主义。但是，张隆溪也指出，强调文化差异并不一定会导致文化多元主义，因为在西方历史上文化沙文主义同样鼓吹过中西文化之间的差异。例如许多西方传教士便曾以文化，尤其是语言差异为借口，批评中国人无法理解西方文明。在他们看来，"中国语言……过于具体和现世，无法表现基督教宗教概念中的精神意义"。② 法国教父龙华民（Father Niccolo Longobardi）便曾断然宣称，"中国人从不知道任何与物质不同的精神实体"。③ 另一位传教士更是绝望地问道："[在汉语里]有什么方便的途径能够表明三位一体的教义，而不暗示最粗俗的物质主义吗？"④ 这种认识在西方汉学研究中影响深远，就连那些著名的汉学家也未能免俗。张隆溪此处提到了两位。一位是美国学者芮沃寿（Arthur Wright），另一位是法国学者谢和耐（Jacques Gernet）。前者同样认为无法将西方的抽象概念翻译成汉语，因为：

　　汉语相对来说缺乏表达抽象物或总体种类及其性质的资源。"真理"会变成"真的东西"。"人"会被理解成"人群"——笼统

---

① Zhang Longxi 此处征引了美国学者 David Buck 的如下研究："Forum on Universalism and Relativism in Asian Studies, Editor's Introduction", *Journal of Asian Studies*, 50 (February 1991): 29—34.

② Zhang, *Allegoresis*, p.15. 引号中的原文："...the Chinese language, which is allegedly to be concrete and this-worldly, cannot express the spiritual meanings of the religious concepts of Christianity."

③ 引自 Gernet, *China and the Christian Impact*, p.203, Zhang, *Allegoresis*, p.23. 原文："...the Chinese have never known any spiritual substance distinct from matter."

④ C.W. Mateer, "Lessons learned in translating the Bible into Mandarin," *Chinese Recorder* (November 1908): 608; 引自 Zhang, *Allegoresis*, p.15. 原文："Is there any convenient method of stating the doctrine of the Trinity which does not imply the grossest materialism?"

但不抽象。①

谢和耐更是把西方传教士在中国遇到的困难归结为中西思想和语言之间的根本差异。他认为,在汉语中:

> 很难做出如下表述,即抽象、总体与具体和个别在根本上,而不仅仅是在偶然间完全不同。历史上任何曾经试图把诸如希腊、拉丁、梵文等屈折文字中形成的概念翻译成汉语的人都遇到过这一窘境。因此,语言结构不可避免地导致思维方式上的问题。②

对上述这些言论,张隆溪总结说:

> 在这种表述中,汉语似乎是一种具体事物和个别物体的语言,它陷于物质当中,不能从其物质性和字面意义中超脱出来,以便达到任何精神的高度。③

他进而指出,这种在西方由来已久的观点直接影响到西方的中国文学研究。近年来,随着文化相对主义逐渐压倒文化普世主义,成为西方学术界的主流,对中国语言文化的上述认识更是引起了人们的注意甚至青睐,虽然当今的西方学者对中国文化的态度已经与早期的传教士根本不同。

---

① Arthur Wright, "The Chinese Language and Foreign Ideas", *The American Anthropologist*, no.5 pt.2, memoir no.75(Dec.1953) :289;引自 Zhang, *Allegoresis*, p.19.原文:"…the Chinese was relatively poor in resources for expressing abstractions and general classes or qualities. 'Truth' tended to develop into 'something that is true.' 'Man' tended to be understood as 'the people'—general but not abstract."

② Gernet, *China and the Christian Impact: A Conflict of Cultures*, trans.by Janet Lloyd(Cambridge: Cambridge University Press, 1985), p.9;引自 Zhang, *Allegoresis*, p.20.原文:"…so difficult to express how the abstract and the general differ fundamentally, and not just occasionally, from the concrete and the particular. This was an embarrassment for all those who had, in the course of history, attempted to translate into Chinese concepts formed in inflected languages such as Greek, Latin, or Sanskrit. Thus, linguistic structures inevitably pose the question of thought."

③ Zhang, *Allegoresis*, p.20.原文:"In such a formulation, the Chinese language appears to be a language of concrete things and specific objects, a language bogged down in matter and unable to rise above the ground of materiality and literality toward any spiritual height."

如前所述,宇文所安和余宝琳都把具体和自然视为中国诗歌区别于西方诗歌的基本风格,只不过在他们看来,这已不再是一种缺陷,而是令中国诗歌得以摆脱西方文学中模仿与虚构现象的重要特质,因而特别值得赞赏。张隆溪尤其提到宇文所安对《文心雕龙·原道》篇的如下评论:

> 所有现象都有在"文"中体现的内在趋向,它们的体现是为了被感知;只有人心能够自身去感知,文学便是那个过程的外在体现形式。因此,文学是一个普遍体现过程的目的实现和完全实现了的形式……由于视觉艺术仅仅模仿自然之"文",因而难免受到柏拉图的批评,即它们只是第二(或第三)层次的现象。但是,在这种【文心雕龙】表述中,文学则并非是模仿性的:它是一个体现过程的最后阶段;作者并非是去"再现"外部世界,而实际上只是世界形成中最后阶段的媒介。①

在这种表述中,中国诗人成为自然界自我体现的"媒介"(medium),并不发挥任何积极主观作用,因而他们所写作的诗歌并非是人为的创造或建构,而是自然的体现,与西方文学"凭空创造"截然不同。不仅如此,宇文所安甚至认为中国文字本身便是"自然"的,与西方字母文字的"任意"(arbitrary)特征南辕北辙。②张隆溪指出,虽然这种东、西截然两分的观点不堪一击,但它在西方却有着悠久的历史。除了早期传教士、美国学者费诺罗萨(Ernest Fenollosa)、诗人庞德(Ezra Pound)以及理论家德里达(Jacques Derrida)等人之外,张隆溪此处尤其提到法国当代汉学家于连(François Jullien),因为他的观点非常具有代表性。于连认为,作为西方文化名副其实的"他者",中国文化为西方人的自我认识提供了一面不可多

---

① Owen, *Traditional Chinese Poetry and Poetics*, p.18. 原文:"All phenomena have an inherent tendency to become manifest in *wen*, and their manifestation is for the sake of being known and felt; only the human mind is capable of itself knowing and feeling, and of that process, literature is the outward manifest form. Literature thus stands as the entelechy, the fully realized form, of a universal process of manifestation.…In so far as the visual arts merely imitate nature's *wen*, they are subject to the Platonic critique of art as a secondary (or tertiary) phenomenon. But in this formulation literature is not truly mimetic: rather it is the final stage in a process of manifestation; and the writer, instead of 're-presenting' the outer world, is in fact only the medium for this last phase of the world's coming-to-be."

② 同上,p.20.

得的镜子。在谈到中西文化之间的差异时,他的观点和宇文所安及余宝琳不谋而合。例如他也曾论及《文心雕龙·原道》篇中有关"文"的论述,并且将其与古希腊的模仿说进行了比较。他说:

> 要么是诗歌"模仿"自然(如在西方古典主义时期),以便"回到"与艺术的独立动机相对立的世界……要么是自然秩序,它已经是"艺术",因此是文学作品具体发展的先例。①

中国诗歌当然属于上述两种截然对立情形中的第二种。它并不模仿自然,而是自然界的一部分,因为自然界"已经是'艺术'"。张隆溪指出,在这样的表述中,"一首汉诗已经存在于自然之中,或许像海边的一块石头或贝壳,中国诗人可将其随时拾起,它们也根本不会受到他们主观意识的干预。"②

事实当然并非如此简单,只不过是上述西方学者为了突出中西文学之间的所谓根本差异,才采用了这种"难以维持的对立"观点。③张隆溪指出,《文心雕龙》中的不少段落都表明,在刘勰眼中,人类之"文",即今天所谓"文学"的写作过程实际上是一种"文学创造"(literary creation),④因此与西方对文学的认识并无根本区别。例如,有关"神思"的那段著名文字:

> 古人云,形在江海之上,心存魏阙之下,神思之谓也。文之思也,其神远矣。故寂然凝虑,思接千载;悄焉动容,视通万里。吟咏之间,吐纳珠玉之声,眉睫之前,卷舒风云之色。⑤

---

① Jullien, *La valeur allusive*: *Des categories originales de l'interprgories originales de l'interprétation poétique dans la tradition chinoise*(*Contribution á une réflecxion sur l'altérité interculturelle*). Paris:École française d'Extrême-Oriente, 1985, p.8; 引自 Zhang, *Allegoresis*, p.31. 英译原文:"Either it is poetry that 'imitates' nature(as in the case of the classical West) in a movement to 'return' to the world which is the opposite of the independent initiative of art…; or it is the order of nature that is already 'art' and thus constitutes a precedent with regard to the specific development of the literary text."
② Zhang, *Allegoresis*, p.31. 原文:"…a Chinese poem already exists out there in nature, perhaps like a pebble or a shell on the seashore, which the Chinese poet can readily pick up without the interference of his or her subjective consciousness."
③ 同上, p.22. 引号中的原文:"untenable opposition."
④ 同上, p.40.
⑤ 《文心雕龙今译》, 第 246 页; Zhang, *Allegoresis*, p.40.

此处的"神思",也就是西方文学传统中的"想象"(imagination)。借此,中国诗人同样可以突破时间、空间甚至有、无的界限,去"创造并非近在咫尺的事物。也就是说,中国诗人并非仅仅从自然界顺手拈出已经存在的诗篇,也并非仅仅对具体情形作如实的反映,或是'完全真实'的声明"。①不仅如此,《文心雕龙》一书中还设有"夸饰"一章,专门讨论文学中"夸饰恒存"的现象。刘勰认为,虽然《诗》《书》等经典为了达到"训世"的目的,常常采用"事必宜广,文亦过焉"的策略,如"说多则子孙万亿,称少则民靡孑遗",但仍然是"辞虽已甚,其意无害"。因此,后世"说诗者"在解读时必须记住"不以文害辞,不以辞害意"②这句古训,以免因过于拘泥文字而错失文意。更为重要的是,刘勰在"情采"篇中更用"造"这个字眼来形容诗歌写作;他说:

> 昔诗人什篇,为情而造文;辞人赋颂,为文而造情。何以明其然?盖风雅之兴,志思蓄愤,而吟咏情性,以讽其上,此为情而造文也。诸子之徒,心非郁陶,苟驰夸饰,鬻声钓世,此为文而造情也。③

张隆溪指出,上文的"造"字,便是英语中"fabricate"(制作)之意。④这表明,"刘勰意识到诗歌并非完全属实,因为它在表达人类情感和人类境遇的真实时采用的是与事实描述不同的方式。"⑤这显然是在反驳宇文所安

---

① Zhang, *Allegoresis*, p.41. 原文:"Aided by imagination, that is, the capability of drawing mental pictures of things long ago, far away, or even nonexistent, the Chinese poet is able to create things not immediately present hand. That is to say, the Chinese poet does not just pick up a poem as something ready-made in nature and does not just make 'strictly true' statements as a literal response to the concrete situation."
② 《文心雕龙今译》,第 328 页。
③ 同上,第 287 页。
④ 意味深长的是,"fabricate"和"造"都有"伪造"之意。《汉语大辞典》便把"造"字的其中一意训为"伪造;凭空虚构",其根据是:"《诗经·王风·兔爱》'我生之初,尚无造';毛传:造,伪也。"张隆溪没有指出这一点。
⑤ Zhang, *Allegoresis*, p.42. 原文:"…Liu Xie realizes that poetry is not to be understood as literally true, and that it expresses the truth of human emotions and the human condition in a manner different from factual accounts."

和余宝琳有关中国诗歌皆为现实历史之真实写照,因而与西方诗歌之模仿虚构截然不同的说法。为了进一步说明这一点,张隆溪此处还征引了钱锺书的研究成果。钱氏在《诗可以怨》一文中指出,在中西文学传统中,都有以悲为美、以悲为工的现象。在中国,由于孔子很早便提出"诗可以怨"(《论语·阳货》),中国历代诗人和论者都尤其偏爱在诗歌中表现悲愁,以致后来形成了一种"诗文理论里的常谈……写作实践里的套版",即韩愈所说的"和平之音淡薄,而愁思之声要眇;欢愉之辞难工,而穷苦之言易好"(《荆潭唱和诗序》)。①有人甚至将此写成作诗的妙诀:"其中妙诀无多语,只有销魂与断肠。"②但是,实际上"没有人愿意饱尝愁苦的滋味——假如他能够避免;没有人不愿意做出美好的诗篇——即使他缺乏才情",③于是便出现了刘勰所说过的"因文造情"的现象。钱锺书尤其提到一位名不见经传的诗人李廷彦的故事。此人:

> 写了一首百韵排律,呈给他的上司请教,上司读到里面一联:"舍弟江南没,家兄塞北亡!"非常感动,深表同情说:"不意君家凶祸重并如此!"李廷彦忙恭恭敬敬回答:"实无此事,但图属对亲切耳。"④

对此,钱锺书评论道:

> 显然,姓李的人根据"穷苦之言易好"的原理写诗,而且很懂得诗要写得具体有形象,心情该在实际事务里体现(objective correlative)。假如那位上司没有关心下属、当场询问,我们这些深受实证主义(positivism)影响的后世读者,未必想到姓李的在那里"无忧而为忧者之辞"。⑤

---

① 引自钱锺书《诗可以怨》,载《钱锺书论学文选》(广州:花城出版社,1990),第六册,第156页。
② 方文《涂山续集》卷五《梦与施愚山论诗醒而有作》,引自钱锺书《诗可以怨》,同上,第156页。
③ 钱锺书《诗可以怨》,第156页。
④ 同上,第161页。
⑤ 同上。

张隆溪还指出，上述这种虚构现象并非仅仅局限于李廷彦这样劣等诗人的劣等作品，而且还出现在那些经典作家的作品当中。钱锺书的《宋诗选注》中收录了宋代大诗人范成大所做的《州桥》一诗，全文如下：

> 州桥南北是天街，父老年年等驾回。
> 忍泪失声询使者，几时真有六军来？①

在注释这首诗时，钱锺书指出，此诗中的"州桥"是指北宋旧京汴梁的州桥。范成大曾于宋孝宗乾道六年（1170）出使到金，经过了沦落的北宋故土，并写下了七十二首七言绝句和一卷题为《揽辔录》的日记。在《揽辔录》中描写汴梁时，范成大说"民亦久习胡俗，态度嗜好与之俱化"。另外一位时人韩元吉也曾记录过当时沦陷地区的民俗，提到百姓畏见使者，只是经过"反复私焉，然后知中原之人怨敌者故在，而每恨吾人之不能举也"。据此，钱锺书断言，范成大《州桥》一诗中的描写并非属实，因为彼时"断没有'遗老'敢在金国'南京'的大街上拦住宋朝使臣问为什么宋兵不打回老家来的，然而也可见范成大诗里确确实实地传达了他们藏在心里的真正愿望"。因此，"文艺作品里的写实不就等于埋没在琐碎的表面现象里"。②张隆溪进而指出，虽然上述这首诗源自诗人的历史经验，但是"作为文学写作它允许虚构性的构造，这种构造对于诗中所表现的情感来说是真实的，但是对诗人所经历过的具体情境而言却未必真实"。③也就是说，在这首诗中，"一个在某一历史时刻的亲身经历在诗歌中被加以转变和虚构；它令我们瞥见到历史与诗歌之间的相互牵连，在这两类文本当中，都可能会有虚构存在"。④

应该指出的是，宇文所安和余宝琳都曾承认过中国诗歌中存在着虚构

---

① 钱锺书《宋诗选注》（北京：人民文学出版社，1958），第 200 页。
② 《宋诗选注》，第 200 页。
③ Zhang, *Allegoresis*, pp.44—45.原文："Even if the poem takes as its material an episode in the author's life and refers to a specific historical moment, as literary writing it nevertheless allows for fictional construction that is true to the feelings expressed in the poem, but not necessarily true to the particular situation as the poet himself experienced.
④ 同上。引号中的原文："… real lived experience in a historical moment is transformed and *fictionalized* in poetry; it allows us to have a glimpse into the interweaving of history and poetry, and the possible presence of fictionality in both types of texts."

现象。但他们都认为,这种现象毕竟是极少数,而且基本上只存在于乐府和词、曲这些边缘文类当中,不足以影响到中国诗歌的总体倾向。不仅如此,中国历代论者在解读这类文本时都力图为它们建立一个历史语境,或是将它们纳入诗人的生平和境遇。在宇文所安和余宝琳看来,这种解读态度和策略恰恰说明了中国诗歌传统的基本特征,即以诗为史,以史解诗,因此与西方诗歌从形上和虚构世界中寻找意义仍旧是迥然不同。① 可以想象,面对上述情境,宇文所安和余宝琳都会认为,李廷彦上司对他那两句诗所做出的反应,正可看作是对他们上述立场的佐证。同一个例子,可被用来说明两种不同的立场和观点:此诗的创作从正面证明了这一具体文本的"虚构"性质,而对这一文本的解读和接受则又从反面说明了中国诗歌传统的历史特征。这一现象不能不令人深思。它警告我们,在跨文化研究中,必须尽量避免以一概全的理论框架,而是要对具体文本中的具体现象进行具体的研究。任何理论上的结论,都应来自对具体文本现象的分析和归纳,而且在将由此得出的理论结论应用到其他文本时,绝不能教条武断,因为它不可能是具有普遍意义的真理。忘记了这一点,我们便会将自己置于难以自圆其说的困境。正如此处我们既不可因李廷彦的诗而得出中国诗歌皆为虚构的结论,也不能因为其上司的反应便把中国诗歌都视为历史的真实写照。我们只能认为,虚构与历史同时存在于中国诗歌传统之中,当然与西方诗歌相比,它们所占的比重的确有所不同,而这也便是中西诗歌在此方面的差异:它是一种程度上,而不是本质上的差异。

如上所述,宇文所安、余宝琳、于连等西方学者皆注意到《文心雕龙·原道》篇中有关"文"的表述,并从中构建出一个与西方文学传统截然不同的观念和体系。张隆溪则从中看到了中西文学传统中的另一个共同之处,那就是刘勰所倡导的"自然之文"与欧洲中世纪和文艺复兴时期盛行的"自然之书"(the book of nature)大同小异。德国学者科提尔斯(Ernst Robert Curtius)在其著名的《欧洲文学与拉丁中世纪》(*European Literature and the Latin Middle Ages*)一书中对这种现象有专题讨论。张隆溪引用了科提尔斯对一位西班牙作家的如下论述:

---

① 参见 Owen, *Traditional Chinese Poetry and Poetics*, p.53, Yu, *The Reading of Imagery in the Chinese Poetic Tradition*, p.37

此处万物也都在写作：太阳在宇宙空间［写作］，船只在波浪上［写作］，禽鸟在风简上［写作］，遭遇沉船的人在天空的蓝笺和大海的沙滩上交替［写作］。彩虹是羽毛笔的一划，睡眠是一篇短文，死亡是一个生命的签字……整个苍穹是一本具有十一张蓝宝石书页（星体）的装帧书籍。①

上述描述，真是与《文心雕龙·原道》篇的段落不谋而合了：

> 傍及万物，动植皆文：龙凤以藻绘呈瑞，虎豹以炳蔚凝姿；云霞雕色，有逾画工之妙，草木贲华，无待锦匠之奇。②

前面我们已经多次提到，长期以来西方一直流传着一种印象与观点，即与抽象、任意的西方字母文字不同，中国文字始终保持了与外部世界的联系，因而具体、自然。张隆溪则根据一些西方学者的研究成果，指出在近代语言学和语文学兴起，也就是18世纪之前，西方文字同样被认为是"一个自然符号系统"（a system of natural signs）。当代批评家福柯（Michel Foucault）更是指出："作为16世纪的原生和历史性实体，语言并非一个任意的系统；它曾被置于世界之中，是世界的一个组成部分。"③为此，福柯认为，我们也应从"自然之书"这一视角出发，把西方语言本身当作"自然之物进行研究。正如动物、植物和星体那样，它［语言］的成分也有它们的亲和与权宜规则，以及必要的类比"。④ 显然，正如德国美学家卡西尔所说，在西方，"神话、语言和艺术最初乃是一个具体、不可分开的统一体，只

---

① Ernst Robert Curtius, *European Literature and Latin Middle Ages*, p.344; Zhang, *Allegoresis*, p.35.原文："Here too everything writes: the sun on cosmic space, the ship on the waves, the birds on the tablets of the winds, a shipwrecked man alternately on the blue paper of the sky and the sand of the sea. The rainbow is a stroke of the quill, sleep a written sketch, death the signature of life....The vault of heaven is a bound book with eleven sapphire leaves(the spheres)."

② 《文心雕龙今译》，第10页；Zhang, *Allegoresis*, 35.

③ Michel Foucault, *The Order of Things: An Archeology of Human Sciences* (New York: Vintage, 1973), 引自Zhang, *Allegoresis*, p.36.原文："In its raw, historical sixteen-century being, language is not an arbitrary system; it has been set down in the world and forms a part of it."

④ 同上, p.27, and p.36.

是逐渐才分解成为精神创造的三个独立模式"。①张隆溪指出,所有这些都表明:

> 显然,尽管文化背景不同,古代中国和18世纪以前的西方都曾把语言的起源追溯到一个遥远、模糊、笼罩于神话之中的过去,并把书写的创造归功于一个超自然或神圣的力量,一个神秘的"道",或是一个为自然注入意义的人格化上帝即"逻各斯"。②

张隆溪把中西文化对语言起源的共同认识限定在18世纪以前,自然有其理由。18世纪后,随着现代科学和语言学的兴起,西方对语言的认识日趋理性化和抽象化,使得不少人忘记或是有意无视早期西方文化对语言的神秘认识,把西方语言中的理性与抽象成分视为人类进步和进化的体现,并将之与自然、具体,因而被认为是原始落后的汉语区分开来。我们已经看到,这种观念直到现在仍然在以不同的方式影响着人们对中西语言的认识,成为西方学术界的主流思想。必须指出的是,虽然这种认识未免过于简化甚至极端,但也并非空穴来风,因为中西语言之间的巨大差异自是显而易见。如果中西文化在早期曾经对语言的起源与功能有过类似的认识,那么在后来的发展中它们也无疑选择了非常不同的轨迹。众所周知,西方的语言经历了由古埃及象形文字至古希腊字母文字的演化过程,并且后者与前者相比可以说已是面目皆非。③与此不同,汉字始终没有走上字母化的道路,而是保持了最初的象形、会意结构,这也是无可争辩的事实。后代一些论者只注意到这些业已形成的差异,并以此来解释中西文学中的一些不同现象,似乎也可以理解,而且倘若运用得当,的确不失为有效的方

---

① Ernst Cassirer, *Language and Myth*, trans. by Susanne K. Langer (New York: Harper and Brothers, 1946);引自 Zhang, *Allegoresis*, p. 36. 原文:"Myth, language and art begin as a concrete, undivided unity, which is only gradually resolved into a triad of independent modes of spiritual creativity."

② Zhang, *Allegoresis*, p. 36. 原文:"Apparently, their difference in cultural background notwithstanding, the ancient Chinese and Westerners before the eighteenth century all traced the origin of language to a remote and nebulous past enshrouded in myths and legends, and credited the creation of writing to a supernatural or divine agency, a mysterious *tao* or an anthropomorphic God as *logos* that impregnated nature with meaning."

③ 参见 John Man, *Alpha Beta: How Our Alphabet Shaped the Western World*,中译本约翰·曼《改变西方世界的26个字母》,江正文译(北京:生活·读书·新知三联书店,2007)。

法和策略。至于这些语言上的差异能否归结为中西传统中不同的宇宙观与认识论,那只能是见仁见智了。这一点我们在前面已经涉及,此处不再赘述。

前面我们已经看到,张隆溪以范成大《州桥》一诗为例,说明了中国诗歌中历史与虚构因素的相互作用,以及历史与诗歌这两种文类之间千丝万缕的联系,以此来回应宇文所安和余宝琳以历史和虚构来区分中西诗歌的简单做法。也许由于张隆溪认为这一点至关重要,他在本书的后部分还另设章节,对其进行专门讨论。他首先指出,即使在西方,历史与虚构之间的界限也并非泾渭分明。一位西方学者便指出,在18世纪之前,历史写作"被看作修辞学的一个分支,其'虚构'性质广为人知"。①在当代,人们更是把"历史和文学叙述都看成语言的运用,因而可以诉诸同样的语言和文学分析,[因此],历史是事实陈述、文学是虚构这一简单区分在当代西方理论与批评中[已经]难以成立"。②在诗歌创作中,许多西方诗人都以自己的亲身经历为素材,写出了具有历史真实的作品。除了前面已经提到的华兹华斯,此处,张隆溪又提到了罗马诗人维吉尔(Virgil)、德国诗人歌德,以及英国诗人弥尔顿和赫伯特(George Herbert)等人。值得补充的是,在中国传统中,不仅诗歌中经常含有虚构的成分,历史著作所描述的,也不一定都是具体真实的事情。《左传》是一部史书,但是,钱锺书认为,其中的"记言而实乃拟言、代言,谓是后世小说、院本中对话、宾白之椎轮草创,未遽过也"。③之所以如此,是因为"史家"即使在"追叙真人实事"时,也必须凭借自己的想象,"设身局中,潜心腔内,忖之度之,以揣以摩,庶几入情合理"。如此产生的作品,"盖与院本之臆造人物、虚构境地,不仅同而可相通"。④钱锺书此处还特别提到,西人昆体灵(又译作昆体连,已见本章上文)和黑格尔曾有过类似的论述,并进而建议我们把《左传》和其他中国史书中记

---

① Hayden White, *Tropics of Discourse: Essays in Cultural Criticism* (Baltimore: Johns Hopkins University Press, 1978), p.123; 引自 Zhang, *Allegoresis*, p.44.引号中的原文:"…was regarded as branch of rhetoric and its 'fictive' nature generally recognized."

② Zhang, *Allegoresis*, p.47.引号中的原文:"…that sees both historical and literary narratives as the deployment of language and therefore subject to the same kind of linguistic and literary analysis, the simple distinction between history as factual account and literature as fiction tends to collapse in contemporary Western theory and criticism."

③ 《管锥编》第一册,第166页;Zhang, *Allegoresis*, p.56.

④ 《管锥编》第一册,第166页。

事的特点与之进行比较,因为"邻壁之光,堪借照焉"。①

实际上,中国古人早已认识到历史与诗歌中带有想象与虚构的成分,因此在解读时不可拘泥字意。例如《尚书·武成》篇在记载武王伐纣时用了"血流漂杵"的文字。对此,孟子说:

> 尽信《书》,则不如无《书》。吾于"武成",取二三策而已。仁人无敌于天下,以至仁伐至不仁,而何其血之流杵也。②

《万章上》篇中,孟子又对《诗经》中的两行描述表示了同样的质疑,并进而提出了一个重要的解读态度和策略:

> 故说诗者不以文害辞,不以辞害志;以意逆志,是为得之。如以辞而已矣,"云汉"之诗曰:"周余黎民,靡有孑遗。"信斯言也,是周无遗民也。③

"不以文害辞,不以辞害意",便是不要只根据诗歌文本中的字面意义(literal meaning),把它们的描述都看作是对具体历史事件的"如实陈述"(literal account)。遗憾的是,后代中国论者常常忘记或无视孟子的达论与忠告。

在澄清了上述理论问题之后,张隆溪进而开始探讨中西文学中对某些经典文本的寓言式解读。他首先指出,与那些强调中西文学差异,因而认为寓言和寓言式解读无法在中西文学之间互译、互释的学者不同,他坚信完全可能对"寓言的概念"在跨语言、跨文化的语境中进行翻译,寓言式解读也完全可能为中西文学传统所共有。张隆溪认为这一点至关重要,因为它涉及中西文学与文化之间是否具有可比性这一根本问题。为了说明这一点,他详细考察了中西对《诗经》和《圣经·旧约》中"雅歌"(Song of Songs)的解读。

众所周知,《诗经》和《圣经》乃是中西文化与文学的经典与基石。但

---

① 同上。
② 《孟子·尽心下》。
③ 《中国历代文论选》第一册,第 31 页;Zhang, *Allegoresis*, p.54.

是，这两部文本中都有一些表面看上去与中西传统价值体系相龃龉冲突，或是令人难堪的部分。在处理这些部分时，历代中西论者都试图为它们赋予超越文本的微言大义，以此维护它们的经典地位，并将它们控制在传统价值体系之内。张隆溪认为，这种解读方式表明，在中西论者眼中，《诗经》和《圣经》都是寓言，因为它们都是以此言彼，具有双重结构与意义，故符合昆体连对寓言的权威定义，即寓言"在文字上表现一物，在意义上表现另外一个"。

在《圣经》当中，"雅歌"这一部分非常独特。它文字典雅，节奏优美，感情奔放，读起来令人如痴如醉，是《圣经》中文学意味最浓的部分。但是，它通篇几乎没有提到上帝，也没有触及忏悔、赎罪这些遍布《圣经》的主题。不仅如此，"雅歌"中的不少章节明显在描绘与歌颂两性之间的情爱，所使用的语言及表现的内容与一般世俗情诗并无区别。更有甚者，它们当中有许多对女性身体的性感描绘，其露骨甚至达到了后世所谓情色（eroticism）的程度。例如第四章中的第五节：

Thy two breasts are like two young roes that are twins, which feed among the lilies.

你的双乳像两只孪生的幼鹿，在百合花中觅食。

从字面上理解，这首短歌无非是在颂扬情人的肉体，所用的语言与意象虽然美丽撩人，却看不出有什么宗教与精神含义。为了将它们纳入《圣经》的体系，那些犹太教拉比们（rabbis）先是建构了一个总体的框架，即把"雅歌"全部看成是在称颂上帝与以色列之间的爱。这样一来，他们也便能够对上述这首歌中的文本细节进行寓言式解读了。据此，上文中的双乳被解释成一个隐喻，暗指摩西（Moses）和亚伦（Aaron）这两位以色列民族的先知与先父，因为"正如乳房是女人的美丽与装潢，摩西和亚伦也是以色列的美丽和装潢"。[①]这种解读把一个具体描述移置和提升到古代以色列的历史与宗教这一不同的领域，除了赋予它以言外之意，也化解了文本字意

---

① H. Freedman and Maurice Simon, eds., *The Midrash Rabbab*, 5 vols (London: Soncino, 1977), 4: 198; 引自 Zhang, *Allegoresis*, p.72. 原文："…just as the breasts are the beauty and ornament of a woman, so Moses and Aaron were the beauty and ornament of Israel."

的诱惑与危险。

的确,对于"雅歌"文本字意所构成的诱惑与危险,那些虔诚的《圣经》诠释者非常清楚。2世纪学者奥里根(Origen)便曾指出,对于那些尚未涉世的读者来说,"雅歌"当中存在着"不小的危险":

> 因为他还不知道在纯洁中用贞洁的双耳去聆听爱的语言,因而["雅歌"]会让他的视听完全偏离内心的精神人物,进入外部的色欲当中;他会被诱离精神,走向肉体,在心中引起色欲,好像是神圣的经文在纵容他,把他引向肉欲!①

为了避免这种现象,奥里根告诫我们要把"雅歌"看成:

> 一首婚礼颂歌……由所罗门写成戏剧的形式,并在新娘的名下歌唱;这位新娘在新婚之际,心中燃烧着对她新郎的天堂之爱,她的新郎便是上帝之言。②

与"上帝之言"(the Word of God)的新郎相配,奥里根认为此处的新娘便是"教会或是基督徒的灵魂"。至此,"雅歌"文本中的身体与"物质"特征真是消失殆尽,被彻底灵化了。这一点在他对"雅歌"第一章第十三节的解释中充分体现出来:

> A bundle of myrrh is my wellbeloved unto me; he shall lie all night betwixt my breasts.
> 一束没草是在我身上的所爱;他将整夜躺在我的双乳之间。

---

① Origen, *The Song of Songs: Commentary and Homilies*, trans.by R.P.Lawson (Westminster, MD.: Newman, 1957), p.41; 引自 Zhang, *Allegoresis*, p.81.原文:"For he, not knowing how to hear love's language in purity and with chaste ears, will twist the whole manner of his hearing of it away from the inner spiritual man and on to the outward and carnal; and he will be turned away from the spirit to the flesh, and will foster carnal desires in himself, and it will seem to be Divine Scriptures that are thus urging and edging him on to the fleshy lust!"

② 同上,p.265,p.80.原文:"…an epithalamium…which Solomon wrote in the form of drama and sang under the figure of the Bride, about to wed and burning with heavenly love towards her Bridegroom, who is the Word of God."

奥里根要读者把上文中的"双乳"理解成"教会支撑耶稣,或是灵魂支撑上帝之言的心中地基"。①他之所以能够做出现在看来如此牵强的解释,乃是因为他坚信《圣经》经文当中那些对身体和物质魅力的描述"根本不可能被用于可见的身体,[它们]一定是在指不可见灵魂的某些部分与力量"。②总之,奥里根认为,要正确理解经文,我们必须认识到:

> 有些实体的意义不能用人类语言的任何文字恰当地表现出来;要确认这一意义,我们只能通过更简单的知性把握,而不是通过文字的任何属性。③

这可谓是对老子"道可道,非常道;名可名,非常名"那一著名论述的跨文化诠释。对此,张隆溪评论说:

> 对奥里根和他的追随者来说,为了把逻各斯的精神从人类语言的外壳中解放出来,文字似乎应当被弃掷和遗忘。作为由文本通往文本之上更深意义的一种阐释模式,为了达到逻各斯这一神性的纯粹存在,奥里根所使用的寓言式解读最终抹掉了语言。④

也就是说,在对"雅歌"的寓言式解读中,文本字意只是通往另外一个所谓真正意义的媒介与途径,最终要被抛弃。如果我们拘泥于文字本身,便会误入歧途。这当然令我们想起《庄子》一书中所说的"得鱼忘筌、得意忘言",以及佛家所谓"舍筏登岸"那些隐喻和寓言。

---

① Origen, *Song of Songs: Commentary and Homilies*, p.165; 引自 Zhang, *Allegoresis*, 82. 引号中的原文:"...the ground of the heart in which the Church holds Christ, or the soul holds the Word of God."

② Origen, *Song of Songs: Commentary and Homilies*, p.28, p.81. 原文:"... can in no way be applied to the visible body, but must be referred to the parts and powers of the invisible soul."

③ 引自 Zhang, *Allegoresis*, p.83. 原文:"...there are realities whose meaning cannot be properly expressed by any words of human language; it is affirmed by a simpler act of intellectual comprehension rather than by any properties words may have."

④ Zhang, *Allegoresis*, p.84. 原文:"For Origen and those who followed him, it seems that the written word should be cast off and forgotten in order to free the spirit of the Logos from the shell of human language. As a mode of interpretation that leads from the text to a deeper meaning beyond, allegoresis as Origen used it, becomes eventually the erasure of language for reaching to the Logos as pure presence of the divine."

四 隐喻、寓言与中西比较文学：余宝琳、张隆溪的比较诗学研究

张隆溪指出，这种赋予经文以微言大义，以便化解其中貌似与传统价值体系相冲突成分的阐释方法与中国传统诗学对《诗经》的解读具有"惊人的相似之处"(striking similarities)。① 当然，由于中国文化对神话与宗教的淡漠，与西方相比中国式寓言解读更加强调礼仪道德、政教历史等现实与使用功能和意义。这一倾向可追溯到孔子对《诗经》的几个简短评论，其中之一是《论语·学而》中的如下段落：

> 子贡曰：贫而无谄，富而无骄，何如？子曰，可也，未若贫而乐，富而好礼者也。子贡曰：诗云"如切如磋，如琢如磨"，其斯之谓与？子曰：赐也，始可与言诗已矣，告诸往而知来者。

此处，子贡向孔子请教的是道德修身这一儒家思想中的首要问题。他引用《诗经》来说明他对这一问题的理解，也符合先秦时期人们在外交与公共场合"赋诗言志"的习惯。子贡此处所引用的，乃是《诗经·卫风·淇奥》一诗，下面便是其第一节：

> 瞻彼淇奥，绿竹猗猗。
> 有匪君子，如切如磋，如琢如磨。
> 瑟兮僩兮，赫兮咺兮，
> 有匪君子，终不可谖。

我们无从知晓先秦古人是如何解读这首诗的。但从诗中的文字，我们可以断定它是在赞美一位"君子"。据此，"毛序"认为它的主题是"美武公之德"，② 现代注、译者更是干脆把它看成一首情诗，其中一位少女在赞美情人的秀俊身材。有关子贡和孔子对此诗的解读，张隆溪评论说：

> 在孔子与其学生的对话中，这几行诗被用来意指道德美满这一非常不同的主题。正如许多论者所指出的那样，子贡似乎得出了一个间接的类比，即正如骨头、象牙、玉、石等材料可通过切、

---

① 同上，p.84.
② 《十三经注疏》，第一册，第320页。

磋、琢、磨变成宝物,美好的秉性("无谄""无骄")同样可以通过道德修养得到改进。因此,切、磋、琢、磨便成为学习经典时努力用功和自我修身的比喻或隐喻表现……一旦有了这种类比,那么诗中的文字便被从它们的语境中抽离出来,并被置于一个新的环境;在那里,它们获取了一种与它们本来意旨非常不同的意义。①

这也便是中国人所谓"断章取义",诚如钱锺书所说:"乃古人惯为之事,经籍中习见。皆假借古之'章句'以道今之'情物'。"②它与犹太拉比对《圣经》中"雅歌"的解读的确是同出一辙。

这种解读既取自某诗的"断章",便往往无视文本的整体性,因此非常任意武断,令人无所适从。孟子试图纠正这一倾向,告诫人们在说诗时要"不以文害辞,不以辞害志",要"以意逆志",方能把握一首诗的意义。但是,他的这一达论终究未能扭转乾坤,因为"赋诗言志""断章取义"也已形成中国文人的积习,以及诗歌批评的一种方法。这在后代对《诗经》的解读中体现得尤其充分。最著名的例子,当然是毛、郑、朱熹等人对《关雎》一诗的诠释。在本书第二章中我们已经看到,余宝琳认为这些解读与西方式寓言解读有根本的区别,因为它们没有试图为《关雎》一诗建立一个抽象、形上意义的世界。张隆溪此处回顾了西方对此诗的各种翻译,并且指出这些译者,如理雅各(James Legge),顾赛芬(Father Seraphin Couvereur),高本汉(Bernard Kalgren)和韦利(Arthur Waley)等都意识到中国传统诗学对此诗的解释过为牵强,因此寓言味道十足。韦利在他的译本 The Book of Songs 的后面特别加上了"寓言式解释"(Allegorical Interpretation)一文作为附录,并且指出,"我们自己《圣经》中的某些部分,尤其是'雅歌'和

---

① Zhang, *Allegoresis*, p. 89. 原文:"In the conversation between Confucius and his student, however, these lines are made to mean something quite different that bears on the issue of moral perfection. As many commentators have pointed out, here Zigong seems to have drawn an implicit analogy that just as materials like bone, ivory, jade, and stone can be turned into precious objects by being cut, carved, chiseled, and polished, so can good natural dispositions ("not fawning" and "not haughty") be improved upon through moral cultivation. Thus cutting, carving, chiseling, and polishing become figures or metaphorical expressions of the arduous training and self-cultivation in studying the classics.... When analogies of this kind are established, poetic lines are literally lifted out of their context and put into a new environment in which they acquire a meaning very different from what they originally may mean."

② 《管锥编》第一册,第 224 页; Zhang, *Allegoresis*, p.91.

'诗篇'的某些章节,便曾被依照同样的方式解释过"。①

对于余宝琳对寓言的理解,张隆溪也提出了不同的看法。他首先重温了昆体连的经典定义和实例,然后指出,昆体连并没有要求寓言中比喻的双方必须来自两个对立,或是一个具体一个抽象的领域;因此,寓言中的"所说之物与所指之物可以是任何两种不同的事物,无论它们是什么种类";因此,"寓言显然与形而上学或神学上的'精神意义'没有什么关联"。②不仅如此,张隆溪还借助西方学者对《圣经》中寓言的研究,指出"即使在基督教对寓言的理解中,字面意义和寓言意义也不一定存在于不同的语义层次。"③在中世纪,《圣经》的意义被归结为四种:字面意义(the literal),寓言意义(the allegorical),道德意义(the moral),神秘意义(the anagogical)。一位西方学者曾说过:

> 例如,其道德或象征层次并不指向一个由文字揭示的另一实体,而实际上是在意义本身中被见到的。当爱塞克接受其父亲的命令,自愿躺在祭坛上、[因此]表现出顺从的美德时,其象征意义便在意义的主要层次之内:顺从长官的命令。不仅如此,在拟人/寓言里,寓言意义(或其中大部分)便在字面意义本身之中。在《农夫皮尔斯》B本第一章里,当圣母教堂出现时,她的寓言意义并不是基督教意义,即圣教堂代表什么,而是彼时彼地的圣教堂。④

---

① *The Book of Songs* (London: Allen & Unwin, 1954), p.336; Zhang, *Allegoresis*, p.98. 原文:"Parts of our own Bible have been explained on similar lines, particularly the Song of Solomon and certain of the Psalms."

② Zhang, *Allegoresis*, pp.99, 100. 原文:"The one thing said and the other meant can be any two things of different kinds, whatever the kind." "... allegory is clearly not tied to a metaphysical or theological *sensus spiritualis*."

③ 同上,p.100. 原文:"Even in the Christian concept of allegory, the literal and the allegorical do not necessarily dwell on different semantic levels, either."

④ Morton Bloomfield, "Allegory as Interpretation", *New Literary Theory* 1(Winter 1972):313; 引自 Zhang, *Allegoresis*, p.100. 原文:"The moral or tropological level, for instance, does not refer to another reality revealed by words, but is actually *seen in the meaning itself*. When Isaac displays the virtue of obedience as he willingly lies on the altar at his father's command, the tropological meaning is right in the primary level of meaning: obedience to the command of one's superiors. Furthermore, in personification-allegory the allegorical meaning (or most of it) is in the literal sense itself. When Lady Holy Church appears in Passus I of the B Text of *Piers Plowman*, her allegorical significance is not the Christian significance of what Holy Church stands for, it is Holy Church right then and there."

上文中提到的例子分别来自《圣经》和《农夫皮尔斯》(*Piers Plowman*)这两部宗教含义浓厚的作品。至少在它们当中,寓言意义和字面意义互为表里,不可分割。

如上所述,一些西方学者用以区分中、西寓言与寓言解读的另一标准,便是前者的历史特征。他们认为,在解读《诗经》时,中国论者常常将其纳入一个具体的历史框架,因而也便没有西方寓言中由具体向抽象的"迁移"(transfer)或超越。余宝琳和于连都有过类似的论述。余氏曾把中国诗歌描述成历史记录的"如实片段"(literal vignette);于连更是指出,虽然中国学者在解读《诗经》时不得不在诗中寻找微言大义,以维护其经典性质与地位,但是,这些微言大义"并不像在希腊寓言中那样,指向另一个层次;它完全是从每首诗中被赋予的语境和历史内容中提取出来的"。①张隆溪则认为,中国学者为《诗经》中的篇章构建历史语境并非只是要重建过去,并证明它们是过去历史的"如实片段"。他们的真正目的,是要把这些诗篇树立成为"礼仪和良好品行的示范",以此达到《诗大序》所说的"经夫妇,成孝敬,厚人伦,美教化,移风俗"。为此,他们为这些诗篇所构建的绝不是一般的历史,而是古人心目中在周文王等古代贤明君主统治下的所谓黄金时代,因而具有强烈的理想化特征。这一点不仅应用于对《关雎》这首"颂"诗的解读;就连那些"刺"诗,也被说成是这一原则的体现。例如《召南·野有死麕》:

> 野有死麕,白茅包之。有女怀春,吉士诱之。
> 林有朴樕,野有死鹿。白茅纯束,有女如玉。
> 舒而脱脱兮,无感我帨兮,无使尨也吠。

从诗文本身来看,这首诗所描述的乃是一位"怀春"少女与"吉士"的幽会。前两节描写吉士将获取的猎物献给少女;第三节则转而叙述二人开始身体接触,以及由此在少女心中引起的恐惧和她对情人的劝告。显然,

---

① Jullien, *Detours and Access*, p.57; 引自 Zhang, *Allegoresis*, p.102. 引号中的原文: "…does not refer to *another level*, as in Greek allegory; it is entirely extracted from the contextual, historical reference assigned to each poem."

这样的诗篇与《诗经》的经典地位不符。为了令其就范,"毛序"便将其说成:

> 恶无礼也。天下大乱,强暴相陵,遂成淫风。被文王之化,虽当乱世,犹恶无礼也。①

原诗不过是对某一情景的描述,上述序文却将它解读成对这一现象的针砭或"刺",并将其与"文王之化"这一中国历史上的黄金时代联系起来,其目的,便是要为这首诗规定出一个阐释的范围与框架。由此产生的寓言意义当然与文本的字面意义相去甚远,可以说分属两个不同的层次。张隆溪指出,在此诗的语境中,序文中的"恶"字尤其"奇怪",因为它没有任何文本根据。言外之意,便是它是被"毛序"的作者根据其一己之见强加于原诗之上的,其"任意""武断"性自是显而易见。所有这些都表明,中、西对《诗经》和《圣经》这两部经典的寓言式解读都是要让它们符合其经典地位和各自的价值体系,因而并没有什么"根本的区别"。

既然如此,对中西隐喻、寓言和寓言解读的比较研究意义何在?张隆溪没有直接提出和回答这一问题,但我们却可从他对中西仪式的讨论中推知他的态度。在基督教的西方,"圣餐礼"(Eucharist)可谓是教堂中最具象征意义的仪式之一,因为教徒所食饮的面包和红酒被认为是上帝为人类所做出的牺牲与恩赐。也就是说,面包和红酒本身并不重要;其价值在于它们所代表的意义,即对上帝的感恩。同样,在中国古代祭祀仪式中,所用的器皿也具有象征意义。孔子便曾反问过:"礼云,礼云,玉帛云乎哉?乐云,乐云,钟鼓云乎哉?"(《论语·阳货》)也就是说,"礼""乐"的目的当然不在玉帛钟鼓这些具体物件,而是要从中去领会它们所象征和代表的道德意义。张隆溪说:

> 对孔子来说,道德完美之所以可能,是因为我们能够从仪式的具体形式中抽演出一个象征性和非物质的意义。显然,任何语言的象征运作和对文本的寓言理解都必须以同样或相似的抽象能力为基础。我们所要探讨的相关问题不应该是是否西方仪式

---

① 《十三经注疏》第一册,第 292 页;Zhang, *Allegoresis*, p.104.

具有象征性,而中国仪式不具备[象征性],而是不同的仪式化形式在不同的文化传统中能够表现出哪些不同的内容。①

　　这是一段颇具启发意义的文字,它令我们认识到,在比较中西隐喻和寓言时,我们所要说明的,也不应该是中国传统中是否有西方式的隐喻和寓言,而应该是中西隐喻和寓言的表现与解读方式有哪些相同或不同之处,以及这些相同与不同分别向我们揭示了中西文学与文化的那些特色。沿此方向,我们便会发现,作为一种思维方式与修辞手法,隐喻和寓言在中西文学传统中均司空见惯;所不同的是中国传统的寓言解读带有明显的道德与历史倾向,而西方的寓言解读则异常注重道德与宗教方面的含义;用钱锺书的话,便是"一诗而史,一诗而玄"。②而这中间"史"(历史)与"玄"(宗教)的差异,也正是中西文学与文化的基本特征。因此,对中西隐喻和寓言的比较研究能够加深我们对各自文学与文化传统的认识。这样的相互阐发,或许便是中西比较文学的意义之所在。

---

① Zhang, *Allegoresis*, p.101. 原文:"For Confucius, moral perfection is possible precisely because we can draw a symbolic, immaterial meaning out of the concrete form of a ritual. Obviously it is the same or equivalent ability of abstraction that constitutes the basis of any symbolic operation of language as well as the allegorical understanding of texts. The relevant question we may explore is not whether Western ritual is symbolic but Chinese rites are not, but what different contents the ritualized forms may express in the different cultural traditions."

② 《谈艺录》,第231页。

五 对比中的会合:叶维廉的比较诗学研究

华裔学者、加州大学圣地亚哥分校教授叶维廉是美国普林斯顿大学比较文学专业的第一位博士。他的博士论文《庞德的神州集》(*Ezra Pound's Cathay*) 1969 年由普林斯顿大学出版社出版,在英美学术界引起了不小的反响,至今仍是庞德研究的必读书。叶维廉在中西比较诗学研究方面也很有造诣。由于他在此方面的著作很多是用汉语写成,因此在港、台和大陆的比较文学界广为人知。1993 年,加州大学出版社出版了叶氏的《打散距离:中西诗学对话》(*Diffusion of Distances*:*Dialogues Between Chinese and Western Poetics*) 一书;此书的中文版题为《比较诗学》,先此于 1983 年由台北东大图书公司出版,应是汉语比较诗学方面的第一部著作。我们此处对叶氏比较诗学研究的评述与分析,便是基于这两部著作。

众所周知,作为一个学术领域,比较文学于 19 世纪首先在法国建立,其目的,主要是阐述欧洲各国文学之间的相互作用和影响,尤其注重它们之间的"事实关联"(factual links)。虽然后来受美国学派的影响,比较文学扩展到其他相关的领域,但是长期以来在西方它始终呈现出鲜明的"欧洲中心主义"倾向。西方比较文学学者往往忽略与西方文学无关的文学传统,即使偶尔将视野移至非西方文学,也难免用传统西方文学的观点与方法对其品头论足。在东西比较文学研究中,这一现象曾经非常普遍。叶维廉认为,要真正全面地比较东西文学,必须首先纠正这种视野上的成见与偏颇。《比较诗学》(《中西诗学对话》)的首章"东西比较文学中模子的应用"(The Us of "Models" in East-West Comparative Literature) 便是为此而发。

叶维廉首先回顾了西方历史上对中国语言文化的误解与成见。下面是两位 18 世纪英国人对汉语的理解和评论:

中国人在其长久的期间把图画通过象形文字简缩为一个简单的记号,或汉字,由于他们缺乏发明的才能,又嫌恶通商,至今居然也未曾为这些记号进一步缩写为字母。①

鲍斯维(James Boswell)问撒姆尔·约翰生(Samuel Johnson):

阁下对他们的文字(指中文)有何意见?
约翰生说:先生,他们还没有字母,他们还无法铸造成别的国家已经铸造的!②

这两位英国人所表达的,乃是长期以来西方对汉语的普遍认识,对于这一点,我们在本书第四章中已经有所接触。叶维廉指出,这种认识囿于自身的认知规范或"模子"(model),完全没有意识到对方(汉字)的性质和特点。与长于逻辑发展、条分缕析的抽象字母文字相比,汉字所代表的是一种形象思维系统,它更加注重对事物的具体体现;即使在表现抽象意念时,也往往采用"复合意象"(composite images),以便为抽象意念提供一种"全面环境"(total environment)。③

上述对中西语言的描述,的确扼要地说明了双方的基本特点,如今在学术界已经成为老生常谈,本书的第一、三两章对此也有过论述。必须指出的是,虽然汉字的特点使得汉语在表现功能上长于形象塑造,但它并没有剥夺汉语进行抽象分析的能力。不仅如此,正如高有功、梅祖麟两位学

---

① *The Works of the Rev. William Warbuton*, ed., R. Hurd, 7 Vols. (London, 1788), 3:339. 引自叶维廉《比较诗学》,第四页(译文略有修改。倘无说明,本章中文引文皆出自叶维廉《比较诗学》一书), Wai-lim Yip, *Diffusion of Distance: Dialogues Between Chinese and Western Poetics* (Berkeley: University of California Press, 1993), p.10. 原文:"The Chinese, which, in its long duration, hath brought this picture down, through hieroglyphics, to a simple mark, or character, hath not yet (from the poverty of its inventive genius and its aversion to foreign commerce) been able to find out an abridgement of those marks, by letters."

② *Boswell's Life of Johnson*, ed. G. B. Hill and L. F. Powell (New York: Harper and Bros., 1889), 3:339; 引自同上,第4页, p.10. 原文:Boswell: What do you say to the written character of their [Chinese] language? Johnson: Sir, they have not an alphabet. They have not been able to form what other nations have formed.

③ 《比较诗学》第5页, *Diffusion of Distance*, p.11.

者所说明的那样,长于逻辑分析的"陈说语言"(propositional language)和句式在唐代律诗中占有不可或缺的重要地位。叶维廉此处似乎有意强调汉语和字母文字之间的"根本差异"(root differences),以致认为它们不可兼容。为了说明这一点,他特意征引了海德格尔与一位日本人的著名对话。在对话中,海德格尔把语言形容为"存在之屋"(the house of Being),由于欧洲人与东亚人分别生存于不同的"存在之屋",双方便不可能彼此沟通,进行"对话"(dialogue),欧洲人因此也不可能用欧洲语言来讨论和欣赏东亚艺术与诗歌。①海氏此处的言论或许是要强调语言对思维的决定作用,因此有意耸人视听。叶维廉以此来说明东、西语言之间的"根本区别",或许是要警告那些以自身认知"模子"为基点,对其他语言文化传统说三道四的井底之蛙型学者。但是,他此处的陈述方式与口吻却未免将比较文学推向了绝境:既然如海德格尔所言,东、西语言之间没有沟通的可能("a dialogue from house to house remains nearly impossible"),而语言又决定人类的认知能力和方式,那么结论只能是,任何对东、西文学及其文化的比较研究都只能是对各自成见或"模子"的表述,因此注定要功亏一篑。

然而,这显然并不是叶维廉的用意,因为他随后便开始陈述他所要建立的比较诗学"模子"。他认为,要对两种文学进行深入的比较,首先必须对它们分别做寻根探固的研究,弄清它们的来龙去脉,然后再走出自己的模子,采用彼此的立场,来对它们进行分析比较,以期发现它们之间的"共相"(fundamental universals),进而建立所谓"普遍诗学"(common poetics)。也就是说,需要从"历时"(diachronic)(纵向)与"共时"(synchronic)(横

---

① 《比较诗学》,第11—13页,p.15.下面便是这段对话中的重要部分:Inquirer:The danger of our dialogues was hidden in language itself, not in what we discussed, not in the way in which we tried to do so.Japanese:But Count Kuki had uncommonly good command of German, and of French and English, did he not? I:Of course, he could say in European languages whatever was under discussion.But we were discussing *Iki*; and here it was I to whom the spirit of the Japanese language remained closed—as it is to this day.J:The languages of the dialogue shifted everything into European.I:Yet the dialogue tried to say the essential nature of Eastasian art and poetry.J:Now I am beginning to understand better where you smell the danger.The language of the dialogue constantly destroyed the possibility of saying what the dialogue was about.I:Sometime ago I called language, clumsily enough, the house of Being.If man by virtue of his language dwells within the claim and call of Being, then we Europeans presumably dwell in an entirely different house than Eastasian man.J:Assuming that the languages of the two are not merely different but are other in nature, and radically so.I:And so, a dialogue from house to house remains nearly impossible. Martin Heidegger, *On the Way to Language*, trans., Peter D.Hertz(New York:Harper and Row,1971), pp.4—5.

向)两个方面建立比较诗学的模子;前者用来分别追溯两种文学的历史根源与发展,后者则致力于对它们之间的异同进行比较分析。只有这样,才能避免那些表面肤浅的比较。例如,有些学者试图用西方文学批评的一些理论和概念来"阐发"中国文学。屈原和李白通常被他们描述成中国的"浪漫主义"诗人,因为他们的很多诗篇描写诗人对社会的失望乃至鄙视,以及为逃避社会而想象出的"神游"(flight)。表面上(从共时或横向的角度),这些现象似乎与英国浪漫主义诗人,如拜伦、雪莱等人的诗歌有些相像。但是,倘若我们把这些中、英诗人及其作品放在各自的文学传统中做追根溯源的历时研究,我们便会发现,在上述表面现象背后有很多更加深刻的差异。例如,《离骚》中的神游并没有表现出英国浪漫主义诗歌中所谓"形而上学的飞跃"(metaphysical leap),因此具有不同的意义。①只有通过这种纵(历时)、横(共时)交错的视角/模子与运作,我们才能对屈原、李白以及英国浪漫主义诗歌获得全面深刻的认识。

叶维廉特别指出,在比较研究中,两种文学传统之间的差异通常更能反映出各自的特色,因此也更有意义。的确,虽然叶维廉也提出了"共相"这一概念,但他的偏爱和重点显然是在东西文学之间,尤其是中英诗歌之间的差异上。因此,我们可把叶氏的比较诗学视为差异研究的重要代表,与宇文所安和余宝琳同属一个阵营。例如,叶维廉同样认为隐喻在中国诗歌,尤其是山水诗中应用的很少,或者根本不存在,因为在这些诗中,喻旨(tenor)和"喻依"(vehicle)互为表里,没有分别。之所以如此,是因为道家哲学中"以物观物""目击道存"的自然观与认识论使得诗人能够"自然地选择"(naturally selects)诗中的景物。与此相比,雅各布森所理解的西方诗歌乃是根据"以人为中心"(human-oriented)的隐喻原则对事物和现象进行选择与组合,因此与中国诗歌具有本质的区别。②不难看出,叶维廉此处的论点与余宝琳可谓同出一辙:他们都把中国传统自然观与认识论视为造成中国诗歌非隐喻特征的决定因素,虽然叶维廉并不否认,在中国诗歌中,隐喻作为一种"修辞方式"(figure of speech)同样被广泛应用。③

---

① *Diffusion of Distance*, p.23.
② 《比较诗学》,第 6 页,*Diffusion of Distance*, p.18.
③ *Diffusion of distance*, p.121.相关的文字:"Here, we are not talking about metaphor as a mere literary device, as a figure of speech commonly used in both Western and Chinese poetry, but as a problem of epistemology and hermeneutics."

有了上面的"模子",下一步便是将之运用于具体的批评实践。诗歌是语言艺术。由于汉语和西方语言之间的显著区别,在中西比较诗学研究中,语言自然更是个理想的切入点,而最能体现某一语言特点的,则莫过于句法了。《比较诗学》/《中西诗学对话》的第二章题为"句法与表现"/"中国古典诗歌与美国现代诗歌中的句法和再现视域"(Syntax and Horizon of Representation in Classical Chinese Poetry and Modern American Poetry),顾名思义便是要探讨中、美诗歌中的句法特点及其与诗歌表现的关系。在本书第二章中,我们已经就高有功、梅祖麟对唐诗句法的研究做过了综述。高、梅把句法视为一种语言现象,虽然他们也把唐诗的句法与英诗句法进行了扼要的比较,但其研究重点,乃是勾勒唐诗中各种句法类型,并说明它们对中国诗歌中意象塑造和意义陈说所产生的不同影响。叶维廉的研究视角则不同。他主要是从汉诗英译方面来阐发汉诗句法与英诗句法之间的差异,以便进一步说明这种语言差异所体现出的中西文化在宇宙观与认识论上的分别。

在本书第二章中我们已经看到,汉语作为一种孤立语言,在句法结构上相当松散。由于汉字没有字形变化,每一个字可在不同语境中承担不同的句法功能,更使得一个诗行中各个字词之间的关系游离不定。英语则不同。作为一种屈折语言,它的句法相对汉语而言更加严谨,句中每个字的词性也都由其变格后的形式表现得十分清楚。中、英句法之间的这种分别可用对杜审言如下两行诗的翻译进行说明:

云霞出海曙,梅柳渡江春。
Clouds *and* mists *move* out *to* the sea *at* dawn,
Plum *and* willows *across* the river *bloom in* spring.①
(云和霞在黎明移出到海上,
梅和柳穿过江在春季开放。)

英译文中用斜体标出的部分都是译者对汉诗原文的解说,它们都是正常英语句法所要求的必不可少成分。显然,这样的翻译在很大程度上改变了原诗的意境。原诗层次参差、视角游离,译文则令它们变得直线单一。

---

① 《比较诗学》,第33页;*Diffusion of Distance*,pp.34—35.叶氏没有注明英译文的出处。

例如,原文第一行中的"曙"字既可做名词,表示时间,也可做动词,表示黎明的破晓,而译文将其译成"at dawn"(在黎明),将其限制在一种特定功能与意义范围之内。原文第二行中的"春"字及其译文"in spring"亦可作如是观。在叶维廉看来,这样的翻译"歪曲了原诗美感印象的层次和姿态"。①

既然汉、英两种句法之间存在着如此大的差异,那么如何在英语译文中体现汉诗的意境呢?叶维廉认为只有一个方法,那就是按照汉诗的句法,去改变和打破英诗句法的规范。具体到上述两行诗,他建议翻译如下:

Clouds and mists 云和霞
Out to sea:出海:
Dawn.曙

Plums and willows 梅和柳
Across the river:渡江:
Spring.②春

按照汉语五言诗的句法与规则,杜审言这两行诗分别包括三个语节奏单位,即"云霞/出/海曙,梅柳/渡/江春"。叶维廉上述翻译似乎有意再现这一句法结构,故将原诗每行在译文中分成三行,只是译文把"海曙"和"江春"分开,虽然突出了"曙"与"春"这两个字,但并不符合五言诗句法的写作与阅读规范。此外,如此支离的诗行在形式与节奏上都与原诗相差甚远,而且在英语中也与传统英语诗歌的形式节奏大相径庭,虽然对于那些熟悉英美现代派诗歌的读者来说,这样的译文也并非完全陌生。换言之,从翻译的角度来看,虽然在句法上叶氏的译文有意尽量模仿原诗,③但无论是在诗歌形式还是在审美效果上它都未能在译文中把原诗的特点再现

---

① 《比较诗学》,第 33 页,p.35.
② 同上,第 33 页;*Diffusion of Distance* p.35.
③ 必须指出的是,叶氏的译文也未能完全避免使用英语中的连词和介词这些带有解说性质的字词,如 and、to、the。因此,即使上述这种高度异化的翻译也无法避免译语中的规范与效果,将原诗"完整"(叶氏所用文字)地再现给译语读者。

给英语读者;尤其是在节奏上,原诗抑扬顿挫、朗朗上口的乐感在支离破碎的译文中已经荡然无存。这样的译文,只能在译语读者中造成一种双重异化(double alienation),因为他们所读到的,既不是对原诗的准确再现,也不是一首优美的诗歌。

与英诗相比,汉诗句法的另一个独特之处,是对主语的省略。在翻译这样的诗句时,译者往往被迫要在译文中加上主语,因此产生了许多意想不到的后果。例如孟浩然那首著名的《宿建德江》:

移舟泊烟渚,日暮客愁新。
野旷天低树,江清月近人。

或许由于此诗被收入了清朝年间所编辑的普及读本《唐诗三百首》,因此引起了许多西方译者的注意。总之,这首诗的翻译很多,叶维廉共征引了五种,此处我们只需看其中的一首,它出自英国翻译家翟理斯(Herbert H. Giles, 1845—1935)之笔:

I steer *my* boat to anchor
我把我的船停泊
by the mist-clad river
在烟笼的河畔。
And (*mourn*) the dying day (*that brings me nearer to my fate*).
哀悼将我带近我的命运的日暮。
Across the woodland wild *I* see
穿过茫茫林地我看到
the sky (*lean on*) *the* trees
天空倚靠着树木
While close to hand the (*mirror*) moon
此时近在身旁月镜
(*floats on*) the shining streams.①
在熠熠的溪水上浮动。

---

① 引自《比较诗学》,第35—36页;*Diffusion of Distance*, p.39.

上面括号中的字词都是在叶维廉看来属于由译者添加的多余成分，"它们都是从'元形经验'延伸出来的说明，是把完整的花瓣剥开来审视的行为"。①特别值得注意的是，译文中反复使用第一人称代词"I"（我）及其所有格"my"（我的），更是在诗中所描写的经验与读者之间安插了一层隔障。之所以如此，是因为在原诗以及中国诗歌中：

> 诗人不站在事象与读者之间缕述和分析，其能不隔之一在此。中国诗人不把"自我的观照"硬加在存在现象之上，不如西方诗人之信赖自我的组织力去组合自然。诗中少用人称代名词，并非一种"怪异的思维习惯"，实在是暗合中国传统美学中的虚以应物，忘我而万物归怀，溶入万物万化而得道的观物态度。②

此处，叶维廉还对上述中国传统美学中的"观物态度"做了进一步的历时性探究。他将其追溯到道家哲学，尤其是《庄子》一书中"化"的观念以及郭象对其做出的如下解释：

> 圣人游于万化之途，放于日新之流，万物万化，亦与之化，化者无极，亦与之无极。③

除此之外，叶维廉还提到宋代理学家邵雍在其《击壤集》的序言中所做的如下声言：

> 以道观性，以性观心，以心观身，以身观物，治则治矣，然犹未离乎害者也。不若以道观道，以性观性，以心观心，以身观身，以物观物，则虽欲相伤，其可得乎？④

---

① 同上，第40页，p.39.
② 《比较诗学》，第43页，*Diffusion of Distance*，p.36.
③ 引自《比较诗学》，第43页注6。
④ 引自《比较诗学》，第43页注6。

也就是说,人若想完全摆脱伤害,便需要彻底超越自我,进入道家所谓齐生死、泯物我的境界。必须指出的是,这里所说的,都只是一种可望而不可即的观念和理想。在思维与感受上,"以物观物"充其量不过是一种供人冥想、追求的目标或是假设,因为人不可能彻底走出自我,抛弃自身的成见,与对象或客体融为一体。所谓天人合一,只有人在死亡后和无意识中才能实现,而在那种状态中也就不存在所谓"观"的问题。这也便是为什么王羲之把道家"一生死,齐彭殇"的夸言视为"虚诞"与"妄作"。① 尽管如此,在中国文学批评中,还是有不少论者把"天人合一""以物观物"这样的概念视为对艺术与审美境界的客观描述,并试图在具体作品中寻找对它们的体现与说明。这中间最著名的例子恐怕便是王国维在其《人间词话》中所提出的"有我之境"与"无我之境"。根据王氏,它们之间的区别在于,"有我之境,以我观物,故物皆着我之色彩;无我之境,以物观物,故不知何者为我,何者为物"。② 如上所述,"以物观物"之所以是一种"虚诞"的臆想与假设,乃是因为它要在审美经验与感受中消除泯灭"我"这一审美主体;当然,一旦没有审美主体,也就不再有审美经验。

钱锺书曾论及中国传统诗论中所谓"得意忘言"的观点。众所周知,严羽在其《沧浪诗话》中提出以禅喻诗。但是,钱锺书认为,诗与禅实为不同现象,不可混而言之。他说:

【禅】祈向正在忘言。既"无意义",遂无可留恋。登岸则舍筏,病除即药赘也。诗借文字语言,安身立命;成文须如是,为言须如彼,方有文外远神、言表悠韵,斯神斯韵,端赖其文其言。品诗而忘言,欲遗弃迹象以求神,遏密声音以得韵,则犹飞翔而先剪翮、踊跃而不践地,视揠苗助长、凿趾益高,更谬悠矣。③

观物欲"忘我",与写诗欲"忘言",乃是同出一辙的"谬悠"。钱锺书进而论及另一相关的问题,即"道"与"言"的关系。虽然《老子》首章说过"道可道,非常道",《庄子·知北游》也声称"道不可言,言而非也",但是,

---

① 参见其《三月三日兰亭诗序》,载于严可均《全上古三代秦汉三国六朝文》(北京:中华书局,1958),第二册,第1069页。
② 引自郭绍虞主编《中国历代文论选》一卷本(上海:上海古籍出版社,1979),第444页。
③ 《谈艺录》,第412页。

钱氏认为：

> 然必有"道"、有"言"，方可扫除而"不道"，超绝而"不言"。"不道"待"道"始起，"不言"本"言"乃得。缄默正复言语中事，亦即言语之一端，犹画图上之空白、音乐中之静止也。①

若将上述评语用于"有我"与"无我"之间的关系，那便是"无我"正复"有我"之缄默，亦即"有我"之一端。

不仅如此，倘若我们审视一下王国维用以说明这种分别的实例，便会进一步发现这种区分的武断与混乱。根据王氏，"泪眼问花花不语，乱红飞过秋千去"（冯延巳《鹊踏枝》）体现的是"有我之境"；"采菊东篱下，悠然见南山"（陶渊明《饮酒·其五》）和"寒波澹澹起，白鸟悠悠下"（元好问《颍亭留别》）则体现了"无我之境"。同历代中国诗话论者一样，王氏此处并没有对这一论点做出任何解释，好像此乃不言自明之公理和现象。但是，只要我们细心留意一下这几行诗，便会发现它们之间并无根本区别；倘若按照王氏的观念对它们进行归类，它们则都应归入"有我之境"。"泪眼问花花不语"采用了拟人法，将花比作人，因此其"有我"特征自是显而易见。至于"采菊东篱下，悠然见南山"这两行，其"有我"特征则更加明显，因为其中的"采菊"和"见南山"都是在描述诗人的行为。不仅如此，在句法上这两行都是主谓句，虽然按照汉诗的规范此处的主语只是隐含其中，但在理解上则是不可或缺，因为倘若没有作为主体/主语的诗人存在，"采菊"和"见南山"这两个动词短语便无法产生意义，这样一来也就不会有诗人与其环境"悠然"相会的审美意境。王氏用以说明"无我之境"的第三个实例，"寒波澹澹起，白鸟悠悠下"，表面上看似乎只是客观的景物描绘，没有诗人的干预。但是，文学作品中任何对客体的描述都是主体或作者对客体的观察、选择乃至评论；自然界的任何景物，一旦进入语言文本，都是经过作者认知与想象的筛选，因而不可避免地带有主观色彩，并且受某种语言规范的制约；因此，在文学作品当中根本就不存在没有作者主观色彩、纯粹客观的"无我之物"。这一点经过胡塞尔（Edmund Husserl）等现象学

---

① 钱锺书《谈艺录》，第413页。

理论的再三强调,在当今的批评界已经是众人周知。[1]不仅如此,元好问这两行诗所采用的均是语法学家所谓"题释句"(topic-comment sentence)。"寒波"和"白鸟"是"题","澹澹起"和"悠悠下"是对它们的"释"或评论。这样的句子所呈现的,更多的是主体对客体的观察与感受,虽然在表面上主体似乎并不在场。在元好问这两句诗中,重点便不在"寒波"和"白鸟"这两个客观物象或"题",而在隐身于背景之中的诗人对它们的感受或"释"。"澹澹起"和"悠悠下"显然不同于一般的描述,这是因为用于修饰"起"和"下"这两个动词的副词短语,即"澹澹"和"悠悠",都具有两层意义:"澹澹"既可描状浮动的水面,也可形容恬淡的心境("澹"与"淡"为通假字);同样,"悠悠"不仅有"悠久""广漠"之意,而且还可指不尽的忧思("悠"与"忧"通假)。前面已经提到,这两行出现于一首道别诗中,其上述双关意义正可帮助诗人借景抒情,融情于景;用诗人自己的话,便是"万景若相借"。[2]不仅如此,像"澹澹""悠悠"这样的连绵叠语从《诗经》开始便被用来在描绘景物的同时,衬托诗人的主观心境,例如"萧萧马鸣,悠悠斾旌"(《诗经·小雅·车攻》),暗示士卒的肃穆;"青青河畔草,郁郁园中柳"(《古诗十九首·其二》),反衬弃妇的孤独;"漠漠水田飞白鹭,阴阴夏木啭黄鹂"(王维《积雨辋川庄作》),摹状诗人的闲逸。类似的例子不胜枚举,它们之所以为诗人所钟爱,正是因为它们的艺术表现作用。我们固然可以把这样的境界形容为"情景交融",在其中甚至"不知何者为我,何者为物";但是如果说它们是因"以物观物"而产生的"无我之境",则未免偏颇与失实,因为如上所言,这样的观物方式与文学表现并不存在,充其量不过是一种憧憬或夸夸其谈,即王羲之所谓"虚诞"和"妄作"。

　　叶维廉曾经引用过美国当代批评家詹姆逊(Frederic Jameson)的一段话,来说明一个论者在阐释某一文本时不可能也没有必要完全抛开自己的传统与成见。这段话对于我们此处的探讨非常重要,兹征引如下:

---

[1] 根据胡塞尔,审美经验中所涉及的任何现象都是被作者主观思维"意想到"(intended)的,此外的事物和现象都与主体无关,因此应被排除在外(bracketed out)。参见 Terry Eagleton, *Literary Theory: An Introduction* (Oxford: Basil Blackwell, 1983), chapter 2.

[2] 此诗载《遗山集》卷一;原文如下:故人重分携,临流驻归驾。乾坤展清眺,万景若相借。北风三日雪,太素秉元化。九山郁峥嵘,了不受陵跨。寒波澹澹起,白鸟悠悠下。怀归人自急,物态本闲暇。壶觞负吟啸,尘土足悲咤。回首亭中人,平林澹如画。

阐释者与文本、某一文化之阐释者与另一文化文本之间的阐释接触总是要大量动用成见与意识形态,这在阐释交往的每一支点都是如此:其中一点是文本作为一种行为需要被理解,另外一点则促使阐释者将这一域外行为据为己有。"怀疑的搁置"这一概念产生了不少莫须有的问题,因为它暗示这种历史距离……对理解是一种根本障碍,因此需要通过某种方式将其挪开、废弃或者"搁置",以便[对文本]进行充分的"历史性"理解或解读。在阐释接触中,废弃一方或双方的成见乃是一种理想,它不但不可能,而且在任何情况下压制成见也都不尽如人意,因为我们所需要的,正是文本与阐释者意识形态领域之间的接触。"融合"并不是要废弃差异,或是"形成一种视野"……而是一种对张力(tension)的保存,一种根本差异的共存,一种通过根本差异而形成的关系。①

詹姆逊这段话乃是针对文学,尤其是跨文化比较文学阐释中的双方,即阐释者与文本所发。在西方,曾有一种观点,即优秀的文学作品可令读者身临其境,搁置自己的怀疑(suspension of disbelief),全部投入作品中的艺术世界。为此,批评家在阐释这类作品时,也应该放弃自己的成见,从作品的角度设身处地地对其进行解读。詹姆逊则认为,阐释者不可能毫无成见地去阐释文本。要阐释者搁置或放弃他的意识形态,以澄明的态度去解读文本,不仅仅是纸上谈兵,毫无可能,而且还会损害文学阐释的意义和价

---

① Frederic Jameson,"Transcoding Gadmer",引自 *Diffusion of Distance*, pp. 4—5. 原文:Each hermeneutical confrontation, between an interpreter and a "text", between an interpreter of one culture and the text of another culture, always mobilizes, at each pole of the interpretive encounter, a whole deployment of prejudice and ideology:one in terms of which the text, as an act, is to be understood, the other which motivates the interpreter in his attempt to appropriate this alien act. Such false problems as that of the "suspension of disbelief" imply that historical distance of this kind … is the fundamental barrier to understanding and needs in one way or another to be lifted, abolished or "suspended" in order for any adequate "historical" understanding or reading to take place.…Not only is this ideal of some abolition of the content of prejudices of either or both sides of the hermeneutical encounter impossible, but such a suppression would in any case be undesirable, since what is wanted is very precisely just this encounter between ideological fields of text and interpreter. "Fusion" is not to be understood as the abolition of difference, as the "formation of one horizon"… but a preservation of tension, a coexistence within radical difference, a relationship by way of radical difference.

值,因为正是阐释双方的特点与属性,即读者与文本的文化背景和成见,使得他们能够在彼此接触中发挥作用,分别获得相互阐发和自我认识。

詹姆逊的上述观点反映了西方后结构主义思想的一个基本倾向,那就是它否认在人类认知行为中有纯粹客观的观念和态度。正如语言系统(langue)中的每一个单字(parole)都必须依赖其他单字来产生意义,因此不可避免地带有其他单字的痕迹,人类的每一个认知行为也都不可避免地受到其自身环境与文化的影响。也就是说,我们的每一个认知行为都是一种"成见",或者说是某种成见影响的结果。既然如此,那么批评的目的也便不再是去寻找对某一文本的"客观"评价与认识,而是去发现阐释者和文本分别来自何种语境,带有何种成见,双方的成见如何影响到它们之间的阐释接触,以及产生了什么样的结果。

按照这一观点,邵雍、王国维所谓"以物观物"和"无我之境"应当是很"成问题"(problematic)的理论与概念了,因为倘若我们无法用澄明之心(tabula rasa)去解读文化与文本,我们同样也不可能像道家所说的那样,"虚以待物"地去认感受自然,因为二者都属于认知或格物行为,不可避免地带有主体自我的色彩与痕迹。然而,叶维廉在接受詹姆逊上述观点的同时,却对"以物观物"和"无我之境"这样的提法同样也深信不疑。例如,在评论王维的一些山水诗时,叶氏声称:

> 中国的山水诗人要以自然自身构作的方式构作自然,以自然自身呈现的方式呈现自然,首先,必须别除他刻意经营用心思索的自我——即道家所谓"心斋""坐忘""丧我"——来对物象作凝神的注视,不是从诗人的观点看,而是"以物观物",不渗与知性的侵扰。①

叶维廉将这种状况称为"凝注",并指出其"无疑是极似神秘主义者所称的出神状态"。②的确,上文中提到的"心斋""坐忘""丧我"等都令人想起柏拉图所谓的"审美迷狂"。钱锺书曾在《谈艺录》中详细论述中西传统中有关神秘经验在宗教与文化艺术中的表现。在征引了中西传统中大量

---

① 《比较诗学》,第155页,*Diffusion of Distance*,p.112.
② 同上。

的实例之后,他指出,虽然在各种描述中,神秘经验的前提是捐弃自我、以便与神、道等更高的实体融而为一,但这只是一种幻象或比喻;实际上,神秘经验乃是一种凝神专一的状态,它令人在刹那间感到似乎物我两忘,万念俱灰;然而,"凝神忘我而自觉,则未忘我也"。① 也就是说,所谓"无我"或"忘我",都仍是一种"自觉"的状态;没有这种自觉,也便不复有认知与感受行为,即苏轼所说"说静固知犹有动""冰销哪复有冰知"。② 由此可知,虽然中国传统中始终充斥着"虚己""忘我""丧我"这一类说法,但是不少论者早已认识到其夸张与比喻特征。叶维廉此处对这一现象的理解,未免有些"坐实"与拘泥。这一点,只需留意一下他所列举的王维诗句,便可一目了然。如"江流天地外,山色有无中"(《汉江临泛》)两句交错描写山水景色,分明体现了自六朝以来形成的山水美学与趣味,实可称为一种文化审美现象。另外,《汉江临泛》是一首律诗,上面两行乃是其中的颔联,按照规定必须采用对仗,因此,此联中的景物选择和安排,如"江流"与"山色","天地"与"有无","外"与"中",在某种程度上也是格律的需要。③ 总之,诗人此处在描写和组织景物时,并非如叶氏所说的那样,"以自然自身构作的方式构作自然,以自然自身呈现的方式呈现自然",而是参照了多种语言与文学中的文类/形式因素。这一联之所以成为千古绝唱,正是因为它们满足了历代中国读者的文化视野与期待,在他们心中引起了共鸣。

　　叶维廉把所谓"以物观物"的审美方式与态度归功于道家哲学中"天地与我并生,而万物与我为一"(《庄子·逍遥游》)的宇宙自然观,并进一步将其与"道可道,非常道""得意忘言"的语言观念联系起来。他认为,所有这些都使得中国诗人在面对自然世界时能够虚以待物,排除自我。汉字的形象特征以及汉语的松散句法更为中国诗人客观无我地表现自然提供了便利的条件,使得中国诗人不仅能够把自然物象按其本来面目和盘托出,而且还能够表现我们在与自然接触时的"前指意"(pre-predicative)状况。此处的"指意"(predicative),是指一句话中以谓语的方式对某种事物和现象进行区分与说明,因此,叶氏所谓"前指意"实际上也便是"前语

---

① 《谈艺录》,第289页。
② 《谈艺录》,第282页。
③ 参见《王右丞集笺注》,第150页。此诗的全文如下:楚塞三湘接,荆门九派通。江流天地外,山色有无中。郡邑浮前浦,波澜动远空。襄阳好风日,留醉与山翁。

言",也就是未经语言说明的现象与经验,或是庄子所说的"未始有物",或老子所言未经雕饰之"素朴",叶维廉本人将之称为"浑然"。①我们所面对的问题是,上述境界或许可以想象,但似乎却无法将其诉诸语言,因为语言的功用便是对人的认知与感受进行分类说明;不仅如此,用语言来表现一种"前语言"经验与现象听起来也似乎是个悖论。叶维廉也意识到这一点,并承认"所谓'指意前'的表达是一个自相矛盾的说法。"②但是,他又认为,道家"无言独化"的观物方式能够造成一种"语言通明"(transparency of language);借此,中国诗人能够"以宇宙现象未受理念歪曲的直观方式去接受、感应、呈示宇宙现象"。③

必须指出,在道家思想中,语言并不是通明之物,而是言道、体道的障碍,这也便是为什么老子说"道可道,非常道;名可名,非常名"。老子还在其《道德经·二十五》中坦诚,他所谓"道",不过是对"有物混成,先天地生"这一现象的勉强命名("吾不知其名,字之曰道")。若要再进一步对其进行说明,至多也只能用"寂兮寥兮,独立而不改,周行而不殆"这样间接的描述。老子上述对道的认识以及他所用的言道方式都对中国文化艺术产生了深远的影响。既然语言不可能提供对道的直接认识,那它也只能满足于对道做间接的描述。司空图《诗品》对"自然"这一概念的辨析便是如此:

俯拾即是,不取诸邻。俱道适往,著手成春。
如逢花开,如瞻岁新。直与不夺,强得易贫。
幽人空山,过雨采蘋。薄言情悟,悠悠天钧。

同样,这段文字兼括了说明与描述,试图通过认识与体验两个方面来呈现"自然"或"道"。其中"幽人空山,过雨采蘋"两句尤为生动,令读者似乎身临其境。但是,正如"如逢花开,如瞻岁新"两句中的"如"字所提示的那样,所有这些都只是对"自然"的间接再现、摹状和比喻。对此,叶维廉当然也很清楚。他指出,"艺术不可以成为自然",充其量它只是"一种近

---

① 《比较诗学》,第95页。
② 《比较诗学》,第102页。
③ 同上,第94、100页;*Diffusion of Distance*, pp.68,100。

似'自然'的活动"。但是,他仍旧认为,由于汉语,尤其是诗歌语言的"通明"性质,中国诗歌所为我们提供的,乃是一种"重获了的自然"。①换言之,在中国诗歌中,我们所面对的不是对自然世界的语言体现(linguistic manifestation),而是透过语言体现所达到的"指意前"/"语言前"自然世界。这当然令人想起道家所谓"得意忘言、得鱼忘筌"的说法。但是,倘若"筌"只是得鱼的工具、对所得之鱼没有影响的话,那么"言"便不同,因为它不仅仅是"得意"的工具,而且还影响乃至塑造所得之意的性质。因此,将"得意忘言"比喻为"得鱼忘筌"并不恰当:"筌"自可不同,但所得之"鱼"并无区别(倘若目标是同一种鱼);但是,倘若变换所用之"言",那么所得之"意"也会随之变化。也就是说,通过语言所获得的,只能是对某种现象与经验的"语言体现"(linguistic manifestation)或"语言再现"(linguistic representation),而不是先于这种体现的"指意前"/"语言前"现象与经验本身。

究竟什么样的作品体现了中国诗歌中"重获了的自然"呢?叶维廉此处只推出了一个实例,即王维《辛夷坞》这首五言绝句中"涧户寂无人"一行。叶氏指出,这一行诗句包括"下列几个元素:stream(溪涧) house(房屋) silent(宁静) no one(无人迹)"。诗人并没有试图去说明上述各个元素之间的关系,如房屋究竟在溪涧的上、下、左、旁边等,而只是把它们并置在一起。为此,"观者从不同的角度去接触它们,可以有多种不同的空间关系,多种不同的理解与说明"。②叶维廉认为,这种境界所体现的乃是"'指意前'的一瞬,是属于原来的、真实的世界。这个世界是超乎人的接触、超乎概念、超乎语言的。"③必须指出,叶氏此处的文字显然夸张有误,因为虽然诗人没有明确说明和界定这一行中各个元素之间的关系,但它们都是经过诗人接触、选择和组织之后用语言记录下来的经验,可以说与叶氏所说恰恰相反:它们不但没有"超乎"人的"接触""概念"和"语言",反而恰恰是它们的产物。叶维廉之所以如此淡化这一行中的"指意"(predicative)作用,乃是因为他要将其与西洋语言中对指意作用的强调进行对比,以便突出二者之间的差异。他指出,我们不可能把王维这一行诗所表现的境界

---

① 《比较诗学》,第 104 页,*Diffusion of Distance*,p.78.
② 《比较诗学》,第 88 页,*Diffusion of Distance*,p.63.
③ 同上。

翻译成英语,因为虽然"涧户寂无人"这样的句子在汉语中很"自然",倘若我们在英语中将其直译成 stream house silent no one,便会令读者感到"不自然",因为它"违反了英文的法则"。①通常,在翻译汉诗时,英译者一般需要对诗行中的各个部分之间的关系做一些解说,例如下面对"涧户寂无人"的两个翻译:

> Silent *is the* hut *beside* the stream: *There is* no one *at home.*
> 涧边的草庐是静寂的:没有人在家。
>
> The valley house deserted, no one there②
> 谷中的屋荒废:里面无人。

上述第一实例的确使用了大量说明性词语(皆由叶维廉用斜体标出),把句中的各个成分限定在一个明确固定的关系之内。相比之下,第二个实例要简练得多,也更加接近原诗,虽然 deserted(荒废)一字表现了译者对原诗意境的理解与说明,未免有画蛇添足之嫌。在叶维廉看来:

> 这些表式或其他可能的表式,都没有为直现事物作为直现事物的真质指证,它们只是真实事物的"释述""说明""解释",把真实事物简缩、改变、限制。人用了定位定义的借口,把事物原有的自由,具有多重时空关系的自由剥削了。③

换言之,王维"涧户寂无人"一行中的各种意象乃是"直现事物",因为"通明"的汉语具有"直现"自然景物的功效。可是,在英语译文中,所有这些都变成了译者对这一直现世界的说明与解释,因此大异其趣。前面我们已经提到,汉诗中对自然界的表现同样是诗人对自然界的理解乃至说明,只是中国诗人对自然界的理解与西方诗人不同,其表现方式也有差异。具

---

① 《比较诗学》,第 88 页,*Diffusion of Distance*,p.63.
② 分别出自 Jerome Chen and Michael Bullock,*Poems of Solitude*(Vermont & Tokyo:Tuttle,1960),p.73,and G.W.Robinson,trans.,*Poems of Wang Wei*(Harmondsworth:Penguin,1973),p.31;均引自《比较诗学》,第 92 页。
③ 《比较诗学》,第 93 页。

有意义的比较研究,应该是说明中英自然诗歌如何体现了这种类似与差异,而不是胶着在它们是否能够"直现"自然界这一看似"根本"、实则武断的价值判断之上。"如何"旨在求同异,"与否"则是辨是非了。这一点,我们在第四章中讨论隐喻和寓言时已经做过论述。

叶维廉由对上述译文的批评,进而引出西方近代学者、诗人对西方语言所进行的反思与变革。他指出,近代西方经历了"语言危机",因为人们开始质疑语言是否还能够表现真实世界。叶维廉把这种危机追溯到柏拉图的二元对立宇宙观,以及亚里士多德的理性逻辑思维。它们都使得西方传统思想在面对自然界及其现象时过于强调抽象概念与逻辑的作用,把自然世界及其现象视为供理性与逻辑施展其分析、归类功能的场所。由于语言是进行理性与逻辑思维的工具,因此它与自然物象,或是所谓"真实世界"之间形成了一种主、客对立的关系,致使人作为思维主体被凌驾于客观物象之上。这一传统态度在 17 世纪时期更是被科学与工业革命推向了极端,致使语言被简化(reduced)成为人类用来规范和控制自然世界的工具;它所反映的,更多的是人类的思维方式与成见,而不是自然世界的本来面貌与真实。面对这种危机和窘境,西方艺术家与思想家试图通过不同途径来拯救语言,以便令其能够重新表现自然中的真实世界。例如,法国象征主义诗人马拉美便试图赋予语言以神一般的魔力,借此诗人能够像上帝那样在诗歌中创造出一个独立、崭新、澄静、空无的世界,正如他那首著名的十四行诗《天鹅》(Le Cyngne),其中所描写的已经不是人们熟悉的天鹅,而是诗人的艺术独创;其与众不同,也正象征了诗人本身的超尘脱俗。这当然是一种极端主观的行为与反应,因为这样的语言世界乃是柏拉图式的理想国,完全与现实世界脱离,结果是进一步加深了诗人与社会、语言与真实世界之间的隔膜。叶维廉指出,"在这种偏重里,诗人无法去重获真实世界里物象'指意前'的魅力"。①

那么如何才能重获语言"指意前的魅力"呢?近代哲学家海德格尔所采用的策略是试图在西方哲学中恢复思维主体与客观世界之间浑然不分的联系,颇有中国道家所谓返璞归真的意味。他先是把人从"万物之灵"的至尊宝座上拉下来,将其还原成为沧海之一粟,并且按照古希腊前苏格拉底哲学思想,把对自然世界的探究即"物理"(physics)重新按照其本意

---

① 《比较诗学》,第 112 页。

定义成自然世界"自身开放(如花的开放)的涌现……如日之升,海潮之推动,草木之生长,人与动物自母体之出现……"哲学或"物理"所要研究的,不应该是西方长期以来所从事的对"形上"(meta-physical)理念的分析和表述,而是"存在物本身的呈露"。①这也便是为什么海德格尔强调"存在"(Being)的"生成过程"(Becoming),而不是"存在"这一概念本身。叶维廉指出,上述文字表明,海德格尔"主张回到语言文字发生前的事物,因为'只要我们粘着文字和它的含义,我们便仍然无法接近物象本身'"。②前面已经提到,海德格尔认为语言是人类的"存在之屋";语言决定我们的存在,因为在思维与交流中我们无法摆脱它的桎梏和影响,正如他无法用欧洲语言来讨论东亚诗歌。此处,"回到语言发生前事物"的主张显然与上述语言观相龃龉,因为倘若语言决定思维,那么我们也便无法通过语言去思考和想象所谓"语言文字发生之前的事物"。海德格尔此处的意思,似乎是要我们重新审视西方语言,尤其是那些哲学语言的原本意义,以便尽量脱离西方哲学传统中形上观念的影响。如上所述,这与中国古代道家哲学中返璞归真的主张正是不谋而合。

也就是说,海德格尔式存在主义及其现象学理论明显在向中国古代道家思想靠拢;这样,中西传统自然观和语言观之间的差异和距离也便因此有所减小,双方甚至达到了某种程度上的"会合"(convergence)。③叶维廉认为,英、美自然诗歌从19世纪到20世纪的演变,正体现了这一发展轨迹。下面我们将会看到,他对中国和英、美自然诗歌的比较研究,便是要对这一发展轨迹进行阐述和说明。

可以预料,叶维廉把传统汉、英自然诗之间的区别追溯到中、西传统中两种不同的自然观与观物方式。道家物我同一的自然观使得中国诗人在诗中能够以物观物,造成情景交融的境界。反之,受柏拉图和亚里士多德主、客对立理论的影响,西方诗人在诗中只能采取以我观物的态度,由此产生的作品,也只能体现一种物我两分的境界。为了说明这一点,叶维廉特别以王维和华兹华斯的下面两首诗为例:

---

① 《比较诗学》,第128页,*Diffusion of Distance*,p.95.
② 《比较诗学》,第127页,p.94.
③ *Diffusion of Distance*,p.98.

人闲桂花落,夜静春山空。
月初惊山鸟,时鸣春涧中。
——《鸟鸣涧》

Five years have past; five summers, with the length
Of five long winters! and again I hear
These waters, rolling from their mountain-springs
With a soft inland murmur.—Once again
Do I behold these steep and lofty cliffs,
That on a wild secluded scene impress
Thoughts of more deep seclusion; and connect
The landscape with the quiet of the sky.
The day is come when I again repose
Here, under this dark sycamore, and view
These plots of cottage-ground, these orchard-tufts,
Which at this season, with their unripe fruits,
Are clad in one green hue, and lose themselves
'Mid groves and copses. Once again I see
These hedge-rows, hardly hedge-rows, little lines
Of sportive wood run wild: these pastoral farms,
Green to the very door; and wreaths of smoke
Sent up, in silence, from among the trees!
With some uncertain notice, as might seem
Of vagrant dwellers in the houseless woods,
Or of some Hermit's cave, where by his fire
The Hermit sits alone.
——Tintern Abbey

五年已经过去;五个夏天
五个长长的冬季! 我再次听到
这些流水,自山泉泻下
带着柔和的内陆潺音,我再次

看到这些高矗巍峨的悬岩
在荒野隐幽的景色上感印
更深的隐幽思想,并把
风景连接天空的寂静
终于今日我能够再次休息
在此黑梧桐下面,观看
农舍的天地和果园的丛树
在这个季节里,未熟的果实
身穿一片青绿,隐没于
丛林矮树之间。我再次看到
这些树篱,稀疏的树篱,一行行
嬉戏的林子野放起来;这些牧场
一路绿到门前;缕缕青烟
从树木上静静地生起
若隐若现地飘浮,好比
浪游的过客在房舍全无的林中
或是隐士的岩穴,在炉火旁边
隐士独自端坐。①

  我们首先注意到的是两首诗在篇幅上的巨大差异。《鸟鸣涧》是一首五言绝句,是汉诗中最短小的体制;而"Tintern Abbey"《汀潭寺》是一首长达 162 行的素体诗(blank verse),上面叶维廉所选录的,只是其中第一部分。汉诗中也有不少长篇,同样,英诗中也有许多短制。由于一首诗的篇幅对诗人的抒情方式、表现策略乃至诗的内容都影响很大,我们不禁要问叶维廉为何没有选择汉、英诗中篇幅相当的作品进行比较。具体到这两首诗,《鸟鸣涧》只为诗人提供了极其有限的空间,使得他必须言简意赅,追求言外之意,而达到这一目的的有效方法,便是借景言情,以此来提示和体现诗中的主题和意境,即诗人与自然的空寂和交融。反之,《汀潭寺》乃是一首长篇内省(contemplative)诗,其洋洋洒洒的篇幅更为诗人细致观察物

---

① 原诗分别见《王右丞集笺注》,第 240 页,*The Longman Anthology of British Literature*, Volume Two, p.328. 中译文见叶维廉《比较诗学》,第 140—142 页,略有改动。

象和反省自我提供了充分的余地。总之,这两首在形式与篇幅上均差异很大,在中、英诗歌中分别适用于不同的审美经验,即《文心雕龙·神思》篇所说的"文之体制,大小殊功"。用它们作为切入点来讨论汉、英自然诗在总体风格上的异同,似乎有失得体。①

上面所引述的《汀潭寺》开头 26 行主要描写诗人所见到的景物,是景语。叶维廉指出,倘若上面 26 行独立成篇,那么它便能够与《鸟鸣涧》在"直抒"景物上相媲美了;遗憾的是,这首诗的其余 140 行都是在解析诗人与自然世界在不同时期所形成的不同关系,以及他由此获得的对人生、社会和自我意义的领悟,具有强烈的主观和反思特征,则是理语。叶维廉认为,正是这种主观介入使得《汀潭寺》中的客观物象不能像在《鸟鸣涧》中那样"自然兴发演出……直现读者面前",因而"丧失其直接性"。②此处我们且不谈《鸟鸣涧》中的景物是否是"自然兴发"地"直现读者面前",③我们只需留意一下六朝以来的山水诗,便会发现其中将景语和理语彼此分开的例子比比皆是。例如,叶维廉也曾引用过的谢灵运《于南山往北山经湖中瞻眺》一诗:

> 朝旦发阳崖,景落憩阴峰。
> 舍舟眺回渚,停策倚茂松。
> 侧径既窈窕,环洲亦玲珑。
> 俯视乔木杪,仰聆大壑淙。
> 石横水分流,林密蹊绝踪。
> 解作竟何感,升长皆丰容。
> 初篁苞绿箨,新蒲含紫茸。
> 海鸥戏春岸,天鸡弄和风。

---

① 即使在同一文学传统甚至同一诗人的作品当中,长篇与短制之间的区别也是不可同日而语,因此不可相互标榜。例如,华兹华斯《抒情歌谣集》(*Lyrical Ballads*)中的那些抒情诗便与其《序曲》(Prelude)风格迥异,韩愈那首以谪奇晦涩而著名的《南山诗》也与其清新平淡的《奉和虢州刘给事使君三堂新题二十一咏》形同陌路。分别见 William Wordsworth: *The Major Works*,《韩愈选集》,孙昌武选注(上海:上海古籍出版社,1996)。

② 《比较诗学》,第 144 页。

③ 不少中外学者都认为王维的山水诗有意表现佛教哲理,《鸟鸣涧》当然也不例外。在这种解读中,王维山水中的自然景物乃是经过诗人精心挑选的"媚道"之物,接近甚至等同于西方传统中的隐喻和"象征"(symbol)了。

抚化心无厌,览物眷弥重。
不惜去人远,但恨莫与同。
孤游非情叹,赏废理谁通?①

  此诗后六行皆为理语,表述诗人遇无知音的孤独之感,与此前的景语形成鲜明对照。在中国文学史上,谢诗中这种情、景两分的现象一般被解释为玄言诗的余响,并且最终被唐代情景交融的山水诗所取代。叶维廉对此诗的讨论基本沿袭了这一传统观点。必须指出,对中国山水诗演变的上述描述并不准确,因为我们只要随便浏览一下唐代的山水诗,便会发现情、景两分始终是中国山水诗的一个重要结构特点,如韩愈的《山石》一诗,便先是景物描写,最后以诗人的感叹作结。②正如王国维所说,在中国诗歌中,那些表现情景交融之"无我之境"的作品毕竟是少数,只有那些"豪杰之士"方能做到,而且一般都是像绝句、律诗和短词、小令那样的短篇。但是,从叶维廉为自己设立的比较框架或"模子"来看,上述这一现象似乎却是一个无法解释的难题:既然中、英自然诗的特点分别决定于其各自的宇宙观和认识论,那么何以中国道家中物我同一、以物观物的态度竟能在谢诗中造成了类似西方传统哲学与诗歌中物我两分的现象呢? 叶维廉在承认这一现象的同时,试图淡化它的意义,把上面这首诗中的理语部分形容为"一种附带的说明",并且说,此"诗的核心部分仍然是山水本身的呈现"。③问题在于,类似的例子在英诗中可谓俯拾皆是,例如本书第三章中提到的华兹华斯那首诗,《我像一朵云独自漫游》(I Wandered lonely as a Cloud)。由于这首诗广为人知,充分体现了英语自然诗的一些重要特点,我们不妨全部征引如下:

    I wandered lonely as a cloud
    That floats on high o'er vales and hills,
    When all at once I saw a crowd,
    A host, of golden daffodils;

---

 ① 参见顾绍柏校注《谢灵运集校注》(郑州:中州古籍出版社,1987),第 118 页。
 ② 这首诗的最后四行是:"人生如此自可乐,岂必局束为人鞿? 嗟哉吾党二三子,安得至老不更归?"
 ③ 《比较诗学》,第 153 页,*Diffusion of Distance*, p.110.

Beside the lake, beneath the trees,
Fluttering and dancing in the breeze.

Continuous as the stars that shine
And twinkle on the milky way,
They stretched in never-ending line
Along the margin of a bay:
Ten thousand saw I at a glance,
Tossing their heads in sprightly dance.

The waves beside them danced; but they
Out-did the sparkling waves in glee:
A poet could not but be gay,
In such a jocund company:
I gazed—and gazed—but little thought
What wealth the show to me had brought:

For oft, when on my couch I lie
In vacant or in pensive mood,
They flash upon that inward eye
Which is the bliss of solitude;
And then my heart with pleasure fills,
And dances with the daffodils.

我像一朵云独自漫游
飘浮在溪谷和山丘之上，
突然间我看到一群、
一簇金黄的水仙花；
在湖水旁边，在树木之下，
在微风当中翩然起舞。

像星星一样不断照耀

闪烁在天空中的银河,
它们延绵不尽
展开在河湾之畔:
万朵齐入眼帘
全在摇头欢舞。

波浪齐舞,但它们
比闪闪波浪更加快活:
诗人怎能不心旷神怡,
有如此欢快的同伴。
我凝望、凝望,没想到
此景赋予我的财富。

因为常常,当我卧在椅上
意绪茫然或心事重重,
它们便在心灵之窗闪烁
向我展示孤寂中的极乐。
那时我心中便充满欢欣,
与那些水仙花一同起舞。

这篇名作源自诗人与水仙花这一自然物象之间的邂逅,其中大部分是对景物的描绘,所用的文字与笔触不仅生动毕肖,而且还一往情深。在诗的最后一节,诗人在宁静当中回忆与玩味这段经历,领悟到它为自己生活所带来的"财富"(wealth);此刻,他似乎达到了道家所谓物我交融的迷狂境界,令他在"孤寂的极乐"(the bliss of solitude)之中超越与忘却自我,"与水仙花一同起舞"(dances with the daffodils)。当然,在这首诗中,景语与情语同样呈分离状态,但与谢诗相比,它们之间的距离更小,尤其是在诗的结尾华兹华斯采用了一个物我交融的意象,相形之下,倒是谢诗的结尾显得既囿于理障,又拘泥自我了。

由此可见,中西文学中都有相对来说独立于各自意识形态的作品与现象。道家思想以"静而与阴同德,动而与阳同波"的物我同一为最高境界,但是面对"海鸥戏春岸,天鸡弄和风"的自然景物和现象,谢灵运却感到骚动孤独,无所适从。柏拉图、亚里士多德均主张思维中的物我分离乃至对立,基督教《圣经》也要人类主宰自然,并告诫人不要耽于物色,以便凝神关注上帝的恩赐,但华兹华斯却与自然中一个微小植物倾心交融,并从中领悟到了人生中天堂般的"极乐"(bliss)。所有这些都再次表明,文学创作自有其自身的特点与规律;它虽然受到传统宇宙观及认识论的影响,但我们却不可将其简化成为对这一宇宙观及认识论的直接反映,更不能按照传统思维方式对具体作品对号入座。

应该指出,叶维廉对汉、英自然诗的比较研究便有这种"简化"(reductive)之嫌。他似乎认为,由于有道家以物观物态度的作用,中国山水诗所表现的都是物我两忘的无我之境;反之,在希腊、基督教二元对立思想的制约下,英语自然诗只能体现主、客分离的有我之境。为了说明上述观点,他所引用的汉诗,基本上都是那些表现情景交融的短篇甚至断章,如前面提到的《鸟鸣涧》及"江流天地外,山色有无中"(王维《汉江临泛》)等,但从未提到类似韩愈《山石》那样的作品。同样,为了说明华兹华斯的自然诗一味颂扬主观认识的作用,因而实际上"是反自然的诗"(anti-nature poetry),①他便只征引了《序曲》(*Prelude*)中那些强调认知和想象对自然主宰作用的章节,而对《我像一朵云独自漫游》那样的抒情短诗却很少提及。问题在于,《序曲》是华兹华斯的自传体长诗,其主题是追述"诗人心灵的成长过程"(the growth of a poet's mind),具有强烈的内省与分析特征。更能代表华兹华斯"自然诗歌"特色的,则是他那些相对短小的篇章。不仅如此,从比较诗学的角度来看,这些作品与汉语山水诗之间的可比性也更大,因为它们同属抒情诗(lyric poetry)这一文类(genre)。

前面已经提到,西方近代哲学出现了以海德格尔为代表、主张返璞归真的存在主义现象学理论。在诗歌上,某些诗人也试图突破西方传统自然诗物我两分甚至对立的模式,来寻求表现一种纯粹自然,或是近似中国古代山水诗物我交融的境界。叶维廉对这些诗人的理论与实践都有过较深入的研究。在本章的开始,我们已经提到他对庞德研究所做出的重要贡献。此处,我们不妨留意一下他在本书中对美国诗人威廉斯(William

---

① Harold Bloom, "The Internationalization of Quest Romance", in Harold Bloom, ed., *Romanticism and Consciousness* (New York:W.W.Norton and Co.,1970),p.9.引自《比较诗学》,第 136 页,*Diffusion of Distance*,p.100.

Carlos Williams,1883—1963)和史耐德(Gary Snyder,1930—)的讨论。威廉斯与庞德过往很多,或许从他那里间接接触过中国诗歌。他曾经说过,在诗歌创作中我们应该关注物象,放弃理念("no ideas but in things"),拒绝象征主义("no symbolism is acceptable")。①他的《南塔科特》(Nantucket)一诗便着力体现上述观点:

> Flowers through the window
> Lavender and yellow
>
> Changed by white curtains -
> Smell of cleanliness -
>
> Sunshine of late afternoon -
> On the glass tray
>
> a glass pitcher, the tumbler
> turned down, by which
>
> a key is lying—And the
> immaculate white bed.

> 透窗的花朵
> 淡紫与黄
>
> 被白色的帷幕改变——
> 干净的呼吸——
>
> 午后的阳光——
> 在玻璃的盘子上

---

① 引自 *Diffusion of Distance*,p.50,《比较诗学》,第170页。

> 一个玻璃杯壶,杯子
> 倒放,旁边
>
> 一根横放的锁匙——和那
> 全然结晶的白色的床①

为了直接体现诗中的物象,这首诗在英语所允许的范围内最大限度地剔除了句法的作用,结果是其中"没有象征,不求指向物外的本体世界,没有辩证的结构,没有主客的对峙,物既是主也是客"。②叶维廉强调指出,他无意把威廉斯视为"具有类同道家'物各自然'的了悟的山水诗人",但是,上面这首诗的宗旨在于"推翻柏拉图概念世界的抽象思维以求具现物象",其中所使用的语言策略及其"演变"对当时的英美诗坛影响很大;正是由于威廉斯这一类的诗作,"使得一些近乎中国意境的山水诗变得可能"。③

史耐德是当今西方倡导和翻译中国古典诗歌的重要人物。他所翻译的寒山诗歌使得这位在中国并不出名的诗人成为不少西方人认识中国诗歌的窗口。他曾经说过:

> 诗人面对两个方向:其一,对人群、语言、社会的世界和他传达的媒体工具;其二,对超乎人类的无语界,就是以自然为自然的世界,在语言、风俗习惯和文化发生之前,在这个境中没有文字。④

叶维廉认为,上面这段话"当然是禅宗所说的'无言独化'的世界的转写"。⑤他并且用史耐德的下面这首诗来说明这一点:

---

① 《比较诗学》,第175—176 页。叶维廉译文。
② 《比较诗学》,第176 页。
③ 《比较诗学》,第176—177 页。
④ 《比较诗学》,第190 页,*Diffusion of Distance*, p.135. 英语原文:"A poet sort of faces two directions: one is to the world of people and language and society, and the tools by which he communicates his language; and the other is the non-human, non-verbal world, which is the world of nature, as nature is itself, before language, before custom, before culture. There are no words in that realm."
⑤ 《比较诗学》,第190 页。

Mid-August at Sourdough Mountain Lookout

Down valley a smoke haze
Three days heat, after five days rain
Pitch glows on the fir-cones
Across rocks and meadows
Swarms of new flies.

I cannot remember things I once read
A few friends, but they are in cities.
Drinking cold snow-water from a tin cup
Looking down for miles
Through high still air.

八月中在酸麦山瞭望台

谷口烟笼雾
五月雨连三日热
枞子上松脂闪亮
横过岩石和草原
一片新的飞蝇

我记不起我读过的事物
几个朋友，都在市中
用洋铁罐喝冰冷的雪水
看万余里
入高空静止的空气①

叶维廉没有进一步说明这首诗与上面的引文如何相互说明，尤其是诗

---

① 分别引自 *Diffusion of Distance*, p.135,《比较诗学》, 第189—190页。叶维廉译文。

人是如何在由语言构成的诗中成功地面对"超乎人类的无语界"。但是，不难看出，在英美诗歌中，上述这两首诗相对来说篇幅短小，其中审美主体的认知行为和作用也明显收敛，在威廉斯那首诗中甚至已经基本隐退。由此产生的结果，便是客观物象得到突出体现，并且成为诗中的核心。在英美诗歌传统中，这的确是一种新型的物我关系，正体现了叶氏在前面提到的中西文化与文学之间的"会合"。

当然，这种"会合"对所涉及的双方具有不同的意义。对于中国文化传统而言，它似乎并不需要其对自身做任何调整，只需以庄子所谓"入其环中，以应无穷"的态度，虚以待物，坦然处之，以不变应万变。倒是西方文化传统需要为这种"会合"对自身进行痛苦的反思和深刻的变革。这不禁令我们想起叶维廉在本章开始时所提到的"模子"问题。在中西文化接触的初期，西方人基本从自身的视野去认识中国，这可由那两位18世纪英国人对汉字的评论来证实。早期的比较文学继承了这一模子及其成见，因而长期陷于欧洲中心主义的泥潭。意味深长的是，西方语言文化对自身的反思与变革令其反抗乃至背叛自身的传统，并且走上了与它曾经鄙视的中国语言文化"会合"的道路。与此相反，中国语言文化从这种"会合"中所得到的，则仅仅是对其自身价值的最终确认。因此，这种"会合"似乎证明了中国文化传统的普遍与永恒意义。叶维廉当然没有如此明确地提出这种观点，而且这或许也并非他本人的用意，因为他曾经谈及并且赞赏后结构主义对任何"最终意义"的不断解构与怀疑。但是他的中西比较诗学研究却令人无可避免地得出这一结论。同余宝琳一样，他也提到比较诗学之"相互阐发"（余宝琳用的是"mutual illumination"，叶维廉用的是"interillumination"，二者意义相同）的作用和意义，但是，这种阐发的作用似乎主要发生在其中的一方，因为如上所言，其中一方并没有因此发生任何改变。不但如此，中国传统中曾经被认为是"落后"的汉字，以及曾被视为"原始"的"以物观物"的宇宙观，如今经过这种"相互阐发"，竟然成为拯救当今世界文明危机、建立新型物我关系的选择和出路。显然，在这种比较框架或"模子"中，仍然有一方占据主导地位，只是它不再是物我分裂的"抽象"西方语言与文化，而是物我同一的"具体"东方语言文明。

叶维廉比较诗学研究中的另一"简化"现象后果更加严重，因为它出现在其所采用的"模子"的核心，即中西传统对物我关系及其语言功效的认识。叶维廉反复强调，由于有道家物我同一的齐物观，中国古代文人始终把人类与自然万物等同视之;①体现在诗歌中,便是王维《鸟鸣涧》里那种物我交融的境界。但是,中国古代还有荀子"从天而颂之,孰与制天命而用之"(《荀子·天论》)这样所谓"人定胜天"的自然观,而且人为"天地之灵"更是古人根深蒂固的观念。例如《列子·天瑞》中便有下面这段文字:

> 孔子游太山,见荣启期行乎郕之野,鹿裘带索,鼓琴而歌。孔子问曰,"先生所以乐何也?"对曰:"吾乐甚多。天生万物,唯人为贵,而吾得为人,是一乐也。

刘勰称人"为五行之秀,实天地之心"(《文心雕龙·原道》);陶渊明《形影神》组诗第一首《形赠影》更是从另一角度表述了人与自然万物的区别:一方面人类比自然万物更加"灵智",而另一方面却又更加脆弱:

> 天地长不没,山川无改时。
> 草木得常理,霜露荣悴之。
> 谓人最灵智,独复不如兹。
> 适见在世中,奄去靡归期。

在诗歌表现中,人与自然也并非总是像王维山水诗所描写的那样和谐相处,怡然两忘。例如在李贺《公无出门》一诗中,大自然完全被描绘成对人类,尤其是文人(下文中的"佩兰客")蓄意迫害的场所乃至地狱。下面便是这首诗的前六行:

> 天迷迷,地密密。
> 熊虺食人魂,雪霜断人骨。
> 嗾犬狺狺相索索,舐掌偏宜佩兰客。

同样,在西方传统中,虽然以柏拉图和亚里士多德为代表的希腊哲学和基督教神学都强调人对自然的主宰作用,但是也有斯多葛派(Stoics)主

---

① 例如 *Diffusion of Distance*, p.193: "The ancient Chinese, in particular the Taoists... rejected the premises...【that】humankind is the primary paradigm of orders."

张人类应该通过日常行为和实践与自然融为一体,并以此作为人生的最高境界。的确,这样的境界与中国传统中的"天人合一"几乎没有多少区别:

> 安于命运和天地万物,遇事更新,这便是用于生活与实践的物理。这一行为要求我们将个人理性与自然统一起来,而自然便是普遍理性。这也便是让我们与整体等同,投身于全部当中,不再是人,而是成为"自然"。①

在诗歌中,也有英国浪漫主义诗人布莱克(William Blake, 1757—1827)把人类等同于飞蝇这一自然界最微小的生灵:

Little Fly,	小小飞蝇,
Thy summer's play	你夏日的玩耍
My thoughtless hand	被我的一只手
Has brushed away.	不经意抹掉。
Am I not	难道我不是
A fly like thee?	像你一样的飞蝇?
Or art not thou	难道你不是
A man like me?	像我一样的人?
For I dance	我也跳跃
And drink, and sing,	饮酌和歌唱,
Till some blind hand	直到盲目之手
Shall brush my wing.②	抹掉我的翅膀。

---

① 参见 Hadot, *What is Ancient Philosophy*, 相关的文字: Consent to fate and to the universe, renewed on occasion of each event, is thus lived and practiced physics. This experience consists in placing our individual reason in accord with Nature, which is universal Reason. This is the same as making ourselves equal to the Whole, plunging into All, ceasing to be "human beings" and becoming "Nature".

② 引自 William Blake, *Songs of Experience*, 载于 David Perkins, ed., *English Romantic Writings* (New York: Harcourt, Brace & World, 1967), p.58.

面对上述这些现象,我们只能得出如下结论:正如中西文化传统那样,中西自然观和物我观也并非一个单一整体,而是复杂多样。任何一以概之的企图必定会导致以偏概全的片面和武断结论。

叶维廉对中西语言认识的讨论也出现过同样的偏颇和武断。根据他的描述,道家对语言局限性的认识导致了中国诗人无言独化的审美态度,甚至打造了通明无碍的汉字和松散灵活的句法。反之,由于柏拉图和亚里士多德注重对客体进行命名与分类,西方诗人常常借助条分缕析的句法对其审美经验进行分析,因而导致了诗歌中的物我分裂。必须指出,叶氏对西方语言观的描述并不准确。实际上,西方一些重要哲学家同样早就充分意识到语言的局限性。亚里士多德本人便曾认为,语言只能表述那些可以分成各个组成部分的"复合"(composite)物;对于那些"单纯物质"(simple substances),如"作为万物运动原则的第一智力"(first Intellect),"话语不能表达其实质,而只能表述其效应,或是将其与我们自己的理性进行比较"。①这当然令我们想起老子对"道"的那句著名论断:"道可道,非常道",并且可以帮助我们理解《老子》中那些看上去神秘的文字,如"道之为物,惟恍惟惚。惚兮恍兮,其中有象;恍兮惚兮,其中有物":它们乃是对"道"之"效应"的描述。罗马哲学家普罗提诺(Platinus,204/5—270)同样认为语言无法直接表述他所认为的最高实体,即"太一"(the One);我们只能通过间接的方法,"借助那些与其不同的事物来说起它"。②为此,亚里士多德和普罗提诺都认为,我们只有在少有的瞬间才能够直接体验上述"第一智力"与"太一"。那是一种不可言说的神秘与迷狂状态,一旦落于言筌,它便已落入第二义,因为文字所能做到的,至多只是描状经历这种状态的人的自我感受,而不是"第一智力"或"太一"本身。

虽然如此,与汉诗相比,大量运用理语对审美经验和客观物象进行细致解说与分析的确是英诗的一个重要特征。也就是说,与中国传统不同,"言不尽意"的语言观并没有促使西方诗人采用以少言多的策略;相反,他们仍然在诗中不厌其烦地反复申说,颇有知其不可为而为之的精神,至少在20世纪之前基本如此。此外,叶维廉认为,在中国传统中,对语言局限

---

① Hadot, What is *Ancient Philosophy*, p.88.相关原文:"In the case of simple substances like the first Intellect—the principle of movement for all things—discourse cannot express its essence but merely describe its effect, or else proceed by comparison with our own intellect."

② 同上,p.166.相关原文:"We can therefore speak of it only by referring to that which it is not."

性的认识直接影响到汉语的句法特征,令其松散灵活。然而,在西方语言中,虽然也有同样的认识,却形成了严谨复杂、利于逻辑分类与理性分析的句法结构。这也便意味着,中、西语言的特点与中、西文化对语言的认识并没有直接的因果关系。至于中、西语言何以形成了各自的特点,恐怕正如语言本身何以生成那样,至少至今仍是个不可解之谜;其中的原因,也正如"道"或"第一智力""太一"那样,只可意会,不可言传。在它面前,沉默和阙疑或许是最明智的态度。

所有这些都意味着,中西文化在自然观、语言观与认识论上的差异并非像叶维廉所描述的那样绝对;不仅如此,双方在某些方面还有不少相通之处。同样,中、英自然诗在状物与抒情上虽然总体风格不同,但也有许多类似的地方。更为重要的是,在自然观、语言观、认识论与诗歌表现之间并不存在着机械单一的对应关系。因此,在中西比较诗学研究中,我们要常常提醒自己,并不是所有的文学现象都能够用中西文化之间的某些"根本特质"(root essentials)①来说明和解释。为此,我们更应本着上面所提到的阙疑精神,径自接受某些作品中的风格与特点,而不一定总是为它们寻根讨源,追究出所谓"根本原因"(root causes)。这样的态度,不仅能够令我们面对文学的复杂与多样,同时也能令我们更加关注文学作品本身的特点和魅力。

---

① 参见 Yip, *Diffusion of Distance*, p.12. 叶氏还喜欢用其他类似的词来表示这一概念,如"root understanding"(根本理解),"root difference"(根本差异)等等。

六 制作规范与言志诗学:宇文所安的《早期中国古典诗歌的制作》

在本书第三章中我们已经提到,宇文所安曾写过《初唐诗》(*The Poetry of the Early T'ang*, 1977),《盛唐诗》(*The Great Age of Chinese Poetry: The High T'ang*, 1981),《晚唐诗》(*The Late Tang: Chinese Poetry of the Mid-Ninth Century*, 827—860, 2006)唐诗研究三部曲。在体例上,这三部著作都采用了传统断代史的形式,按照时间顺序,以不同时期的重要诗人为线索对唐代诗歌的特色、发展与演变进行了全面的综述与分析。与此相比,宇文氏于2006年出版的《早期中国古典诗歌的制作》(*The Making of Early Chinese Classical Poetry*)则不同寻常。在这部著作中,宇文所安提出从共时(synchronic)的视野出发,打破后人为早期中国古典诗歌所设立的历史分期和次序,将早期中国古典诗歌视为"一个诗歌"(one poetry)整体,以便探讨其"制作"(making)过程与规则。宇文氏在本书中提出的不少观点在西方汉学界产生了振聋发聩的作用,深刻地改变了人们对这一时期中国诗歌的理解与认识。

在详细深入讨论这本著作的内容之前,有必要先对其标题进行必要的说明与分析。首先,宇文所安似乎有意通过使用"制作"(making)这一字眼来破除长期以来人们对诗歌,尤其是"古典"诗歌所持有的经典态度和观念,并以此把我们的视线引向诗歌创作中平凡甚至机械的方面。它向我们暗示,此处的诗歌并非人们通常所认为的灵感之作或神来之笔,而是经由具体操作过程而产生出来的产品(product)。正是为此,宇文氏在本书"引言"的结尾特别声明,他在此处所呈现给读者的,乃是"文学研究中并不可爱的方面"。①当然,对于那些熟知中、西诗学的读者来说,"制作"一字还自然令人联想到古希腊对诗人与诗歌的定义:"诗人"(poet)首先是一位"制作者"(maker)或工匠(craftsman)。为此,要研究诗歌创作(poiesis),自然要探讨其制作过程与规则,这也便是为什么亚里士多德在其《诗学》(*Poetics*)一书中不厌其烦地讨论构成悲剧的各种机制与成分,如修辞、情节、人物塑造等。

相比之下,中国传统诗学一般只强调诗歌的起源和结果,对产生诗歌的具体过程往往不够注重。"言志"这一经典诗歌定义促使历代论者忙于去"知人论世";所谓"经夫妇,厚人伦,美教化"的政治作用更令有些人将诗歌尊为"经国之大业,不朽之盛事"。这样的诗歌,自是容不得以工匠之心和态度对其分析解剖,品头论足。虽然一些文学批评论著也涉及诗歌创作中的一些具体细节,如《文心雕龙》一书中便有"章句""声律""练字""熔裁"等章节,但它们远不如"原道""征圣""宗经"这些探讨文学本体意义的章节影响深远。在这一点上,西方18、19世纪浪漫主义的诗歌观念与中国传统诗论可谓是殊途同归。既然诗歌是"强烈感情的自然流露"(spontaneous over overflow of powerful feelings),并且具有拯救人类的作用,②那么它也自然容不得机械的说明与分析,因为正如华兹华斯所说,那无异于对诗歌的扼杀(we murder to dissect)。③受这种思潮的影响,19世纪至20世纪中期,西方文学批评所关注的,主要是诗歌与社会等所谓"外部"因素之间的关系,如丹纳(Hippolyte Taine,1828—1893)所提出的种族、环境、时代(race,milieu,moment)三决定论。直到20世纪中期出现的"新批评"以及六七十年兴起的结构主义,才把人们的视野又重新引向诗歌的构成、规则等"内在因素"。80年代以后,后结构主义和解构主义更是将注意力集中于诗歌语言的运作过程与方式,尤其是诗歌文本中令其支离分裂、自相矛盾的成分。这种批评理念和策略不仅消除了围绕诗歌的神秘光环,

---

① Stephen Owen, *The Making of Early Classical Chinese Poetry* (Cambridge, Mass.: Harvard University Press, 2006), p.22.引号中的原文:"...the unlovely side of the study of literature..."

② 雪莱便曾在《诗辩》(A Defence of Poetry) 一文中把诗人称为"人类未被公认的立法者"(unacknowledged legislators of mankind)。阿诺德(Matthew Arnold)在其《诗歌研究》(The Study of Poetry)中更是认为在现代社会中诗歌必将取代宗教与哲学,成为拯救人类的工具。以上两篇文章均见 *The Longman Anthology of British Literature*, Volume Two.

③ 参见"The Tables Turned"一诗,载 *The Longman Anthology of British Literature*, Volume Two, p.326.

六　制作规范与言志诗学：宇文所安的《早期中国古典诗歌的制作》

还将其还原于古希腊的诗学传统。宇文所安此书标题中的"制作"一字，正是向我们传递出了这一信息，并向我们透露了本书中的理论与价值倾向。

此外，也有必要澄清本书标题中"早期中国古典诗歌"（early Chinese classical poetry）所包括的范围。它主要是指汉魏，或是被后人划分为汉魏时期的五言古诗与乐府诗。这些作品当中很多年代与作者都已不可考，或是众说纷纭。虽然它们在主题与表现方式上未免单一重复，所使用的语言也平直朴素，有些甚至接近里巷歌谣，但是，经由齐、梁时代学者的整理与编辑，它们当中不少被收入《文选》《玉台新咏》等名重一时的选集，并被《诗品》《文心雕龙》等重要理论著作反复称道，进而逐渐成为中国诗歌传统中的核心与经典。

在本书的"引言"（Introduction）部分，宇文所安首先提到中国学者逯钦立在其《先秦汉魏晋南北朝诗》一书中把《怨诗》（又称《怨歌行》）这首五言诗归在汉代班婕妤名下，同时又在本人按语中指出其最早的出处为《文选》和《玉台新咏》，并且推测"此诗盖魏代伶人所作"。①这一现象说明，长期以来人们惯于把早期中国古典诗歌按照时间次序划分在某一特定历史时期，并尽可能将其放在某一历史人物的名下，虽然大家都早已意识到这种划分与归属乃是纰漏百出，不足为信。宇文所安此处没有进一步追究产生这一现象的原因，但我们可以推测，它与中国传统"诗言志"的诗歌理念和由此产生的"知人论世"的批评方法密切相关。有了具体的历史时期与人物作为语境，后世论者在解析这些作品，也就是"尚友"古人时，②自然会感到有所依托，言之有物。换言之，对早期古典诗歌的历史划分乃是为了满足后世论者解诗的需要，并不一定反映这些作品的实际情况。宇文所安在本书中的一个重要任务，便是要向我们揭示，我们目前所熟知的早期古典诗歌在很大程度上是被后人，尤其是齐梁时期的文人"建构"（constructed）出来的。③

上述班婕妤及其《怨诗》这一实例表明，在研究早期古典诗歌时，我们必须对眼前的文本及其历史持有谨慎怀疑的态度。由于大量古典诗歌最

---

① 逯钦立，《先秦汉魏晋南北朝诗》（北京：中华书局，1983），上册第117页；Owen, *The Making of Early Chinese Classical Poetry*, p.1.
② 此为孟子的话；见《孟子·万章》下。
③ Owen, *The Making of Early Chinese Poetry*, p.3.

早出现于齐梁甚至更晚时期的选集和类书当中,我们已无法确定其创作时期。不仅如此,由于这些作品在被收入各种选集之前经由各种人的反复传抄,我们也无法确定某一选集中所收录的是否便是某一首诗的最初文本。至于这些作品的作者,正如《怨诗》之于班婕妤那样,不少是由后人附会上去的。为此,宇文所安提出,在研究这一时期的诗歌时,我们应当把"作者身份"(authorship)理解成"某一文本的属性"(a property of a text);它就好像一首诗的标题,不少是由后人从文本中臆想推断出来的。①

  上述这些不定因素似乎足以动摇传统诗歌研究的基础及其方法了。没有了作者来源,脱离了历史社会,丧失了文本整一,一首诗岂不成了无首之龙,无源之水?面对这一窘境,宇文所安提出从不同的视角来研究早期古典诗歌。鉴于齐梁以及后代各种选集直接影响甚至决定了我们对其中所选作品的认识与理解,宇文所安建议,我们的出发点应该是早期古典诗歌的"物质来源及其性质,而不是通常所谓的'文类''作者',或是'诗篇'等相关的问题"。②这一新的视角可为我们带来几个启示。首先,它可将我们从无谓的溯本求源式考证中解放出来,因为如上所述,这一时期大部分诗歌的写作时间与场合都已不可考。我们所有的,只是收录它们的选集或"物质来源"。其次,这一新的视角可为我们澄清对某些作品特征的认识与理解。例如乐府诗,从传统文类的角度上去看,似乎是个无法澄清的泥潭,因为不少作品在不同的选集中会被归入"古诗""乐府"等不同的文类,或是被冠以不同类型的乐题。③反之,如果我们从收录这些作品的那些选集的视角来评价它们,我们便会意识到,所谓"乐府""首先是一个目录范畴。倘若有一个乐府'文类'的话,那在某种程度上也只是手抄本的文类,而不是诗歌的文类"。④换言之,一首诗是古诗还是乐府,在很大程度上取决于收录这首诗的选集;倘若它被收入《文选》,如果没有被冠以乐府的标

---

  ① Owen, *The Making of Early Classical Chinese poetry*, p.7.

  ② 同上。原文:"The basis of our inquiry begins with the material sources and their nature rather than the usual questions of 'genre', 'author', or 'pocm'."

  ③ 宇文所安此处没有举具体例子,但此方面的实例可谓是不胜枚举。例如《迢迢牵牛星》被《文选》列为"古诗",近代学者余冠英则据隋代杜台卿之《玉烛宝典》将其收入《乐府诗选》。

  ④ Owen, *The Making of Early Chinese Classical Poetry*, p.8. 相关的原文:"A primary focus on sources rather than genre allows us to see *yuefu*, a genre on which much ink has been spilled, first and foremost as a bibliographical category. If there is a *yuefu* 'genre', it is to some degree a genre of manuscript rather than of poetry."

题,那么它便是古诗;但是,如果它被收入《乐府诗集》,那么它便一定是乐府诗。因此,与其争论某一首诗是否符合"乐府"这一文类的要求,不如去探讨某一选集的编辑目的、范畴及其功用。更为重要的是,通过研究早期古典诗歌的"物质来源",也就是那些诗歌选集,以及它们对某些作品的选择、更定和编辑,我们能够发现它们是如何"建构"我们所熟知的"古典诗歌"的。前面我们已经提到,这便是宇文氏写作此书的主要目的。

宇文所安特别强调,要全面理解古典诗歌,我们必须首先抛开现代印刷文化对"文本"的定义与理解。在印刷文化看来,某一作品的文本便是印在纸上的文字及其组织。它们不但固定不变,而且可以准确地重复翻印。为此,我们习惯于把眼前的文本视为某一作品的原初、最终以及权威形式,很少质疑它们的可靠与可信。但是,早期古典诗歌都是依靠口头记忆和手写传抄而得以流传和保留下来的。与印刷文化不同,手写文化流动性很大,因而极不稳定,其中因各种因素而造成的异文、异题、异体现象可谓层出不穷。这一点,我们只需浏览一下逯钦立的《先秦汉魏晋南北朝诗》一书中的注释和按语便可一目了然。宇文所安说:

> 也许现存的建安与魏初的诗歌文本的确便是诗人当初所写下的,但是,我们所面对的是经由层层再生产程序所产生的诗歌,其中涉及那些重复、记录,以及誊抄手写文稿的人们。我们有足够的证据来说明,诗歌文本在这一过程中发生了变化,而且在有些情况下变化很大。①

宇文所安进一步指出,在汉魏时期,这种对诗歌的"层层再生产"似乎是各自为战,无章可循。但是到了齐梁时代,它便与当时的诗歌创作理念结合起来。《文选》《玉台新咏》这两个塑造了后人心目中古典诗歌形象的选集,便是这一结合的产物。

但是,由此产生的诗歌,已经不再是某些诗人的"独立'创造',而是对

---

① Owen, *The Making of Early Classical Chinese Poetry*, p.14.原文:"Perhaps some of the extant texts of Jian'an and early Wei poems are indeed exactly as a poet wrote them down, but we are considering poetry that has come to us through layers of reproduction—by those who repeated poems, by those who wrote the poems down, and by those who copied manuscripts. We have considerable evidence that the texts of poems changed in this process—in some cases significantly."

公共题材库中某一项目的实现。任何一种实现都会随着时间而改变"。①也就是说,至少就早期古典诗歌而言,某一首诗歌的产生并非是因为某一位诗人在某种特定历史情境下"情动于中而形于言",而是他/她与后来的各种"再生产者"合作,根据某一特定的题材范围,按照一定的格式要求,采用相对固定的语言词汇来进行文本制作。宇文所安提出,最好把这一过程看成是"根据主题进行组合"(composition by theme),并且提出了几个能够涵盖大部分早期古典诗歌的"主题"以及它们的展开形式。这些主题之间相互关联,有章可循,形成特定的格式。例如,"对人生短暂的沉思"这一主题"可引出求仙、宴饮,或劝勉某人'及时努力'"。②由此形成的"文字机制"(verbal mechanism)不仅"超越"(transcends)某一具体的"诗歌论点"(poetic argument)或"诗歌理念"(poetic idea),而且往往在"驱使"(drives)着它,将其引向某一依照格式、规则可以预测的方向。倘若因此形成的诗篇美丽动人,那也并非由于诗人的意愿与天赋,因为"此处我们所说的诗歌在很大程度乃是一种文字机制,它常常不假思索地创造出美丽的诗歌"。③

　　宇文所安上述对中国早期古典诗歌制作特点与过程的描述显然得力于西方结构主义理论。根据索绪尔(Ferdinand de Saussure,1857—1913),人类语言由"语言"(langue)和"言语"(parole)两部分组成,前者指语言赖以运作的规则与系统,如语法、句法和字汇,后者指某人在某一特定情形中所使用的单独话语。"语言"与"言语"之间是一种相互依存、相互制约的关系,没有单独的"言语",当然也就无所谓系统的"语言",但是如果没有"语言"的规则,"言语"也便无法形成意义。结构主义尤其强调系统"语言"对个别"言语"的制约作用:由于"语言"中的各种规则是约定俗成的,它们超越并左右个人意愿。换言之,任何人如果要表达一种意念或传递一个信息,都必须按照那些约定俗成的规则来使用"言语"和"语言",否则便

---

① Owen, *The Making of Early Chinese Classical Poetry*, p.15. 引号中原文:"…not as independent 'creations' but as realizations of one piece of a shared repertoire. Any particular realization is not stable over time."

② 同上,p.16. 原文:"…meditation on human mortality can lead to the quest for immortality, to the feast, or to encouragement to 'work hard'."

③ 同上,p.19. 引号中原文:"…here poetry is to a large degree a verbal mechanism that often creates beautiful poetry unreflectively."

无法与人沟通或是引起误解。例如,若要在英语和汉语中传达"我爱你"(I love you)这样的信息,便必须按照英语和汉语的语法和句法,即主语+谓语+宾语=句子这样的语言结构,去选择相关的"言语"或单字。倘若有人要变换上述语法规则,将"我爱你"写成"我你爱"(I you love)或是"爱你我"(love you I),都只能令人感到不知所云,因而丧失与人沟通的机会。

　　上述结构主义语言学理论对文学研究的意义与启发不言自明。作为一个系统,文学也有其语法或规则,尤其是在某一文类(genre)之内,这些规则可能会非常具体和严格。例如在西方史诗当中,开始时必须有对神或其他超验实体的呼唤或祈求(invocation);在中国诗歌传统中,一首律诗在格律与结构上都有严格的限制和要求。这些都可看作诗歌创作中的系统"语言"(langue),而那些具体作品,便是具体实例或"言语"(parole)。我们在研究某种诗歌时,自然必须对上述两个方面进行探讨,令它们相互阐发与印证。问题在于,我们应当如何看待它们之间的相互作用和影响,正如我们应当如何看待系统的语言规则与具体言语表述之间的相互作用和影响。例如,"我爱你"(I love you)一句中的每一组成部分(字汇、句法、语法)都是约定俗成的,而且经过人们反复使用已经成为陈词滥调,但这是否便意味着,任何人在任何具体情况下都无法通过这些约定俗成的规则和语言来表述其本人在某种特定情形中的独特感受?换言之,当人类在通过语言进行交流时,是人类在使用语言来表达其思想与情感,还是语言在驱使人类来体现其语法和规则?具体到诗歌创作,是否某种诗歌类型的"语言"或文类规则会完全阻止某位诗人独抒己见、推陈出新?这些似乎都是无谓的问题,因为面对它们我们都会做出否定的回答。但是,结构主义语言学对规则的过度强调便会导致上述极端的立场,也是无可争辩的事实。宇文所安把中国早期古典诗歌视为"一种文字机制,常常不假思索地创造出美丽诗歌",便是一个例证。

　　必须指出的是,宇文所安的上述立场只局限于所谓"早期古典诗歌",因为如本章开始所言,他对唐诗的研究仍然采用了传统知人论世的历史方法,并且充分肯定诗人的主观能动作用。之所以如此,乃是因为虽然这一时期(汉魏)的诗歌在作者与写作时间和场合方面很多都已不可考,但是很多中外学者仍然要使用传统知人论世的方法对其进行研究。在宇文所安看来,这未免是无的放矢。他说:

在"西方"与东亚均存在着各种根深蒂固的研究习惯,使得人们总是在[诗歌]产生的时刻去寻找其文本。在认识早期诗歌时,此乃最大的误解:这种诗歌是经由再生产才得以存在和来到我们面前;这一再生产的参与者中有的熟知一首诗然后将其传给其他人,有的是演奏过一首诗的乐师,有的是后期的传抄人或是选集编者。所有这些人在再生产的不同情形中都对这首诗的文本进行了修改,以便满足他们的需要,而且正如我们将要看到的那样,这些修改的痕迹不少还清晰可见。①

下面我们将要关注宇文所安是如何向我们展示与说明这些变化的痕迹的。

第一章"'汉'诗与南朝"("*Han*" Poetry and the Southern Dynasties)旨在说明今人所认识的汉代五言与乐府诗多是南朝,尤其是齐梁时期文人的构建。如前面提到的《怨诗》,虽然分别被萧统和徐陵以汉代班婕妤之作收入《文选》与《玉台新咏》,但由于其不载于汉代典籍,很早便有人提出疑问。其中刘勰在《文心雕龙·明诗》中曾勾勒过五言诗的早期历史。他提出,由于《汉书·艺文志·诗赋略》中收录了三百余篇诗歌,但"莫见五言",为此"李陵、班婕妤见疑于后代"。宇文所安对刘勰上述疑问做了进一步的补充和说明。他指出,在汉代典籍中,被提及的五言诗只有两首,均载于班固《汉书·外戚传》;一首是戚夫人所作《春歌》,②另一首是李延年所作《歌》。③除此之外,《汉书·五行志》还提到汉成帝时流传的歌谣。④由于上述这些出处皆非主流文化,宇文所安推测,在班固眼中,五言诗乃是难

---

① Owen, *The Making of Early Chinese Classical Poetry*, p. 19. 原文:"Scholarly habits firmly in place in both the 'West' and East Asia look for the text as it existed in the moment of production. Nothing could be more misleading in understanding early poetry; this was a poetry that existed and comes to us through reproduction—by those who knew the poem, and by scribes and literary anthologists of a later era. All of these people in situations of reproduction took the liberty to change the text to suit their needs, and, as we will see, the traces of those changes are often still quite visible."

② 参见逯钦立《先秦汉魏晋南北朝诗》,上册第 91 页。此诗文字如下:子为王,母为虏,终日春薄暮,常与死为伍。相离三千里,当谁使告女。

③ 同上,第 102 页。此诗文字如下:北方有佳人,绝世而独立。一顾倾人城,再顾倾人国。宁不知倾城与倾国,佳人难再得。

④ 参见同上,第 126 页。其中一首文字如下:邪径败良田,谗口乱善人。桂树华不实,黄爵巢其巅。故为人所羡,今为人所怜。

登大雅之堂的"妇孺之作",来自社会底层,根本不能与古雅的四言诗相提并论。明了这一点,我们就不会奇怪为什么《汉书·艺文志·诗赋略》中没有提到五言诗了。在诗体上,上述这两首诗歌尚没有充分体现出成熟五言诗中所惯常使用的 2+3 句法节奏(如《古诗十九首·其一》中的前两行:行行重行行,与君生别离)。这只能说明当这些诗歌被写作时,成熟五言诗的特征尚未形成,或是写作这些诗篇的人对这些特征缺乏了解。

宇文所安接着提到一首东汉时期(公元 2 世纪)镌刻于碑文上的五言诗《费凤别碑诗》,并指出其中的一些诗行已经使用了成熟五言诗的节奏与句法,尤其是其结尾四句:

> 壹别会无期,相去三千里。
> 绝翰永忼慨,泪下不可止。①

无论是在句法节奏还是在表现方式上,它们都与我们所熟悉的"古诗"或"乐府"非常相似。这表明,在公元 2 世纪,齐梁人所推崇的"古诗"的一些常见规则便已经存在了,只是在那时这种诗歌并未引起人们的注意。②

前面已经反复提到,齐梁时期是为五言诗正名(即所谓"经典化",canonization)和建构历史的时代。《文选》收录了"古乐府"三首,"古诗"十九首;《玉台新咏》更是将"古诗八首"列为首卷,继之以"古乐府六首"。钟嵘的《诗品》将"古诗"奉为上品,并且称之"一字千金"。③除此之外,将这些古诗经典化的另一重要步骤,便是为这些写作年代已经无法确定的作品划分一个历史时期,也就是汉代。刘勰在《文心雕龙·明诗》篇中指出西汉成帝时典籍所载"辞人遗翰,莫见五言"的同时,也把一些古诗(如《古诗十九首》中"冉冉孤生竹"等)说成是"两汉之作"。除了前面提到的班婕妤《怨诗》之外,《文选》《玉台新咏》《诗品》等更是把一些无名或匿名古诗放在李陵、苏武、枚乘、张衡、秦嘉、班固、郦炎、赵壹等汉代历史人物名下。宇文所安认为,所有这些都反映出一种"恐缺症"(horror vacui)。由于五言

---

① Owen, *The Making of Early Chinese Classical Poetry*, pp.70—71;逯钦立,《先秦汉魏晋南北朝诗》上卷,第 176 页。

② 参见 Owen, *The Making of Early Classical Chinese Poetry*, pp.66—72.

③ 曹旭《诗品集注》(上海古籍出版社,1994),第 75 页。

诗的早期历史非常单薄,无法承担起建构这一经典文类历史起源与发展的重任,因此必须对其进行加强与补充,以便壮大其阵容。结果是,在五言诗早期历史中:

> 当初作品少得可怜,现在则是丰富众多,其中不少似乎是近世之作,由一个诗篇众多的时代捐献给另一个诗篇匮乏的时代。[从那时起],这中间相当一部分诗篇便一直出现于早期古典诗歌的每一部现代选集之中,并且总是按照同一顺序。在原来的空缺上,出现了一个"经典目录"。①

也就是说,齐梁时期的选集与批评著作不仅仅为汉代"捐献"了很多诗篇,而且还根据这些诗篇建构出了一个"经典的"五言诗发展和演变历史,至今仍被人奉为圭臬。宇文所安对这一历史的脉络及其价值观念做了如下描述:

> 当初有一种古直的"民间"诗歌,即那些无名乐府诗,它们产生于西汉或是东汉早期。随后是那些由东汉末年无名文人们所写作的更加规范的"古诗"。在这一基础上,建安诗人写出了更具有文采,但却仍旧充满活力的诗篇。在很多方面,这一标准现代描述重复了齐梁时期论者的立场,即诗歌始于质朴,然后变得更加复杂和讲求文饰。②

的确,《文心雕龙·明诗》篇便是按照上述理念与逻辑,勾勒了中国诗

---

① Owen, *The Making of Early Chinese Classical Poetry*, p. 58. 原文:Where there had been lamentably few poems before, now there were many—not a few of which seem to have been recent compositions donated by an age rich in poems to an age poor in poems. A remarkable number of these poems have remained in roughly the same order. In place of a void we have a "canon".

② 同上,pp.59—60. 原文:"... once upon a time there was a simple and direct poetry of the 'folk'—these poems are anonymous *yuefu*, belonging to the Western Han or to a relatively early period in the Eastern Han. These were followed by the more regular poems of unknown literary men toward the end of the Eastern Han, the 'old poems'. Building on this basis, the Jian'an poets wrote a more literary, yet still vigorous poetry. In many ways this standard modern account recapitulates the claims of the Qi and Liang critics: that poetry begins in simplicity and moves to ever greater complexity and literary embellishment."

歌由上古至齐梁的发展历史,以后历代学者都对此亦步亦趋。宇文所安指出,这种描述并没有文本事实作为依据。例如,没有任何文献可以证明那些所谓汉代的古诗的确产生于汉代。人们之所以持此观点,乃是由于沈约在《宋书·乐志》中所说的如下一段话:

> 凡乐章古词,今之存者,并汉世街陌谣讴,《江南可采莲》《乌生》《十五》《白头吟》之属也。

宇文所安认为,由于没有文本证据,上述描述所体现的便

> 并非真正的历史,而是对历史过程的一种信念,即简单会过渡到复杂,质朴会过渡到文饰。这种信念使得我们能够在一种诗歌史中对那些年代无考的诗篇进行说明。①

鉴于这一点,宇文所安建议我们换一个视角去研究那些被划分于不同历史时期的作品。如果我们不把那些简单与复杂的作品分别看作前后不同时代的产物,而是把它们视为采用不同语言风格或"语域"(register)写成的作品,那么我们或许会意识到,这些作品很可能来自同一时代,只不过是由具有不同社会背景和文化修养的人写成。如此看来,虽然沈约所说的那些"街陌谣讴"使用的是"低级语域"(low register)的语言,但那并不意味着它们一定产生于遥远的"汉世",而是很可能与后世那些采用"高级语域"(high register)语言写成的所谓"文人诗"来自同一时期。换言之,从"共时"(synchronic)的角度来看,它们都属于"同一诗歌"(one poetry),只是分别代表这一诗歌的不同方面。

在第二章"早期诗歌的语法"(A "Grammar" of Early Poetry)中,宇文所安进一步从共时的视角,把早期古典诗歌作为一个整体来进行考察。此处所谓"语法",当然是结构主义语言学的一个核心概念,用来指语言赖以运作和表达的各种约定俗成的规范。用在文学批评中,它则指那些形成某

---

① Owen, *The Making of Early Chinese Classical Poetry*, p.61.原文:"We have no evidence of real history here; rather, we have a belief about historical process, in which the simple moves to the complex, the less literary to the more literary. Such belief made it possible to account for undatable poetic material in a history of poetry."

种文类(genre)或文学传统整体特色的内在机制。正如语言中的语法那样,文学中的这些内部机制也有章可循。批评家的使命,便是去建构和描述这些机制的组成方式和过程。在这种视野下,早期古典诗歌研究中一些众说纷纭的问题,如某一诗篇的"'本源文本'(original text)、作者身份,以及年代确定"等都变得无关紧要,因为每一首诗都只是对早期古典诗歌"语法"或内部机制中多种可能性的一个"单独实现"(single realization)。要认识一首诗,我们首先要了解它赖以产生或"实现"的规则。正如宇文所安所说,此处研究的重点,是要"讨论这些诗歌赖以出现的共同基础,即它们的'语言',或是它们赖以产生的共同规则"。①

　　正如语言中的语法是由句子中的字、词、句等具体单位构成,诗歌语言也是如此。宇文所安选择"诗行"(poetic line)作为探讨早期古典诗歌语法的出发点。他提到,东汉费凤碑文中有"道阻而且长"一行,而《古诗十九首》组诗第一首中的首句为"道路阻且长",二者相差无几。它们貌似质朴,甚至接近口语,但实际上都是对《诗经·秦风·蒹葭》一诗中"道阻且长"一句的扩展和改造。在早期古典诗歌中,这是最常见的诗行之一,成为一种原型或"模板"(template)。它以大同小异的各种形式出现于当时许多诗篇当中,而且呈现出由低级语域向高级语域转化的倾向。例如蔡琰《悲愤诗》中"迥路险且阻","迥"字便明显是对"长"字的提高和润色。曹植《送应氏二首·其二》中"山川阻且远,别促会日长"两行则更是在诗行和话题次序上模仿《古诗十九首·其一》中的"道路阻且长,会面安可知"。后世的一些诗人则选择对这一模板诗行进行扩充,如"悬邈修途远,山川阻且深"(张华《情诗》),"故乡一何旷,山川阻且难"(陆机《拟涉江采芙蓉》)。有的更是围绕这一模板诗行,发展出一系列彼此连接的话题,如:

良友远别离,各在天一方。
山海隔中州,相去悠且长。
嘉会难再遇,欢乐殊未央。
　　　　　　——李陵

---

① Owen, *The Making of Early Chinese Classical Poetry*, p.73. 引号中原文:"...discuss the common ground from which these poems emerged—its 'language', the shared rules by which poems were produced."

六 制作规范与言志诗学：宇文所安的《早期中国古典诗歌的制作》

> 行行重行行，与君生别离。
> 相去万余里，各在天一涯。
> 道路阻且长，会面安可知。
> ——《古诗十九首·其一》

在这两个例子中，前面所见的模板诗行（"道路阻且长"、"道阻而且长"）依旧是主要"元素"（element），只是在此基础上又演化出别离与后会无期的主题。宇文所安用"混合"（mix and match）来形容早期古典诗歌中的上述制作方法。①他进一步指出，很多研究者都把上述现象解释为各家对《古诗十九首·其一》中"道路阻且长"一行的模仿。宇文所安认为这是错误的，因为：

> 这一时期的诗歌都是一个流动性节目库的一部分，这中间包括各种彼此联系松散的话题和模板诗行，可以通过不同的方式得到实现。这中间有一个话题和链接的虚拟网络，它超越任何一种特殊具体的实现。②

用"语法"来形容或描述早期古典诗歌的制作规则旨在说明各种规范对诗人的制约作用，上文中"虚拟网络"（virtual network）这一当代计算机词汇更是进一步强调这一现象。在这样的表述中，诗歌创作已经彻底被从传统"言志"或"灵感"的宝座上拉下，被置于严密、机械的制作系统之中。

由"诗行"更进一步，构成古诗语法的单位便是一首诗中的"话题"（topic）和"主题"（theme）。宇文所安建议我们把主题看成经常一起出现的话题"群"（cluster）。这一话题群围绕某一主题聚合、展开，而且通常还有一定的次序。例如"不眠之夜"（sleepless night）便是早期古典诗歌中司

---

① Owen, *The Making of Early Classical Chinese Poetry*, p.121. 应该指出，余冠英曾经用"拼凑"来形容乐府诗中的这种现象。参见其《乐府歌词的拼凑和分割》一文，载余冠英《汉魏六朝诗论丛》（北京：商务印书馆，2010）。

② Owen, *The Making of Early Chinese Classical Poetry*, p.77. 原文："The wrong lesson to draw from this series of examples is that everyone is imitating the first of the 'Nineteen Old Poems' as we now have it. This is not impossible, but it is not the point; the poems of this period are part of a fluid repertoire of loosely associated topics and line templates that could be realized in many different ways. There is a virtual network of topics and linkages that transcends any particular realization."

空见惯的一个主题。围绕这一主题形成的话题群包括"穿衣、徘徊、月光、清风、鸣鸟，以及有时奏乐（或吟唱）"。①此方面最著名的例子当属《古诗十九首》组诗中的末篇：

> 明月何皎皎，照我罗床帏。
> 忧愁不能寐，揽衣起徘徊。
> 客行虽云乐，不如早旋归。
> 出户独彷徨，愁思当告谁。
> 引领还入房，泪下沾裳衣。

诗中主人公的性别和所在均不明确，既可是男性，也可是女性（虽然人们通常将其读作女性）；他/她既可是征途中的游子，也可是留守家中的思妇。也就是说，诗中的相关话题具有游离、宽泛的特质，可用于不同的情境。阮籍《咏怀诗·其一》亦可作如是观：

> 夜中不能寐，起坐弹鸣琴。
> 薄帷鉴明月，清风吹我襟。
> 孤鸿号外野，翔鸟鸣北林。
> 徘徊将何见，忧思独伤心。②

虽然历代论者都试图将此诗与当时的政治时事联系起来，以便赋予其中的各种话题以具体的个人和历史意义，并从中建构出一个对阮籍而言具有特殊含义的主题，例如将末行中的"忧思"解释成阮籍对司马氏以晋代魏的忧虑，但这种解读只是众多可能性中的一种，至多是一种"假设"（hypothesis）。在早期诗歌中，与"忧思"相同的表述方式很多，如上面提到的《古诗十九首》末篇中的"忧愁""愁思"，但是人们并未都把它们与某一特定的情境和主题联系起来。也就是说，阮籍此处很可能是在按照古诗的"语法"写作。根据其规则，"夜中不寐"这一主题必然会由"忧思"这样的

---

① Owen, *The Making of Early Classical Chinese Poetry*, p.78. 引号中原文："…putting on clothes, pacing about, moonlight, breeze, birds singing, and sometimes playing music (or singing)."
② 逯钦立《先秦汉魏晋南北朝诗》上册，第496页。

话题来组建;因此,与其说"忧思"表现了诗人的意绪,不如说它满足了古诗"语法"的需要。

宇文所安列举了其余八首有关这一主题和相关话题的诗篇,此处不一一引用。宇文氏特别注意到这类诗的结尾,因为它们"模板"意味十足:

泪下沾衣裳。——《古诗十九首·其九》
忧思独伤心。——阮籍《咏怀诗·其一》
断绝我中肠。——曹丕《杂诗》
抒愤诉苍穹。——曹叡《乐府》
泣涕沾罗缨。——曹叡《长歌行》
留连怀顾不自存。——曹丕《燕歌行》
泣涕如涌泉。——徐干《室思·其四》
思得琼树枝,以解长饥渴。——李陵古诗
忧忧安可任。——阮瑀《诗》
忧思壮难任。王粲《七哀·其二》

除李陵古诗结尾之外,上述各例皆以某种形式的愁苦之言作结。宇文所安认为,虽然我们不能排除在上述诗中诗人的确感到并且要表现愁苦之情,但是由于表述的形式大同小异,并且反复出现于同一类诗的结尾,我们不妨把它们看成"诗歌'语法'中的一种位置功能:即这是宣布一首诗结束的方式"。①

前面已经提到,在早期古诗中围绕某一主题的各种话题一般都很宽泛,可用于不同的情境与场合。例如,同是描写"夜中不寐"这一主题,但《古诗十九首》末篇提到"客行",而阮籍《咏怀诗·其一》则基本描写室内,虽然场合不同,但二者都包括了一些相似的细节或话题,如"穿衣、徘徊、月光、清风"等。宇文所安把这些因素称为"诗歌素材"(poetic material),可被不同诗人依据不同的语境组合成多种不同的形式:

它既可被延伸,也可被压缩;它可用不同语域写成;它可被单

---

① Owen, *The Making of Early Classical Chinese Poetry*, p.91.引号中原文:"... an essentially positional function in a poetic 'grammar':this is a way to announce that a poem is over."

独处理,也可与其他平行的主题连接。某一主题一旦实现,便会有备用的话题和模板诗行……最为重要的是,它可被用于某一具体的语境。这是一种'虚拟'诗歌素材,总会被以不同的形式实现,根据具体情况改变……①

宇文所安认为,认识到这一点,尤其是早期古诗所用"诗歌素材"的"虚拟"特征,会"深刻地改变我们阅读早期诗歌传统的方式",因为:

学者们习惯于把这些早期诗歌文本看成是独特与稳定的,因而可以对它们按照时代次序进行比较:他们会说 Y 诗借用或是改写了 X 诗中的某些诗行。[但是],如果一位 3 世纪诗人对某一主题进行了改创,他或许并不是在针对任何具体和更早的文本,而是在利用一个话题与程序变化的公共范畴。因此,我们理解[一首古诗]并不是依靠确定[其]"先例",而是依靠观察现有文本中的共同之处。②

这也便是宇文所安在本书中反复强调的观点,即我们应当从共时的"语法"上去认识和理解早期古诗,将这一时期的作品都视为"一个诗歌",而不是像传统的研究方法那样,从历时的角度为这些作品建构因袭与发展的历史。

问题在于,早期古典诗歌所跨越的时间很长,涵盖的作品也很多,其中既有那些无名乐府和里巷谣讴,也有像阮籍、曹植这样"大家"的名篇杰

---

① Owen, *The Making of Early Classical Chinese Poetry*, pp.105—106. 原文:"it can be expanded or contracted; it can be done in different registers; it can be done alone or linked to other, parallel themes. Whenever the theme is realized, topics and template lines are available.…And, most important, it could be applied to a specific context. This is a 'virtual' poetic material that is always realized differently, modified for the situation…"

② 同上,p.106. 原文:"Once we grasp the significance of this as virtual poetic material (as grammar is virtual), it profoundly changes the way we read the tradition of early poetry. Scholars have tended to treat these early poetic texts as if they were unique and stable and thus open to chronological comparison: scholars will say that poem Y borrowed from or recast lines from Poem X. If that third-century poet did yet another version of the theme, he was probably not responding to any particular prior text, but rather making use of a shared range of topics and procedures of variation. Thus we understand not by identifying "precedents," but by looking to the commonalities through what survives."

作。如果它们都同属"一个诗歌",那是否意味着它们的艺术成就与魅力也大同小异或毫无区别?结构主义文学批评的一个特点便是注重对各种规则的描述与重构,而忽略对作品本身的阐释和评价。任何读过宇文所安其他著作的人都会感到本书中的这种明显倾向,因为此处根本看不到他在《中国传统诗歌与诗学》中对那些名篇所做的细致入微的鉴赏和解读。宇文所安当然意识到这一点;下面便是他的解释:

> 我们说这一宽泛的"古诗"共同分享一种公共语言和组合方法,但这并不意味着所有这些诗篇在艺术上都相同。伟大的诗歌能够从这种公共语言中产生,这首诗①便是一例。但是,如果我们要探讨其中的潜力,公共语言仍然是最佳的起点。②

亦即是说,古诗的语法或"公共语言"(common language)制约但并不扼杀作者从中创新的能力;不仅如此,只有它才能说明这种能力的发挥与实现。宇文所安此处还提到另外一个例子。在这一时期,那些涉及离别思念主题的诗中经常包含音乐和飞鸟的话题,而且它们总是按照一定的次序出现。例如李陵古诗中的如下一首:

> 黄鹄一远别,千里顾徘徊。
> 胡马失其群,思心常依依。
> 何况双飞龙,羽翼临当乖。
> 幸有弦歌曲,可以喻中怀。
> 请为游子吟,泠泠一何悲。
> 丝竹厉清声,慷慨有余哀。
> 长歌正激烈,中心怆以摧。
> 欲展清商曲,念子不得归。

---

① 即李陵古诗中"结发为夫妻"一首,见逯钦立《先秦汉魏晋南北朝诗》上卷,第338页。
② Owen, *The Making of Early Classical Chinese Poetry*, p.108. 原文:"To suggest that this loosely defined 'old poetry' shares a common language and compositional practice is not to imply that all such poems are aesthetically equal. This is as good an example as any that great poetry can emerge out of this common language. And yet the common language remains the best place to begin to consider what can be achieved."

俯仰内伤心,泪下不可挥。
愿为双黄鹄,送子俱远飞。①

诗中的"弦歌曲"令诗人产生了"愿为双黄鹄,送子俱远飞"的愿望。在《古诗十九首·其五》中,出现了同样的情形:

西北有高楼,上与浮云齐。
交疏结绮窗,阿阁三重阶。
上有弦歌声,音响一何悲。
谁能为此曲,无乃杞梁妻。
清商随风发,中曲正徘徊。
一弹再三叹,慷慨有余哀。
不惜歌者苦,但伤知音稀。
愿为双鸿鹄,奋翅起高飞。②

魏晋文人诗在此方面的实践基本相同,如下面曹丕和徐干的两首诗:

方舟戏长水,湛澹自浮沉。
弦歌发中流,悲响有余音。
音声入君怀,凄怆伤人心。
心伤安所念,但愿恩情深。
愿为晨风鸟,双飞翔北林。
——曹丕《清河作》
与君结新婚,宿昔当别离。
凉风动秋草,蟋蟀鸣相随。
冽冽寒蝉吟,蝉吟抱枯枝。
枯枝时飞扬,身体忽迁移。
不悲身迁移,但惜岁月驰。
岁月无穷极,会合安可知。

---

① 逯钦立《先秦汉魏晋南北朝诗》上卷,第338页。
② 逯钦立《先秦汉魏晋南北朝诗》上卷,第330页。

六 制作规范与言志诗学:宇文所安的《早期中国古典诗歌的制作》

愿为双黄鹄,比翼戏清池。
——徐干/曹丕《为挽船士与新娶妻别》①

上述各诗中之所以出现雷同的风格,乃是由于对这一主题的处理和表现方式在当时已经成为相对固定的规则。这种规则或语法具有自身的"惯性"(inertia),使得诗人身不由己,只好就范。但是,在大诗人笔下,仍然可能在此基础上推陈出新。曹植在其《送应氏·其二》中便做到了这一点:

清时难屡得,嘉会不可常。
天地无终极,人命若朝霜。
愿得展嬿婉,我友之朔方。
亲昵并集送,置酒此河阳。
中馈岂独薄,宾饮不尽觞。
爱至望苦深,岂不愧中肠。
山川阻且远,别促会日长。
愿为比翼鸟,施翮起高翔。②

在前面几首诗中,诗末飞鸟的话题或意象皆由音乐直接引出。但是,曹植此处并没有提到音乐,因而表面上似乎打断了古诗中的语法次序。实际情况并非如此,因为在送别宴饮中一般都会有音乐演奏,只是曹植此处并没有直接提到这一点。倘若徐干和曹丕诗中的飞鸟话题不过是对其他诗篇的习惯性字面记忆或回响(echo),那么在曹植的《送应氏》中它们则是诗人"参照思维"(thinking referentially)的结果。它表明,作为一位"天才诗人",曹植能够"利用'古诗'中的项目,而不是在其内部写作"或为其所缚。③为此,与其他诗作相比,曹植的这首诗不但更加"具有文采"(literary),而且在结构上也更加"完整"(coherent)。宇文所安认为,虽然曹植此处对古诗语法及制作的改变并不醒目,却是一个深刻的"变革"

---

① 分别见逯钦立《先秦汉魏晋南北朝诗》上卷,第 402、378 页。
② 同上,第 454—455 页。
③ Owen, *The Making of Early Classical Chinese Poetry*, p.129. 引号中原文:"…a talented writer who is making use of an 'old poem' repertoire rather than writing *within* it."

(revolution)。①它把古诗中的语域或话语风格提高到了一个更高的层次。当然,这种变革的意义只有在古诗语法及其制作的语境中才能够体现出来。

本书第三、四两章探讨早期古诗中两个重要主题,即"仙人"(Immortals)和"死亡及宴饮"(Death and Feast)。此处,宇文所安再次提到曹植对古诗语法及其制作的变革。我们不妨关注一下他对"仙人"或求仙主题诗歌的讨论。众所周知,求仙这一主题充斥于汉魏时期的各种诗歌当中,包括民谣、乐府和所谓文人诗。学术界对这方面的研究很多,但大多都集中在对求仙这一现象的历史、文化和政治背景,以及诗人对求仙的态度。宇文所安则认为,由于这一时期的诗歌文本在作者和写作年代等方面都具有很多不确定因素,而且诗中有大量"角色扮演"(role playing)的现象,因此很难核实诗人对求仙究竟是相信还是怀疑。为此,他建议我们变换一下视角,从"诗歌话语内部组成"(composition within a poetic discourse)方面去研究这一主题。②

构成这类诗歌的各种话题基本分成两个相互关联的"亚主题"(sub-themes),即获取仙药和随之而来的升天之旅。在讨论上述第二个亚主题时,宇文所安首先引用了乐府诗《步出夏门行》:

邪径过空庐,好人常独居。
卒得神仙道,上与天相扶。
过谒王父母,乃在太山隅。
离天四五里,道逢赤松俱。
揽辔为我御,将吾天上游。
天上何所有,历历种白榆。
桂树夹道生,青龙对伏趺。③

这首诗包括了升天或游仙这一主题中的一些基本话题,即得道、升天、逢仙、漫游以及对天上仙界的描绘。曹操写过数首类似的作品,宇文所安

---

① Owen, *The Making of Early Chinese Classical Poetry*, p.130.
② Owen, *The Making of Early Chinese Poetry*, p.139.
③ Owen, *The Making of Early Classical Chinese Poetry* pp.157—158;逯钦立《先秦汉魏晋南北朝诗》上卷,第 267 页。

引用了其《气出倡》二首以及下面这首《陌上桑》：

驾虹霓，乘赤云，登彼九嶷历玉门。
济天汉，至昆仑，见西王母谒东君。
交赤松，及羡门，受要秘道爱精神。
食芝英，饮醴泉，拄杖桂枝佩秋兰。
绝人事，游浑元，若疾风游欻飘翩。
景未移，行数千，寿如南山不忘愆。①

与《步出夏门行》相比，曹操的这首诗呈现出进一步的扩展。所历之山已不是中原的泰山（太山），而是西部边陲的昆仑。所遇之仙人也不仅仅是王父母、赤松，现在还有西王母、东君和羡门。在语域或语言风格上，我们可清楚地看到这首诗对《楚辞》的借鉴（"食芝英，饮醴泉，拄杖桂枝佩秋兰"）。尽管如此，在曹操诗中各个话题之间的次序基本没有改变。甚至到了晋代，对这一主题的处理仍然呈现出因袭的特征，如傅玄的《云中白子高行》：

陵阳子，来明意，欲作天与仙人游。
超登元气攀日月，遂造天门将上谒。
阊阖开，见紫微绛阙，紫宫崔嵬，高殿嵯峨，
双阙万丈玉树罗。
童女掣电策，童男挽雷车。
云汉随天流，浩浩如江河。
因王长公谒上皇，钧天乐作不可详。
龙仙神仙，教我灵秘。八风子仪，与游我祥。
我心何戚戚，思故乡。俯看故乡，二仪设张。
乐哉二仪，日月运移。地东南倾，天西北驰。
鹤五气所补，鳌四足所支，齐驾飞龙骖赤螭。
逍遥五岳间，东西驰。

---

① Owen, *The Making of Early Chinese Classical Poetry*, pp.163—164；逯钦立《先秦汉魏晋南北朝诗》上卷，第 348 页。

长与天地并,复何为,复何为。①

虽然此处所遇的仙人不是赤松,而是王长公,而且在细节上傅玄此诗也更加充实,但是它仍然因袭了其他游仙诗的话题。所不同之处,是在诗的后半部出现了"我心何戚戚,思故乡"这样的句子,将读者的视线从天上引向人间。这自然令人想起《离骚》的结尾,②以及曹操另一首游仙诗《秋胡行》中的"戚戚何所念"。但是,此处傅玄并没有能够改变游仙诗制作规范的"惯性"或定式,因为此诗最后仍然以"长与天地并"这一长生不老的主题作结。

曹植的游仙诗作为此类诗的其中一部分,自然受到其语法及制作规范的制约和影响。但是,他比这一时期的任何诗人都更加富有想象力,更能推陈出新,因为虽然他继续使用了游仙诗的各种话题,但在次序组合上对它们改动很大,例如《五游咏》一诗:

> 九州不足步,愿得凌云翔。
> 逍遥八纮外,游目历遐荒。
> 披我丹霞衣,袭我素霓裳。
> 华盖纷晻蔼,六龙仰天骧。
> 曜灵未移景,倏忽造昊苍。
> 阊阖启丹扉,双阙曜朱光。
> 徘徊文昌殿,登陟太微堂。
> 上帝休西棂,群后集东厢。
> 带我琼瑶佩,漱我沆瀣浆。
> 踟蹰玩灵芝,徙倚弄华芳。
> 王子奉仙药,羡门进奇方。
> 服食享遐纪,延寿保无疆。③

---

① Owen, *The Making of Early Classical Chinese Poetry*, pp.166—167;《先秦汉魏晋南北朝诗》,上册第564页。

② "陟升皇之赫戏兮,忽临睨夫旧乡"。宇文所安此处没有提到《离骚》。

③ Owen, *The Making of Early Classical Chinese Poetry*, pp.169—170;逯钦立《先秦汉魏晋南北朝诗》上卷,第433页。

上述其他各篇皆以"游"开始,并没有交代什么原因。曹植的《五游咏》则以"九州不足步"为由,颇令人想起司马相如《大人赋》中"宅弥万里兮,曾不足以少留"①这两句。宇文所安认为这一点非常重要,因为那个时期的诗人经常引用《诗经》,但很少有人引用汉赋,而使用汉赋则是提高诗歌语域的一个重要途径。另外,在其他诗中,诗中主人公一般都需要引介才能进入天上的仙界,而曹植则如《大人赋》中的汉武帝一样长驱直入,并且"玩灵芝""弄华芳",宛如"一个贵族在其花园里散步",漫不经心,没有丝毫敬意。②他的另一首诗《仙人篇》表现出同样的特征：

> 仙人揽六著,对博太山隅。
> 湘娥拊琴瑟,秦女吹笙竽。
> 玉樽盈桂酒,河伯献神鱼。
> 四海一何局,九州安所如？
> 韩终与王乔,要我于天衢。
> 万里不足步,轻举凌太虚。
> 飞腾逾景云,高风吹我躯。
> 回驾观紫微,与帝合灵符。
> 阊阖自嵯峨,双阙万丈余。
> 玉树扶道生,白虎夹门枢。
> 驱风游四海,东过王母庐。
> 俯观五岳间,人生如寄居。
> 潜光养羽翼,进趋且徐徐。
> 不见轩辕氏,乘龙出鼎湖。
> 徘徊九天上,与尔长相须。③

在前面那些用"低级语域"写成的游仙诗中,一般只有西王母、赤松等个别仙人,曹植此诗则包括了几乎所有众神,并且一开始便轻慢地说他们在泰山一隅"对博"。此外,与其他诗篇相比,此诗中的描写成分也

---

① 参见金国永校注《司马相如及校注》(上海：上海古籍出版社,1993),第92页。
② Owen, *The Making of Early Classical Chinese Poetry*, p. 171. 相关的原文："... with all the casualness of an aristocrat walking in his flower garden..."
③ 同上,pp.171—172；逯钦立《先秦汉魏晋南北朝诗》上册,第171—172页。

大为增加,因而更加突出了其语言修辞特征。总之,曹植的游仙诗体现了一种英国浪漫主义诗人济慈(John Keats,1795—1821)所说的"消极能力"(negative capability),使得他能够虚以待物,在消化其他作品之后,得以"从中言说"(speaking from it)。人们一般总是从当时政治的角度来解读曹植的诗歌,宇文所安建议我们"从政治的角度去阅读曹植的诗学,将其视为想象中的授权,以弥补实际授权的失败"。①换言之,在宇文氏看来,曹植的游仙诗乃是他用以克服和超越他在现实政治斗争中失败的艺术替代与补偿。

第五章"作者与言者"(Author and Speaker)探讨早期古典诗歌中"作者身份"(authorship,又译作"作者性,作者权")的问题。前面已经提到,鉴于这一时期很多作品的作者身份都无法确定,宇文所安建议我们把作者身份视为文本的一个属性,而不是像通常那样把它当作一个历史事实。应该指出,由于"诗言志"的定义把诗歌直接与一位"言者"联系起来,在传统中国诗歌中人们习惯认为一首诗中的"言者"便是其"作者",而不是像西方诗学那样,经常把诗中的言者视为不同于作者的一个人物或角色(persona)。正是为此,中国传统诗学从一开始就注重作者及其身份的作用,并且千方百计把那些重要的作品归属于某些历史人物的名下,以便为解读它们创造一个可靠的语境。但是,宇文所安指出,作者身份的概念并非开始就有。在任何一种文明中,最初的文本都是无名或匿名的。因此,"同欧洲一样,在中国,"'作者身份'乃是一个历史形成"。②在这一形成过程中,司马迁是一关键人物。这不仅仅因为他本人的著述与其生活和经历息息相关,还因为他把很多早期的文本归属到一些历史人物名下,因而为它们建立了作者身份,例如楚辞之于屈原便是著名一例。虽然后世有人怀疑屈原对楚辞的作者权,但是出于传统的定式和无奈,人们还是不得不接受司马迁的结论,把"九歌"这样的文本列在屈原名下。

在早期诗歌中,作者身份比较能够确定的是自汉代以来的四言诗,因为它很早便被认为是高古严肃的文类。但是"出身"低微的五言诗则不

---

① Owen, *The Making of Early Classical Chinese Poetry*, p.173.引号中原文:"It might be better to read Cao Zhi's poetics politically, as acts of imaginative empowerment where pragmatic empowerment failed."

② 同上,p.215.引号中原文:"The idea of 'authorship' was a historical formation in China, as in Europe."

同,其中许多作品的作者身份很不确定,并且充满了臆测。宇文所安特举曹植的诗歌为例。早在曹魏时期,便有过曹植集文本。一为曹植本人自编(曹植作有《前录自序》),二为魏明帝曹叡下令编辑。但是,这两个版本均已遗失,今天我们看到的曹植集乃是宋人根据各种选集和类书拼合起来。①宇文所安认为,曹植名下的五言诗随着时代的演进而日益增多,显然是因为"作者之名成为那些无名文本得以聚集的磁石"。②为了说明这一点,他在本章中考查了《野田黄雀行》这首乐府诗成为著名曹植作品的过程。让我们先看这首诗的原文:

> 高树多悲风,海水扬其波。
> 利剑不在掌,结友何须多。
> 不见篱间雀,见鹞自投罗。
> 罗家得雀喜,少年见雀悲。
> 拔剑捎罗网,黄雀得飞飞。
> 飞飞摩苍天,来下谢少年。③

宇文所安指出,这首诗最早的出处是由宋代郭茂倩所编辑的《乐府诗集》。如上所述,我们现在见到的曹植集是由后人根据各种选集和类书拼合而成,因此可以断定,虽然曹植集中包括这首诗,但它肯定来自《乐府诗集》。更为重要的是,这首诗并未被《艺文类聚》等唐代类书所载,也未被李善在其《文选》注释当中提及。一般来说,那些出现于《乐府诗集》中的曹植作品大部分都曾先此被人提及过,因而我们可以推断它们的确先此已经存在,但是,《野田黄雀行》却并非如此。④

然而,这一点并未被历代中国学者所注意和强调。他们都把这首诗看成是曹植的代表作,因为他们在这首诗中看到了曹植本人生平的影子,并将其视为作者的言志之作。王夫之将此诗收入他所编选的《古诗评选》,

---

① 有关曹植著作辑录情况,参见赵幼文《曹植集校注》(北京:人民文学出版社,1984)之前言。宇文所安此处没有详细论及这一点。

② Owen, *The Making of Early Classical Chinese Poetry*, p.215. 引号中原文:"…the authorial name served as a magnet for other texts that were circulating without a name."

③ 同上,pp.256—257;逯钦立《先秦汉魏晋南北朝诗》上册,第 425 页。

④ 应该指出,刘勰在《文心雕龙·隐秀》篇中曾经提到此诗:"陈思之黄雀,公干之青松,格刚才劲,而并长于讽喻。"宇文所安似乎没有注意到这一点。

并且说这是曹植所作乐府诗中值得读的两首之一。陈祚明更认为此诗是曹植"自比黄雀,声援于人,语悲而调爽。或亦有感于亲友之蒙难,心伤莫救"。①现代学者们完全接受了上述观点。②宇文所安则指出,汉代《焦氏易林》中有如下四句:

雀行求粒,误入网罳。赖仁君子,复脱归室。③

此处所描述的"核心主题"与《野田黄雀行》非常相似。为此,宇文所安认为后者是对前者的"复杂化和戏剧化"。④换言之,《乐府诗集》所载《野田黄雀行》和《焦氏易林》所载上面四句都同属"一个诗歌",是对其中一个主题的不同"实现"(realization)。如上所述,宇文所安建议我们把早期古诗中的作者身份视为一种文本属性,而不是历史事实。在这种视野中,作者个人的历史与身份并不重要,并且在很大程度上被化解于诗歌的文本特征当中。他对《野田黄雀行》的上述解读便是这一主张的体现。

必须指出的是,中国学者也是按照诗歌文本来确定其作者身份的,只不过他们所关注的并非是文本本身的特质,而是它所表现的内容。对他们来说,《野田黄雀行》讲述了一个故事;由于这个故事在他们看来与曹植的生平有相同之处,于是便按照"诗言志"的逻辑为其找到了一个归属。这是"言志"诗学与"制作"诗学的一个重要区别。前者把文本视为通向某一陈述和故事的媒介,文本属性乃是故事内容;而对后者来说,构成文本属性的则是其物质组成与运作方式。这也便是为什么中国传统诗学如此强调作者及其作者身份的作用。宇文所安此处所要挑战的,也正是这种传统文学批评中的人文主义观点和方法,因为有时它令我们对某一文本的复杂性视而不见。正如《野田黄雀行》这首诗,虽然它在曹植死后近千年才出现在其名下,而且对曹植作品的辑录始终存在着众多复杂、令人踌躇的因素,

---

① 参见《三曹资料汇编》(北京:中华书局,1980),第 166、188 页。
② 关于这一点,参见如下著作对这首诗的注释:黄节《汉魏乐府风笺》(北京:人民文学出版社,1958),余冠英《三曹诗选》,以及赵幼文《曹植集校注》。
③ Owen, *The Making of Early Classical Chinese Poetry*, p.257;陈良运《焦氏易林诗学阐释》(南昌:百花洲文艺出版社,2000),第 248 页。
④ 同上,p.258.引号中原文:"...this core motif has been complicated and dramatized."

人们还是愿意接受和相信曹植便是这首诗的作者，因为这样的归属为"这首诗在一个伟大的文化叙述中找到了它的位置"。①

本书的最后一章讨论早期古诗中"拟"（Imitation）作的现象。自从晋代以来，不断有人用"拟"来指称他们的一些作品，如陆机对《古诗十九首》一些篇章的拟作，陶渊明的《拟古》组诗，江淹的《拟邺中集》等。最早在篇名中使用"拟"字的当属晋代诗人傅玄；在他现存作品中，可看到《拟四愁诗》《拟楚篇》等。从傅玄上述篇目中可以看到，最初诗人所模拟的乃是作品，而不是作者。宇文所安指出，提到"拟"，我们一般会认为是对某一主题的模仿，其实不然。从制作诗学的角度来看，"拟意味着对某一原作在更高的语域上进行重写。亦即是说，拟是对公共诗歌素材进行重新创作的众多形式当中一种具体、特殊的版本"。与其他古诗相比，拟作的区别在于它是针对某一"更早而且是固定的文本"。在创作拟作时，一个重要的要求便是必须与原作有所区别，尤其是在用字上，它必须对一行中的某些关键字眼进行改造。②

为此，宇文所安建议我们将拟作看成是"对早期诗学的形式化延伸"（a formalized extension of earlier poetics）。在五言诗的发展过程中，拟作乃是为其建立合法性和经典化的重要手段和途径，因为通过对一些早期作品运用更高的语域或文字进行改造，拟作可令这一新兴的诗体赢得人们的尊重。这可用陆机对《古诗十九首》的模拟加以说明。这些拟诗现存十三首，其中十一首对原诗逐行模拟。下面便让我们看一下陆机对《古诗十九首》组诗第十二首的模拟。为了方便读者对原诗和拟诗进行比较，宇文所安特意把它们并列编排：

---

① Owen, *The Making of Early Classical Chinese Poetry*, p.259.引号中原文："The poem has found its place in a great cultural narrative."

② 同上，p.261.相关的原文："…imitation means to rewrite an original in a higher register. That is, *ni* is one particular and specialized version of the various forms of recreating shared poetic material; and among these forms it is the only one that is specifically textual, responding to what is presumed to be a *fixed prior text. Ni* is also the only form of using prior poetic materials that requires consistent difference from its source text; one of its primary rules is avoiding verbal repetition in the important words in the line."

东城高且长，	西山何其峻，
逶迤自相属。	层曲郁崔嵬。
回风动地起，	零露弥天坠，
秋草萋已绿。	蕙叶凭林衰。
四时更变化，	寒暑相因袭，
岁暮一何速。	时逝忽如颓。
晨风怀苦心，	三闾结飞辔，
蟋蟀伤局促。	大耋嗟落晖。
荡涤放情志，	曷为牵世务，
何为自结束。	中心若有违。
燕赵多佳人，	京洛多妖丽，
美者颜如玉。	玉颜侔琼蕤。
披服罗裳衣，	闲夜抚鸣琴，
当户理清曲。	蕙音清且悲。
音响一何悲，	长歌赴促节，
弦急知柱促。	哀响逐高徽。
驰情整巾带，	一唱万夫叹，
沉吟聊踯躅。	再唱梁尘飞。
思为双飞燕，	思为河曲鸟，
衔泥巢君屋。①	双游沣水湄。②

陆机这首诗的标题是"拟东城一何高"，与原诗首行"东城高且长"略有差异。据此，宇文所安推测陆机所拟的那首古诗很可能与我们目前看到的有所不同，因为在他对《古诗十九首》的其他拟作中，题目中的诗行与古诗中的第一行完全相同，如"拟青青河畔草""拟涉江采芙蓉"等。这当然又令人想到手写文本的流动与不稳定性。除此之外，宇文所安对上面两首诗的讨论旨在说明陆机的拟诗如何试图在更高的语域中改写古诗。必须指出，宇文氏此处的有些论证似乎缺少证据，因此具有较大的主观推测性。

---

① Owen, *The Making of Early Classical Chinese Poetry*, p.264, 逯钦立《先秦汉魏晋南北朝诗》上册，第332页。

② 同上，p.266，第688页。

譬如，原诗第四行"秋草萋已绿"被陆机改写成"蕙叶凭林衰"。宇文所安认为"凭"字是一高级语域字眼，但是却没有对这一论点做任何说明与论证。倒是他对这一行的意义如何在拟诗中发生变化所做的说明更能令人信服。古诗中"秋草萋已绿"一行在意义上似乎矛盾，因为"萋"的意思是"茂盛"；它又可与"凄"通假，表达"凄凉"之意。但无论如何，它在与"绿"一起描写秋天的景色时都令人费解："茂盛葱绿"并非人们所熟悉的秋天景色，"凄凉葱绿"又显然自相龃龉。陆机将这一行改写成"蕙叶凭林衰"，所表现的是一个典型而又单纯的秋季风景。陆机此处的拟作，实际上是对原诗的一种梳理和改造，目的是令其看上去更加"自然"。这样的行为或"自然化"（naturalization），当然可以被视为是对原诗的改造与提高。

宇文所安对原诗和拟诗中第七、八两行的说明同样不尽如人意。他声称，这一联"乃是拟作的范例"，因为"其中[原诗]每行中的半行都被一个更高语域的同义词或改述所替代"。①但是，原诗"晨风怀苦心，蟋蟀伤局促"两行都各自使用了《诗经》的典故："鴥彼晨风，郁彼北林"（《秦风·晨风》），"蟋蟀在堂，岁聿其莫"（《唐风·蟋蟀》）；为此，应该没有人会否认这两行在语言风格上属于高级语域。宇文所安则认为，陆机拟诗中"三闾结飞辔，大耋嗟落晖"这两行在修辞和种类上（人类之于蟋蟀）都是对原诗语域的提高。这样的论点，未免令人感到主观和牵强。

陆机的拟作既追随原诗，同时又对其进行了改造，这也便是"拟"作的基本性质。在中国传统诗评中，对拟作的评价并不高，因为它并非是"情动于中而形于言"的产物；有人甚至将其与"伪作"相提并论。②与此相反，宇文所安要我们从五言诗发展的过程中来认识早期古诗中的模拟现象及其创作动机，尤其是从制作诗学的角度对其艺术风格进行考察，无疑是中肯的建议。不仅如此，宇文所安还通过观察原诗与拟诗之间的相同和差异，指出了原诗在当时手写文化中的传播状况。前面已经提到，由于上述陆机拟诗的标题与原诗第一行不同，宇文所安推测陆机所模拟的原诗或许与现

---

① Owen, The Making of Early Classical Chinese Poetry, p.268. 相关的原文："The third couplet is an exemplary case of *ni*, in which each hemistich of each line is recast with a synonym or paraphrase in a higher register."

② 例如王瑶所著《拟古与伪作》一文，参见其《中古文学史论》（台北：长安出版社，1982）。有关此方面的研究，参见梅家玲《汉魏六朝文学新论：拟代与赠答篇》（北京：北京大学出版社，2004）。

存的版本不同。除此之外,上面这两首诗在行数、结构上完全相同,在主题上也基本相似;据此,我们可以推知陆机所看到的这首古诗与现存的版本差异并不大。但是,在另外两首拟诗中,我们则看到较大的区别,例如《古诗十九首》组诗中的第七首。下面是这两首诗的并列编排:

明月皎夜光,	岁暮凉风发,
促织鸣东壁。	昊天肃明明。
玉衡指孟冬,	招摇西北指,
众星何历历。	天汉东南倾。
白露沾野草,	
时节忽复易。	
	朗月照闲房,
秋蝉鸣树间,	蟋蟀吟户庭。
玄鸟逝安适。	翻翻归雁集,
昔我同门友,	嘒嘒寒蝉鸣。
高举振六翮。	畴昔同宴友,
不念携手好,	翰飞戾高冥。
弃我如遗迹。	服美改声听,
南箕北有斗,	居愉遗旧情。
牵牛不负轭。	织女无机杼,
良无盘石固,	大梁不架楹。②
虚名复何益。①	

虽然陆机拟诗的题目是"拟明月皎夜光",说明他所拟的原诗至少在首行与现在我们看到的是同样版本,但是它们在细节上的差异却引人注目,尤其是结尾,因为相比之下倒是拟诗的结尾看上去似乎是断章,因为它令人感到突兀和不自然,与前面我们看到的拟作逻辑和策略——即对原诗进行梳理和提高——正相抵触。面对如此现象,我们只能做出两种推测:

---

① Owen, *The Making of Early Classical Chinese Poetry*, pp.281—282;逯钦立《先秦汉魏晋南北朝诗》上册,第330页。

② 同上,p.282,第689页。

要么是陆机此处故意耸人视听,要么是他所模拟的原诗版本非常不同。鉴于陆机的拟诗绝大部分都紧扣原诗,形影相随,而且当时的诗歌中也有以描述句作结的突兀现象,①宇文所安更倾向于接受第二种推测。当然,这也便意味着,现在我们所看到的《古诗十九首·其七》可能只是当时流传的众多版本中的一种,或是当时或后世的某位抄书人按照他所熟悉的诗歌制作规范加上了最后两行,以便令其看上去更加"自然"。②

在这种视角下,拟诗的意义便不仅仅在于它与原诗的异同,还在于它有助于我们认识和理解原诗。它向我们提示,由于早期诗歌制作所使用的是当时流传的各种公共素材,因此,所谓"原诗"也不过是对上述素材的某一具体实现,并不具有绝对的权威性。它与拟诗一样,同样具有流动的性质,并且同样属于"一个诗歌"(one poetry)。所不同的是,作为被模拟的对象,这些古诗在陆机的时代应该已经成为相对固定,却具有不同版本与形式的文本。因此,研究早期古典诗歌中的拟作现象,便不单纯是评价拟诗是否对原诗忠实,或是与原诗相比,拟诗是否表现出创新的特征;我们还可让拟诗和原诗相互阐发,从中看到手写文化中文本流传和变化的痕迹,以及早期诗歌制作过程中的运作方式。

《早期中国古典诗歌的制作》一书将我们的视野引向诗歌的制作过程和规范,的确令人耳目一新。在以抒情言志、知人论世为圭臬的中国诗歌传统及其研究中,这种视角和观点未免令人感到不安,因为它令我们看到的,是古典诗歌创作中"并非可爱"的方面。往日那些催人泪下、一唱三叹的诗篇,如今都成了语法与规范的"实现"。这种转变的确有些突兀,甚至令人难以接受。但是,比较诗学的作用和意义之一,便是凭借他山之石,攻磨本土之玉。宇文所安的这部新著令我们透过历史的光环和迷雾瞥见了早期古典诗歌这块美玉的制作过程,仅此一点,便值得我们借鉴。

---

① 如乐府诗《步出夏门行》的结尾:天上何所有,历历种白榆。桂树夹道生,青龙对伏跌。
② 参见 Owen, *The Making of Early Classical Chinese Poetry*, pp.284—285.

参考书目

英文：

Aristotle. *Poetics*, trans. by Ingram Bywater. New York: The Modem Library, 1954.

Aristotle. *Rhetoric*, trans. W. Rhys Roberts. New York: The Modern Library, 1954.

Bloom, Harold, ed. *Romanticism and Consciousness*. New York: W. W. Norton and Co., 1970.

Bloom, Harold. *The Anxiety of Influence*. New York: Oxford University Press, 1973.

Bokemkamp, Stephen. "Chinese Metaphor again: Reading-And Understanding-Imagery in the Chinese Poetic Tradition". *Journal of the American Oriental Society*, Vol.109, No.2 (Apr.-Jun., 1989).

Buck, David. "Forum on Universalism and Relativism in Asian Studies, Editor's Introduction". *Journal of Asian Studies*, 50 (February, 1991).

Chomsky, Noah. *Language and Thought*. Wakefield, Rhode Island & London: Moyer Bell.

Cai, Zong-qi. *Configurations of Comparative Poetics: Three Perspectives on Western and Chinese Literary Criticism*. Honolulu: University of Hawaii Press, 2002.

Eagleton, Terry. *Literary Theory: An Introduction*. Oxford: Basil Blackwell, 1983.

Ernst Robert Curtius, *European Literature and Latin Middle Ages*, trans. by Willard R. Trask. Princeton: Princeton University Press, 1983.

Fletcher, Angus. *Allegory: The Theory of a Symbolic Mode*. Ithaca: Cornell University Press, 1964.

Garnet, Marcel. *Festivals and Songs of Ancient China*, trans. into English by E. D. Edwards. London: George Routledge, 1932.

Gernet, Jacques. *China and the Christian Impact: A Conflict of Cultures*, trans. by Janet Lloyd. Cambridge: Cambridge University Press, 1985.

Hadot, Pierre. *What is Ancient Philosophy?* trans. by Michael Chase. Cambridge, Mass: Harvard University Press, 2002.

Heidegger, Martin. *On the Way to Language*, trans, Peter D. Hertz. New York: Harper and Row, 1971.

Kao, Yu-kung and Tsu-lin Mei, "Meaning, Metaphor and Allusion in T'ang Poetry", *Harvard Journal of Asiatic Studies*, Vol. 38, No. 2 (December 1978).

Kao, Yu-kung and Tsu-lin Mei, "Syntax, Diction, and Imagery in T'ang Poetry", *Harvard Journal of Asiatic Studies*, Vol. 31 (1971).

Lattimore, David. "Allusion and T'ang Poetry". In Arthur F. Wright and Denis Twichett, eds., *Perspectives on the T'ang*. New Haven: Yale University Press, 1973.

Liu, James J. Y. *Language, Paradox, Poetics: A Chinese Perspective*. Princeton: Princeton University Press, 1988.

Liu, James J. Y. *The Art of Chinese Poetry*. Chicago: The University of Chicago Press, 1962.

Liu, James J. Y. *The Interlingual Critic: Interpreting Chinese Poetry*. Bloomington: Indiana University Press, 1982.

Liu, James J. Y. *The Poetry of Li Shang-yin: Ninth-century Baroque Chinese Poet*. Chicago: The University of Chicago Press, 1969.

Liu, James J. Y. *Chinese Theories of Literature*. Chicago: The University of Chicago Press, 1975.

Liu, James J. Y. *Major Lyricists of the Northern Sung, A. D. 960—1126*. Princeton: Princeton University Press, 1974.

Miner, Earl. *Comparative Poetics*. Princeton: Princeton University Press, 1990.

Owen, Stephen. *Mi-Lou: Poetry and Labyrinth of Desire*. Cambridge: Harvard University Press, 1989.

Owen, Stephen. *Readings in Chinese Literary Thought*. Cambridge: Harvard University Press, 1992.

Owen, Stephen. *Remembrances: The Experience of the Past in Classical Chinese Literature*. Cambridge: Harvard University Press, 1992.

Owen, Stephen. *The End of Chinese "Middle Ages": Essays in Mid-Tang Literary Culture*. Stanford: Stanford University Press, 1996.

Owen, Stephen. *The Great Age of Chinese Poetry, The High T'ang*. New Haven: Yale University Press, 1981.

Owen, Stephen. *The Making of Early Classical Chinese Poetry*. Cambridge, Mass: Harvard University Press, 2006.

Owen, Stephen. *The Poetry of Meng Chiao and Han Yu*. New Haven: Yale University Press, 1975.

Owen, Stephen. *The Poetry of the Early T'ang*. New Haven: Yale University Press, 1977.

Owen, Stephen. *Traditional Chinese Poetry and Poetics: Omen of the World*. Madison: The University of Wisconsin Press, 1985.

Pound, Ezra. *Ezra Pound: Early Writings, Poems and Prose*, edited by Ira B. Nadel. New York: Penguin, 2003.

Preminger, Alex and T.V.E Brogan, eds., *The New Princeton Encyclopedia of Poetry and Poetics*. Princeton: Princeton University Press, 1993.

Saussy, Haun. *The Problem of a Chinese Aesthetic*. Stanford: Stanford University Press, 1993.

The Longman Anthology of British Literature. New York: Longman, 1999.

The Norton Anthology of Theory and Criticism. New York: W.W. Norton & Company, 2001.

Watson, Burton. *Chinese Shi Poetry from the Second to the Twelfth Century*. New York: Columbia University Press, 1971.

Wellek, Rene and Austin Warren. *Theory of Literature*. New York: Harcourt, Brace, & World, Inc., 1956.

White, Hayden. *Tropics of Discourse: Essays in Cultural Criticism*. Baltimore: Johns Hopkins University Press, 1978.

William K., Wimsatt, Jr. and Cleanth Brooks. *Literary Criticism: A Short*

History. Chicago: The University of Chicago Press, 1957.

Wordsworth, William. *William Wordsworth: The Major Poems*. Oxford: Oxford University Press, 2000.

Wordsworth, William. *William Wordsworth: The Poems*. Penguin, 1977.

Wu, Fusheng, "Style is the Man 文如其人: A Critical Review", *Tamkang Review*, (Autumn 1994).

Yip, Wai-lim. *Diffusion of Distance: Dialogues Between Chinese and Western Poetics*. Berkeley: University of California Press, 1993.

Yu, Pauline. "Allegory, Allegoresis, and the Classic of Poetry". *Harvard Journal of Asiatic Studies*, Vol.43, No.2 (Dec., 1983).

Yu, Pauline. "Metaphor and Chinese Poetry". *Chinese Literature: Essays, Articles, and Reviews (CLEAR)*, Vol.3, No.2 (Jul., 1981).

Yu, Pauline. *The Reading of Imagery in Classical Chinese Poetry*. Princeton: Princeton University Press, 1987.

Zhang, Longxi. *Allegoresis: Reading Canonical Literature East and West*. Ithaca: Cornell University Press, 2005.

Zhang, Longxi. *Mighty Opposites: From Dichotomies to Differences in the Comparative Study of China*. Stanford: Stanford University Press, 1998.

Zhang, Longxi. *The Tao and the Logos: Literary Hermeneutics, East and West*. Durham: Duke University Press, 1992.

Zhang, Longxi. *From Comparison to World Literature*. Albany: State University of New York Press, 2015.

Zoren, Steven Van. *Poetry and Personality: Reading, Exegesis and Hermeneutics in Traditional China*. Stanford: Stanford University Press, 1991.

中文:(按姓氏拼音排列)

曹植《曹植集校注》,赵幼文校注,北京:人民文学出版社,1984。

陈燕《汉字学概论》,天津:天津人民出版社,1998。

《杜甫诗选》,邓魁英、聂石樵编注,上海:上海古籍出版社,1983。

高有功《美典:中国文学研究论集》,北京:生活·读书·新知三联书店,2008。

高步瀛编注《唐宋诗举要》,上海:上海古籍出版社,1959。

郭绍虞主编《中国历代文论选》，上海：上海古籍出版社，1979。
洪兴祖《楚辞补注》，北京：中华书局，1983。
《李贺诗集》，叶葱奇疏注，北京：人民文学出版社，1980。
刘勰《文心雕龙今译》，周振甫译注，北京：中华书局，1986。
逯钦立编纂《先秦汉魏晋南北朝诗》，北京：中华书局，1983。
梅家玲《汉魏六朝文学新论：拟代与赠答篇》，北京：北京大学出版社，2004。
孟郊《孟郊诗集校注》，华忱之、喻学才校注，北京：人民文学出版社，1995。
钱锺书《管锥编》，北京：中华书局，1979。
钱锺书《谈艺录》，北京：中华书局，1984。
钱锺书《宋诗选注》，北京：人民文学出版社，1958。
钱锺书《钱锺书论学文选》，广州：花城出版社，1990。
《全唐诗》，北京：中华书局，1960。
《十三经注疏》，北京：中华书局，1979。
司马相如《司马相如及校注》，金国永校注，上海：上海古籍出版社，1993。
《唐诗鉴赏辞典》，上海：上海辞书出版社，1983。
《陶渊明研究资料汇编》，北京：中华书局，1959。
《陶渊明集》，逯钦立校注，北京：中华书局，1979。
王维《王右丞集笺注》，赵殿成笺注，上海：上海古籍出版社，1961。
王力《汉语诗律学》，上海：上海教育出版社，1979。
王瑶《中古文学史论》，台北：长安出版社，1982。
闻一多《闻一多全集》，香港：香港远东图书公司，1968。
萧统《文选》，李善注，上海古籍出版社，1986。
谢灵运《谢灵运集校注》，顾绍柏校注。郑州：中州古籍出版社，1987。
严可均编《全上古三代秦汉三国六朝文》，北京：中华书局，1958。
叶维廉《比较诗学》，台北：东大图书公司，1983。
袁枚《随园诗话》，北京：人民文学出版社，1982。
余冠英《汉魏六朝诗论丛》，北京：商务印书馆，2010。
余冠英选注《乐府诗选》，北京：人民文学出版社，1953。
余冠英选注《汉魏六朝诗选》，北京：人民文学出版社，1958。

张少康、卢永璘编选《先秦两汉文论选》，北京：人民文学出版社，1996。
《中国美学史资料选编》，北京：中华书局，1980。
钟嵘《诗品集注》，曹旭注，上海：上海古籍出版社，1994。
《诸子集成》，上海：上海书店影印版，1987。